GÉNÉRAL DÉSIRÉ CHLAPOWSKI

BARON DE L'EMPIRE

MÉMOIRES

SUR LES

GUERRES DE NAPOLÉON

1806-1813

Publiés par ses Fils

TRADUITS PAR MM. JAN V. CHELMINSKI
ET LE COMMANDANT A. MALIBRAN

PARIS
LIBRAIRIE PLON
PLON-NOURRIT ET Cⁱᵉ, IMPRIMEURS-ÉDITEURS
8, RUE GARANCIÈRE — 6ᵉ

1908
Tous droits réservés

MÉMOIRES
SUR LES
GUERRES DE NAPOLÉON

DÉSIRÉ CHŁAPOWSKI
OFFICIER D'ORDONNANCE DE L'EMPEREUR NAPOLÉON 1er
D'après un portrait conservé dans sa famille.

GÉNÉRAL DÉSIRÉ CHLAPOWSKI
BARON DE L'EMPIRE

MÉMOIRES

SUR LES

GUERRES DE NAPOLÉON

1806-1813

Publiés par ses Fils

TRADUITS PAR MM. JAN V. CHELMINSKI
ET LE COMMANDANT A. MALIBRAN

PARIS
LIBRAIRIE PLON
PLON-NOURRIT ET Cⁱᵉ, IMPRIMEURS-ÉDITEURS
8, RUE GARANCIÈRE — 6ᵉ

1908
Tous droits réservés

Tous droits de reproduction et de traduction réservés pour tous pays.

AVANT-PROPOS

Désiré Chlapowski naquit à Turwia (grand-duché de Posen) le 23 mai 1788. Sa famille appartenait à la vieille noblesse de la grande Pologne : son père, Joseph Chlapowski, était staroste de Kosciana; sa mère, Ursule Moszczenska, était fille du sénateur palatin d'Inowroclaw.

Après avoir eu pour précepteur l'abbé Steinhoff, émigré français, Désiré Chlapowski entra au service de la Prusse comme cadet au régiment de dragons de Briesewitz le 24 juin 1802, et suivit les cours de l'Académie militaire de Berlin. En 1806, quand la guerre fut déclarée entre la Prusse et la France, son père, ne voulant pas le voir exposé à combattre les Français, en qui la Pologne mettait tous ses espoirs de relèvement, le fit rayer des cadres du régiment de Briesevitz, mais réussit, grâce à des protections, à lui faire continuer ses études à l'Académie. Désiré resta donc à Berlin jusqu'à l'arrivée des Français dans la ville; en les voyant, il partit seul à cheval pour aller annoncer à Posen la grande nouvelle.

Admis le 4 novembre 1806 dans la garde d'honneur de l'Empereur Napoléon Ier formée à Posen par le général Dombrowski, Chlapowski fut nommé le 8 décembre suivant lieutenant au 9e régiment d'infanterie polonaise, commandé par le général Sulkowski. C'est à ce moment que commence sa brillante carrière militaire.

Le jeune officier est bientôt appelé au siège de Dantzig, et commande pendant cette campagne une compagnie de voltigeurs. A la suite du combat de Dirschau (Tczew) où il se fait remarquer, il reçoit la croix de chevalier de la Légion d'honneur. Fait prisonnier de guerre devant Dantzig pendant une sortie de l'ennemi, il est emmené en captivité à Riga, et n'en sort qu'après la paix de Tilsitt.

Le 24 septembre 1807, le prince Poniatowski le nomme capitaine aide de camp du général Dombrowski; bientôt après l'Empereur, qui se souvient de son entrain et de sa vaillance, l'appelle auprès de lui en qualité d'officier d'ordonnance : cette nomination date du 9 mai 1808.

Chłapowski rejoint l'Empereur à Bayonne, fait la campagne d'Espagne de 1808, assiste aux batailles de Burgos et de la Tudela. Il revient ensuite avec l'Empereur en Allemagne, prend part à la campagne de 1809, et assiste à la bataille de Wagram et au combat de Znaïm.

Le 15 août 1809, il est nommé chevalier de l'ordre militaire de Pologne; plus tard l'Empereur lui confère le titre de baron de l'Empire, par lettres patentes du 4 janvier 1811.

Le 13 janvier 1811, il est nommé chef d'escadron au 1er régiment de chevau-légers lanciers (polonais) de la garde impériale : c'est en cette qualité que Chlapowski fait toute la campagne de 1812, où son régiment, toujours employé, ne cesse de donner l'exemple de la plus grande intrépidité et du plus complet dévouement.

Après la retraite de Russie et la réorganisation de son régiment, Chlapowski prend part à la campagne de Saxe de 1813: mais, après la bataille de Bautzen, il apprend par une indiscrétion du baron Fain, secrétaire de l'Empereur, que celui-ci est disposé à abandonner la Pologne; dans son indignation il quitte alors le service de l'Empereur et donne sa démission. Il est rayé des contrôles de l'armée le 1er juillet 1813, ayant obtenu un congé absolu par décision impériale du 19 juin précédent.

Il se rend alors à Paris où il tombe gravement malade à la suite des fatigues de ses dernières campagnes; c'est pendant cette maladie que se consomme la chute de l'Empire.

La Restauration lui offre le grade de colonel dans la garde royale, qu'il refuse d'accepter. Il se rend en Angleterre, et enfin rentre à Turwia, où il retrouve son père, fort âgé; il se consacre alors complètement à l'administration de ses biens. Quoique redevenu sujet prussien, il conserve néanmoins toute son indépendance de caractère, et renonce à la pension militaire qui était due à ses services, parce qu'il aurait dû, pour la toucher, s'adresser au gouvernement prussien. C'est au même sentiment qu'il obéit en 1817, quand on lui offre, par l'intermédiaire du prince Radzivill, cousin du roi de Prusse, le grade de colonel dans l'armée prussienne : Chlapowski refuse en répondant « que sur la poitrine d'un officier de Napoléon il n'y a pas de place pour la cocarde prussienne ».

Il retourne encore en Angleterre, où il séjourne pendant dix-huit mois pour étudier complètement l'agriculture et revient à Turwia, où il réorganise en peu de temps l'administration et l'exploitation de ses domaines.

En 1821, Désiré Chlapowski épouse la comtesse Antoinette Grudzinska, et devient ainsi le beau-frère du grand-duc Constantin, frère de l'Empereur de Russie, gouverneur de la

Pologne, et chef de l'armée; le grand-duc avait épousé la comtesse Jeanne Grudzinska.

En 1830, Chlapowski était vice-président de la Diète de Posen, quand éclata le soulèvement de la Pologne. A la nouvelle de l'insurrection de Varsovie (29 novembre 1830), il se rend en Pologne, est nommé colonel de lanciers et désigné aussitôt pour commander une brigade de cavalerie. Il se distingue au combat de Rozan et à la bataille de Grochow (février 1831). Promu général de brigade le 21 mai 1831, il se rend en Lithuanie où on l'accueille en libérateur, et opère sa jonction avec le général Gielgud; mais les deux généraux sont repoussés par les Russes devant Wilna, forcés de reculer et de se retirer sur le territoire prussien, où leurs corps sont désarmés. Le 1ᵉʳ juin 1831, Chlapowski était nommé général de division et commandant en chef de la Lithuanie : cette nomination ne lui parvint que lorsqu'il était déjà en Prusse!

Il fut interné à Memel (juillet 1831) et ce ne fut qu'au mois de juillet 1832 que le gouvernement prussien lui permit de rentrer à Turwia, où ses biens étaient déjà mis sous séquestre.

Le 9 mai 1832 commencèrent les procès intentés par le gouvernement prussien aux Polonais qui avaient pris part à l'insurrection : plus de 2,000 d'entre eux furent l'objet de condamnations; Chlapowski fut condamné à deux ans de prison, à la confiscation de ses biens, et à la privation de ses droits politiques. Mais le roi de Prusse usa de clémence, et réduisit la peine à un an de prison et 22,000 thalers d'amende (82,500 fr.); il proposa même à Chlapowski une amnistie complète, s'il voulait renoncer à ses biens de Turwia et prendre en échange un domaine de la couronne en Brandebourg : celui-ci refusa. En mai 1833, il se rendit à Stettin pour y subir sa détention dans la forteresse, détention que la princesse Radziwill, née princesse royale de Prusse, fit cesser au bout de six mois.

Rentré dans ses terres, Chlapowski reprit ses travaux agricoles : rallié au gouvernement prussien, membre à vie de la Chambre des seigneurs, il resta dès lors étranger aux tentatives infructueuses qui se renouvelèrent pour l'affranchissement de la Pologne.

Désiré Chlapowski mourut à Turwia le 27 mars 1879, âgé de près de quatre-vingt-onze ans.

Pendant sa détention à Memel, le général Chlapowski avait écrit, pour expliquer les circonstances de sa retraite devant l'armée russe, une brochure qui parut à Paris en 1832 et fut reproduite la même année à Berlin sous le titre : *Lettres sur les événements militaires en Pologne et en Lithuanie.* Il publia à Posen en 1852 un ouvrage remarquable sur l'agriculture.

Il a laissé également des mémoires militaires qui ont été publiés à Posen en 1899 par les soins de ses fils. Ces mémoires comprennent deux parties : la première, consacrée aux guerres de Napoléon de 1806 à 1813; la seconde, relative à l'insurrection de Pologne de 1830-1831.

C'est la première partie : *Guerres de Napoléon* dont nous offrons la traduction française. Quelques fragments en ont déjà été publiés en français dans le *Bulletin polonais* (1897-1898). Ces mémoires présentent un grand intérêt, tant par l'importance des événements auxquels ils se rapportent, que par la personnalité même de l'auteur et de sa situation privilégiée auprès de l'Empereur.

Nous tenons à remercier tout particulièrement M. Casimir Chlapowski, dernier survivant des trois fils du général, et membre de la Chambre des seigneurs de Prusse, qui a bien voulu nous encourager à publier cette traduction des *Mémoires* de son père, et nous a lui-même signalé quelques erreurs qui s'étaient glissés dans l'édition polonaise.

Nos remerciements s'adressent également à M. Waclaw Gaziorowski, l'écrivain polonais bien connu par la publication des *Mémoires* de J. Grabowski (1) qu'il a tirés de l'oubli, et

(1) *Mémoires militaires de Joseph Grabowski, officier à*

qui a bien voulu réunir et vérifier les renseignements biographiques que nous venons de donner sur la vie si glorieuse et si bien remplie du général Chlapowski.

Nous donnons ci-contre le relevé des services du général Chlapowski, d'après les documents existant aux archives du Ministère de la guerre.

l'état-major impérial de Napoléon Ier (1812-1813-1814), publiés par M. Waclaw Gasiorowski, traduits en français par MM. Jan Chelminski et le commandant A. Malibran. Paris, librairie Plon. 1906.

CHLAPOWSKI (ADAM-DÉSIRÉ)
né à Turwia, g^d duché de Posen, le 23 mai 1788.

Entré comme cadet au régiment de Briesewitz (dragons de Prusse), le............	24 juin 1802.
Admis dans la garde d'honneur de S. M. l'Empereur, formée à Posen, le........	4 novembre 1806.
Lieutenant au 9e régiment d'infanterie polonaise (a commandé pendant la campagne une c^{ie} de voltigeurs), le....................	18 décembre 1806.
Prisonnier de guerre, le.....	26 mars 1807.
Rentré de captivité et nommé par le prince Poniatowski capitaine aide de camp du général Dombrowski, le...	20 septembre 1807.
Officier d'ordonnance de S. M. l'Empereur, le	9 mai 1808.
Chef d'escadrons au 1er régiment de chevau-légers lanciers (polonais) de la garde impériale, le............	13 juin 1811.
Démissionnaire, le..........	19 juin 1813.

A fait les campagnes de 1806 et 1807 en Prusse et en Pologne (sous le maréchal Lefèvre), de 1808 en Espagne et de 1809 en Allemagne (sous les ordres de l'Empereur), de 1812 en Russie, de 1813 en Saxe.

Baron de l'Empire (lettres patentes du 4 janvier 1811).

Membre de la Légion d'honneur, le 9 mars 1807.

MÉMOIRES
SUR
LES GUERRES DE NAPOLÉON

CHAPITRE PREMIER
CAMPAGNE DE 1807

Entrée des Français à Posen. — Garde d'honneur à Posen. — Arrivée de l'Empereur. — Formation de l'armée polonaise. — A Gnesen. — Départ. — Combat et prise de Dirschau. — Chevalier de la Légion d'honneur. — Zblewo. — Les lanciers de Dziewanowski. — Investissement de Dantzig. — Inspection du maréchal Lefebvre. — Prisonnier. — Paix de Tilsitt. — Nommé officier d'ordonnance de l'Empereur. — L'École Polytechnique. — Visite à Kosciuszko. — Départ pour Bayonne.

« Si jeunesse savait, si vieillesse pouvait! »

C'est ce proverbe qui m'a donné l'idée d'écrire mes mémoires, qui pourront être utiles aux jeunes gens en suppléant à l'expérience qui leur manque. Je me suis donc décidé à rapporter plutôt les nombreux événements dont j'ai été le témoin pendant une époque glorieuse, que mes aventures personnelles ; de celles-ci je ne raconterai que ce qui sera nécessaire à l'intelligence des faits.

Aussi je ne parlerai ni de ma naissance ni de mon éducation et je ne commencerai qu'à la période qui se fait remarquer par l'importance et la grandeur générale des événements.

Au mois de novembre 1806 les troupes françaises arrivèrent à Posen *** (1).

Le 1ᵉʳ régiment de chasseurs à cheval, commandé par le colonel Exelmans (devenu plus tard le général bien connu), entra le premier dans la ville, le soir. Le premier escadron, sabre au clair, traversa la ville au trot et alla placer des vedettes au delà de la Warta, sur les routes de Varsovie et de Thorn. Les autres escadrons s'arrêtèrent sur la place du marché,

---

*** Dès l'entrée des Français à Berlin, l'auteur de ces mémoires partit à cheval de Berlin à Posen, pour y porter les dernières nouvelles. Le commandant prussien de la place de Posen fit ordonner à Chlapowski de se rendre auprès de lui, et le réprimanda de répandre de fausses nouvelles. Mais quand celui-ci lui affirma qu'il avait vu lui-même les Français à Berlin, le commandant s'écria : « Was? wirkliche Franzosen? » (Quoi ! de vrais Français !)... Le lendemain les troupes prussiennes avaient évacué Posen.

(1) 9-10-11 novembre.

NOTA. Les notes indiquées par des astérisques (***) sont celles de l'édition polonaise.

où une partie des habitants accourut et les accueillit avec de chaleureux « Vivat! » Je dis une partie des habitants, car le reste était à cette époque composé d'étrangers.

Pendant les persécutions religieuses en Allemagne, nos aïeux avaient accueilli avec leur tolérance habituelle les proscrits allemands; puis après le partage de la Pologne, notre pays avait reçu encore plus de ces étrangers.

Lorsque fut créé le duché de Varsovie, une partie de ces nouveaux éléments quitta la Pologne, en particulier les fonctionnaires; mais en 1806, ces étrangers, en y comprenant les juifs, représentaient comme aujourd'hui près de la moitié de la population de Posen.

Les chasseurs mirent pied à terre, et comprenant d'après leurs conversations avec les habitants qui se pressaient autour d'eux, qu'ils se trouvaient au milieu d'amis, ils prirent tranquillement leurs quartiers.

Deux jours plus tard arriva également le général Dombrowski. Il trouva à Posen nombre de Polonais qui étaient arrivés de leurs propriétés : c'est parmi eux qu'on recruta la garde d'honneur destinée à recevoir l'Empereur. Cette garde d'honneur fut composée de 100 cavaliers. Le général Dombrowski en donna le commandement à Uminski, qui devint plus tard un général renommé. Uminski était bien connu de Dombrowski depuis l'époque de la campagne de Kosciuszko; c'était alors un jeune homme de quinze ans, qui remplissait les fonctions d'aide de camp auprès du général Madalinski.

Cette garde d'honneur fut exercée chaque jour à l'école de peloton et d'escadron, jusqu'à l'arrivée de l'Empereur, sur les champs qui se trouvent du côté de la Buk, derrière les moulins à vent.

Uminski me nomma adjudant d'escadron et en même temps instructeur : il savait en effet que j'avais servi quatre ans dans les dragons (prussiens), troupe qui faisait le service de l'infanterie et de la cavalerie à la fois. Ce fut le double rôle des dragons à leur origine : plus tard, en Prusse, ils devinrent cavalerie légère. J'avais fait le service dans ce régiment prussien pendant six semaines seulement par an, au moment des manœuvres d'automne; le reste de l'année je suivais les cours de l'Académie militaire de Berlin (artillerie-académie), dont les professeurs étaient des officiers d'artillerie ou du génie. Quelques-uns d'entre eux devinrent célèbres, comme le général Scharnhorst, alors capitaine : ce fut l'organisateur de la Landwehr. Mon répétiteur était le lieutenant

Perlitz, avec lequel je repassais les cours qu'avaient faits les professeurs.

Je fis ce service de 1801 à 1805. Lorsqu'en 1805 mon régiment reçut l'ordre de marcher sur le Rhin, mon père, désirant que je n'interrompisse pas mes études, obtint du général Brüsewitz, commandant du régiment, de me laisser à Berlin, et je restai dans cette ville jusqu'à l'arrivée des Français en 1806.

Tel est le motif qui porta Uminski à me désigner, quoique le plus jeune, comme instructeur de la garde d'honneur. Notre chef ne connaissait pas lui-même le service : il n'avait été qu'aide de camp de Madalinski et n'avait jamais servi dans un régiment de ligne; d'ailleurs il apprit plus tard à fond son métier.

L'instruction à pied marcha bien et vite avec des éléments aussi pleins de bonne volonté, mais l'instruction à cheval des mêmes gardes d'honneur fut très pénible, car presque tous avaient des chevaux trop vifs pour manœuvrer réunis, et les rangs étaient presque toujours en désordre. Il faut éviter de prendre pour la cavalerie des chevaux trop vifs, ils s'excitent toujours assez quand ils sont en troupe.

C'est avec plaisir que je mentionne ici les noms de ceux qui servaient avec moi dans cette garde d'honneur : Suchorzewski, Morawski,

Tomicki, Ziemecki, tous devenus généraux plus tard. Nos légionnaires d'Italie venaient d'arriver l'un après l'autre; c'étaient le général Sokolnicki, Downarowicz, Sierawski, Muchawski, Hauke, Cedrowski, etc. Nous les accueillîmes chaleureusement.

La première division d'infanterie française, appartenant au corps du maréchal Davout, arriva la première et fit grande impression sur moi. Plusieurs d'entre nous allèrent à sa rencontre. A une heure à peu près de la ville, nous aperçûmes la campagne couverte de fantassins, vêtus de capotes de différentes couleurs; ils portaient leurs fusils la crosse en l'air, et cherchaient les endroits les plus secs pour traverser les champs, car sur les routes on avait de la boue jusqu'aux genoux !

Devant la ville, près des moulins à vent, où battaient les tambours, les soldats arrivèrent de tous côtés et reprirent leurs rangs. En un clin d'œil ils roulèrent leurs capotes, ajustèrent leurs chapeaux (car à cette époque toute l'infanterie portait encore des chapeaux tricornes), et ce fut la troupe la plus parfaite qui se présenta, musique en tête, pour entrer au pas accéléré dans la ville.

Ils s'arrêtèrent sur la place du marché, mirent leurs fusils en faisceaux, sortirent de leurs sacs des brosses et enlevèrent la boue de leurs souliers, en causant avec vivacité et s'amusant entre eux comme s'ils n'avaient parcouru qu'une lieue au lieu de cent cinquante.

Je regardais avec étonnement cette infanterie, composée de gaillards si animés, et jusqu'alors invaincus. Tous étaient aussi frais que pour commencer la danse. L'infanterie prussienne qui venait de quitter Posen était toute différente : ses hommes avaient au moins la tête de plus que les Français, et paraissaient plus forts, mais ils étaient raides, lourds, et étaient fatigués quand leur colonne s'arrêtait au bout d'une lieue de marche.

J'ai appris dans l'histoire des guerres que c'est l'infanterie qui gagne les batailles et décide la victoire, car quoique la cavalerie ait aussi quelquefois un rôle décisif, elle n'arrive presque toujours qu'après la victoire assurée et ne fait que recueillir la récolte.

En étudiant de près et admirant cette brave infanterie française, si agile, je compris bien l'importance de cette arme, et pris en moi-même la résolution de commencer mon service militaire dans l'infanterie.

Nous reçûmes enfin la nouvelle que l'Empereur était en route et allait arriver bientôt à Posen.

Notre garde d'honneur quitta Posen, dans l'intention de s'arrêter à Miendzyrzec pour recevoir l'Empereur à la frontière polonaise : mais en arrivant vers le soir à Byton, nous l'y trouvâmes et escortâmes sa voiture, en marchant devant et derrière : les chasseurs de la garde impériale, c'est-à-dire un peloton de 25 hommes commandés par un officier, qui l'avaient escorté jusque-là, passèrent derrière nous, pour nous montrer qu'on avait confiance en nous.

La nuit était obscure, et l'on n'apercevait dans l'ombre que le turban blanc du mameluck Roustan, assis sur le siège de la voiture impériale. Pendant le trajet et les relais, l'Empereur causa avec le général Dombrowski, qui se tenait à cheval près de la portière de la voiture. La boue était si épaisse, que la voiture ne pouvait aller qu'au pas.

Lorsqu'on fut arrivé à Posen, l'Empereur prit son quartier dans l'ancien couvent des jésuites; on ordonna à 25 de nos gardes de rester dans le même bâtiment pour faire le service, et nous reçûmes comme quartier une bonne chambre au rez-de-chaussée.

Le lendemain matin, vers 10 heures, l'Empereur monta à cheval. Notre garde d'honneur était réunie au complet dans la cour; quatre des nôtres reçurent l'ordre de marcher en avant de l'Empereur, le reste derrière sa suite.

L'Empereur partit au galop, traversa le pont et suivit la route de Varsovie par une boue épouvantable; arrivé au petit bourg de Swarzendz, il prit à droite à travers champs, cherchant les points le plus élevés, et s'y arrêtant pour examiner le terrain comme s'il eût eu une armée ennemie devant lui. Ayant été le plus souvent l'un des quatre gardes d'honneur qui marchaient en avant, je pus regarder et examiner l'Empereur à mon aise quand il s'arrêtait, et il me sembla que je le connaissais déjà depuis longtemps, pour avoir vu ses portraits qui étaient d'une ressemblance frappante, surtout ceux qui le représentaient à cheval. Mais il était presque impossible de distinguer la couleur de ses yeux, car ils étaient toujours en mouvement; à ce moment ils me parurent foncés, probablement à cause de la profondeur de son regard. Plus tard, quand je me trouvai près de l'Empereur et que je causai avec lui, je vis parfaitement que ses yeux étaient très clairs.

Lorsque Napoléon adressait la parole à quelqu'un, il ne le regardait pas en face, mais il regardait le parquet, ou à côté de lui; très rarement il fixait son regard directement sur les yeux de son interlocuteur.

Nous rentrâmes à Posen vers 5 heures du soir.

Le lendemain, l'Empereur monta à cheval vers midi, et se fit montrer un palais polonais. Après avoir traversé la ville, il partit au galop vers Stenzew et ne s'arrêta qu'à Konarzew.

Le troisième jour, 13 décembre, il nous donna l'ordre d'aller de l'autre côté de la ville, d'abord à Winiary, où il s'arrêta et examina le pays, ensuite à travers champs, au milieu de la boue où il s'enfonçait presque avec sa monture : l'escorte ne put suivre, car nos chevaux, celui de l'Empereur et ceux de quelques généraux ne passèrent qu'avec peine et mirent le terrain dans un tel état qu'il fut impossible aux suivants d'avancer *** (1).

*** Nous rapporterons ici un incident qui eut une certaine importance sur la carrière de l'auteur. A un moment où les officiers français ne pouvaient traverser une fondrière de boue dans un pré, l'auteur s'avança en disant : « Un Polonais passe partout! », et l'Empereur traversa la fosse boueuse derrière lui. Après la paix de Tilsitt, Napoléon demanda qu'on lui envoyât ce jeune Polonais qui « passait partout », et le nomma son officier d'ordonnance. (Note de l'édition polonaise).

(1) Cette anecdote est racontée un peu différemment dans les *Épisodes politiques et militaires*, par le baron Paul DE BOURGOIN, ancien ambassadeur en Espagne, Paris, 1864, 1ʳᵉ partie, p. 59. « On me raconta depuis à Varsovie qu'un jour l'empereur Napoléon s'avançait à cheval, suivi de son état-major, ayant à ses côtés un jeune gentilhomme polonais, le comte Chlapowski, appartenant aux premières familles de la Posnanie. Il arriva au bord de ce qui lui paraissait une prairie verdoyante, et voulut y entrer pour la traverser. Il

Ensuite l'Empereur, accompagné seulement par nous et par quelques chasseurs, arriva à Radojew, d'où il se fit passer en radeau de l'autre côté de la Warta ; il alla jusqu'à Owinsk où il visita un couvent abandonné. Il me demanda comment il se faisait que ce domaine appartint à Trescow? Je pus satisfaire sa curiosité, car je connaissais par hasard cette famille. Ma tante, Mme Engœstroem, née Chlapowski, habitait à Berlin une maison qui appartenait à la famille Trescow.

Pendant mon séjour en cette ville, je dînais chez elle tous les dimanches. Ma tante avait fait très bon accueil au maréchal Duroc, lorsqu'il vint en 1804 en mission extraordinaire à Berlin annoncer le couronnement de l'Empereur. Le maréchal était reçu partout assez froidement,

fut soudainement arrêté par son jeune guide, qui lui signala cette prairie couverte d'herbages comme un marais boueux, profond, et caché sous une mince couche de terre végétale. L'Empereur, impatient d'avancer, ne voulut tenir aucun compte de cet avertissement, mais l'intrépide Polonais le devança en s'élançant afin de montrer quel était le péril auquel on refusait de croire. Le dévouement du jeune homme pensa lui être fatal. A peine eut-il fait dix pas que la couche de gazon s'ouvrit, le cheval et le cavalier s'affaissèrent, dans une fange liquide. Le cavalier seul put être sauvé avec une peine inouïe. »

Pour le récompenser de ce trait de courage, si digne de la noble nation qui combattait alors à nos côtés, l'Empereur le nomma peu de temps après son officier d'ordonnance.

excepté chez ma tante; à cette époque on n'aimait pas les Français à Berlin, mais on n'avait pas encore peur d'eux.

Le maréchal Duroc se souvenait de ma tante et de son bon accueil; peut-être en avait-il dit un mot à l'Empereur, et ce fut probablement la raison pour laquelle, de retour à Posen, celui-ci me fit appeler et me fit prendre place à sa table pour dîner ***.

Il n'y avait à table que trois personnes; l'Empereur, le prince Berthier, qui prit place vis-à-vis de lui, et moi. La table était si petite qu'à peine on eût pu y placer une autre personne en face de moi. Un seul domestique apporta et servit les mets et le nécessaire.

Le dîner ne dura pas plus d'une demi-heure, autant que j'en pus juger; pendant ce temps si court, l'Empereur me fit cependant une foule de questions, qu'il me posait très vite, comme s'il se fût agi d'un examen. Il savait que j'avais servi auparavant dans l'armée prussienne : il me questionna sur les études, sur les professeurs d'artillerie, sur les écoles et en général sur l'armée prussienne. Il me demanda combien il pouvait y avoir de Polonais dans le corps du général

---

*** La *Gazette de Posen* du 7 janvier 1807 rapporte que, le 13 décembre 1806, l'empereur Napoléon invita à sa table le fils de l'ex-staroste de Koscian, Chlapowski.

Lestocq, qui se trouvait de l'autre côté de la Vistule. Je ne pus répondre à cette question, mais je fis la remarque qu'il devait y avoir beaucoup de Lithuaniens, car ce corps se recrutait dans la Lithuanie prussienne, c'est-à-dire dans la province d'Augustow, attribuée à la Prusse lors du dernier partage de la Pologne. En même temps je me permis de faire l'observation qu'en Lithuanie, les propriétaires fonciers seuls étaient polonais, mais que les paysans étaient lithuaniens.

Napoléon ne savait rien de la Lithuanie et n'avait aucune idée de la manière dont cette province avait été réunie à la Pologne; je dus le lui expliquer.

En général, il connaissait à peine notre histoire, et ne savait celle de la Prusse que du temps du grand Frédéric; aussi fut-il étonné quand je lui dis qu'il n'y avait dans le corps de Lestocq que des Lithuaniens et des Samogitiens, et non des Polonais; j'ajoutai que quoique ces deux peuples parlent peu la langue polonaise, ils sont tous deux dévoués à la Pologne; la même sympathie existe dans les provinces lithuaniennes qui appartiennent au gouvernement russe.

L'Empereur me questionna aussi sur l'état des paysans. Je savais par mon père, que du temps du royaume de Pologne, les paysans étaient moins sévèrement traités que sous le joug prussien. L'agriculture se faisait plus simplement autrefois et demandait moins de travail, excepté pendant la moisson. Mais quand le gouvernement prussien prit possession des territoires qui lui revenaient en Pologne, tous les biens de l'église, de la couronne et des « starostwa » furent distribués à des Allemands; ceux-ci, industrieux et pratiques, augmentèrent la servitude, imposant plus de travail et plus de jours de corvée. Les propriétaires fonciers polonais, couverts de dettes depuis les dernières guerres, prirent exemple sur les nouveaux venus et les imitèrent.

L'Empereur m'écoutait avec attention, lorsque tout à coup il me questionna sur les juifs; il pensait que les juifs étaient venus en Pologne de l'Asie. Je lui répondis qu'au contraire ils étaient arrivés de l'Ouest, à l'époque où on les chassait de presque toute l'Europe; en effet, nos aïeux s'étaient toujours fait remarquer par leur excessive tolérance pour tous les cultes.

Napoléon me fit aussi raconter pourquoi la province de Kœnigsberg devait appartenir aux électeurs de Brandebourg.

Je ne connaissais pas encore la France, aussi j'ignorais combien les Français s'occupent peu de ce qui se passe hors de chez eux; ils connaissent à fond toutes les anecdotes de la cour de France, et ne savent que très peu l'histoire des nations étrangères.

L'Empereur me questionna aussi sur ma famille, et quand je lui dis que ma mère était originaire des environs de Cracovie, il me demanda des détails sur ce pays et sur l'université de Cracovie; je ne pus le renseigner sur l'état actuel de cette université, dont je ne connaissais pas l'organisation, mais je lui expliquai ses origines et son influence, ainsi que son hostilité contre les jésuites.

Napoléon se leva après avoir pris son café; il me fit compliment de n'avoir pas pris de vin, et me montra la bouteille en me disant qu'il ne prenait qu'une demi-bouteille de chambertin, mais que c'était une mauvaise habitude.

Puis, tout en se promenant dans la pièce, il revint encore une fois à l'organisation de l'armée prussienne; il la connaissait bien, mais il me parla encore des écoles militaires, me demandant jusqu'à quel point on y poussait l'étude des mathématiques. Il fut étonné quand je lui dis qu'on s'arrêtait aux sections coniques. Il me demanda si on y apprenait aussi la géométrie descriptive. Mais j'ignorais moi-même ce qu'était cette science, que je n'appris que plus tard à Paris.

Le même soir, plusieurs dames polonaises des environs s'étaient réunies dans un salon près de la salle à manger pour être présentées à l'Empereur. Celui-ci leur posait souvent les questions les plus bizarres, en peu de paroles, et on pouvait voir facilement que sa pensée était bien loin de là. Il s'approcha des hommes, qui s'étaient vêtus en fracs, bas et souliers, pour leur dire qu'ils auraient dû mettre des bottes et des éperons.

La ville de Posen donna un grand bal au théâtre. La salle était si pleine de monde qu'il restait à peine de place pour les danseurs. L'Empereur s'y promena et causa avec les Polonais. Pour moi, j'étais plus souvent dans la rue que dans la salle, car je devais veiller à ce que les gardes d'honneur n'entrassent pas tous en même temps en laissant leurs chevaux aux palefreniers, mais au contraire fussent toujours prêts à servir d'escorte à l'Empereur quand il quitterait le bal.

Quelques jours plus tard un a de de camp du prince Murat apporta la nouvelle de l'occupation de Varsovie par les Français.

Le lendemain, l'Empereur quitta Posen, escorté par les gardes d'honneur pendant trois heures. Là il les congédia et ordonna au général Dombrowski de leur délivrer des brevets de sous-lieutenants. Uminski fut nommé lieutenant-colonel; Suchorszewski, major; Gorzanski (ancien lieutenant de cuirassiers prussiens) et moi fûmes nommés lieutenants.

Cependant le général Dombrowski commençait à organiser quatre régiments d'infanterie de ligne et deux de cavalerie, et à côté de ces troupes régulières, à former des troupes irrégulières. L'Empereur nomma lui-même colonel le prince Sulkowski; un officier du même nom avait été son aide de camp en Égypte et avait été tué à la bataille des Pyramides.

Les nobles Polonais suivants, qui avaient sur leur propre fortune habillé et équipé les troupes, furent nommés colonels : Mielzinski, Lacki, Poninski et Garczynski. Le général Dombrowski nomma dans chaque régiment un lieutenant-colonel ou major (1), choisi parmi les anciens légionnaires, et ces derniers furent en réalité les vrais commandants des régiments.

Les commandants des bataillons, des compagnies et des escadrons étaient tous d'anciens officiers; seuls les lieutenants et sous-lieutenants étaient nouveaux.

(1) « Gross-major ».

Suivant le désir de mon père, j'entrai comme lieutenant dans le régiment du prince Sulkowski ***, qui était mon oncle. J'étais dans la compagnie de voltigeurs du capitaine Puchalski, ancien officier du temps de Kosciuszko. Le sous-lieutenant de cette compagnie était Gorzenski, excellent officier, l'âme des soldats. Gnesen nous fut désignée comme garnison; j'y trouvai 2,000 recrues, presque tous volontaires, et tous les officiers. Je pris place immédiatement dans ma compagnie et me mis au service. L'organisation, l'habillement et l'instruction furent poussés avec une grande célérité.

Le général Dombrowski nous envoya un règlement, traduction polonaise du règlement français. Connaissant déjà le règlement prussien, j'appris vite le nouveau, qui était plus simple, et dans lequel il était beaucoup plus facile de comprendre et d'apprendre les évolutions.

Nous n'attendîmes pas longtemps nos fusils, qui nous arrivèrent presque tous neufs de l'arsenal de Berlin : les Prussiens n'avaient pas eu le temps de les enlever avant l'entrée des Fran-

---

*** Le prince Sulkowski était fils d'Élisabeth Przebedowski, fille du woïnode de Malborg, et sœur de Mme Mosczenski, woïnodine de Jnowroclaw, grand'mère du général Chlapowski; par conséquent Sulkowski était son oncle.

çais dans cette ville. Toutefois les baïonnettes étaient trop longues, mais on les remplaça bientôt par des baïonnettes françaises.

Les jeunes soldats commencèrent leur instruction sans armes; mais dès que les fusils furent arrivés, les recrues apprirent beaucoup mieux à marcher et à conserver l'alignement. A mon avis, il est parfaitement inutile de tourmenter longtemps les recrues aux exercices sans armes, à la soi-disant école du soldat; dès qu'ils ont l'arme au bras, leur allure s'améliore, les alignements se font tout seuls.

Nous menions à Gnesen une vie agréable, avec l'exercice le matin et après le déjeuner; le soir après « la générale » (l'appel), le lieutenant-colonel Majaczewski faisait une instruction sur la tactique aux officiers, le major Rogalinski en faisait une aux sous-officiers.

Presque chaque jour quelque détachement français traversait la ville. Le prince Sulkowski recevait toujours les officiers avec amabilité. Nous eûmes souvent des bals au Casino ainsi que chez le lieutenant-colonel, qui avait une jeune fille. Nous avions aussi souvent des dîners et des soirées chez les chanoines.

Enfin arriva l'ordre de départ. L'hiver était doux, mais humide. Nous avions pris les chaussures de l'armée française : au lieu de bottes, des souliers avec des guêtres bien serrées sur la jambe, pour empêcher le sang de descendre et d'enfler les pieds.

Il est vrai que si l'on marche dans la neige ou dans la boue, les souliers se mouillent très vite, mais le soir, dans les quartiers, au camp ou au bivouac, on les sèche beaucoup plus vite que les bottes, qui se mouillent d'ailleurs comme les souliers. Pendant qu'on fait sécher souliers, guêtres et bas, on en met d'autres séchés de la veille, car il est plus facile d'emporter deux paires de souliers que deux paires de bottes.

On a fait remarquer qu'il arrive facilement, dans une boue épaisse, de perdre ses souliers; mais cela n'arrive que si les guêtres sont mal faites; si elles sont bien ajustées, les souliers tiennent mieux que des bottes.

Le point essentiel pour l'infanterie, est d'avoir les jambes en bon état, et pour les conserver telles, il est bon de les frictionner avec de l'eau-de-vie le soir, quand on change de chaussures; ces frictions empêchent le pied d'enfler, et en même temps préservent la peau des écorchures,

Nos soldats préfèrent se frotter les jambes et les pieds avec de la graisse, et enveloppent ces derniers avec des bandes de linge, au lieu de chaussettes. Cette manière de faire devrait être interdite aux soldats, car si ces bandes ne sont pas très bien ajustées sur le pied, elles le blessent facilement.

Chaque homme devrait avoir trois paires de chaussettes et les laver régulièrement. Je donne tous ces détails à propos des jambes du fantassin, car c'est d'elles que dépend la rapidité de la marche; un général distingué n'a-t-il pas dit que la victoire est dans les jambes du soldat?

Pendant notre marche nous recevions régulièrement les rations de pain, viande, gruau ou haricots, et d'eau-de-vie. De Gnesen à Gniew, nous logeâmes toujours chez les paysans. Un voltigeur nous faisait la cuisine : c'était son métier avant son entrée au régiment. Notre capitaine, qui était assez âgé, tomba malade et resta en arrière; nous ne le vîmes plus. Je commandai dès lors la compagnie; mon sous-lieutenant était un très bon officier.

Les quatre sergents, et les quelques soldats désignés pour la garde mangeaient avec nous, surtout s'ils n'étaient pas trop éloignés. C'est une habitude que nous empruntâmes aux Français.

J'avais à mon service un domestique que mon père m'avait donné; il montait mon cheval chargé de mon porte-manteau. Pour moi, je ne montais jamais à cheval, je marchais avec ma compagnie; le sous-lieutenant Gorzenski faisait de même, quoiqu'il tînt aussi à avoir un cheval.

Nos étapes étaient longues, nous faisions à peu près 4 lieues (1) par jour en suivant la route de Gasaw, Bromberg, Swiecie et Gniew. Le général Dombrowski nous retrouva dans cette dernière ville, et fit réunir plusieurs bataillons de la division pour les faire manœuvrer.

Les mouvements en colonnes se firent bien, mais les bataillons déployés en lignes, baïonnette au canon, tinrent bien mal leur alignement dans la marche au pas accéléré. Les jeunes soldats n'étaient pas encore assez exercés pour conserver la direction sans tourner la tête. Quand des soldats tournent la tête, le corps ne peut conserver la même direction, le pas devient irrégulier, toute la ligne flotte, les pelotons se serrent les uns contre les autres ou se désunissent.

Je reçus ce même jour l'ordre de partir avec ma compagnie pour Cieplo, où notre avant-garde était postée, à une demi-lieue à peu près de Gniew, du côté de la Vistule.

La neige tomba toute la nuit, et bientôt la route et les sentiers en furent couverts; notre marche fut pénible. En arrivant à Cieplo, je me présentai au major Suchorzewski, qui comman-

---

(1) Lieues de poste de 7 verstes = 7 kilomètres 1/2.

dait un détachement de 150 lanciers formant la grand'garde.

Le major assigna à ma compagnie une des trois maisons de ce petit village; les deux autres étaient occupées par lui et ses lanciers. Les habitants, tous Polonais, nous accueillirent bien, mais nous étions trop serrés pour avoir quelque confort : j'affectai la grande chambre aux soldats, et je réservai une petite pièce pour les deux officiers et les trois sergents.

Je sortis avec le major, qui avait inspecté la position la veille, pour placer les vedettes. C'était la première fois que nous nous trouvions si près de l'ennemi.

Le major me dit qu'on avait aperçu des hussards et des chasseurs ennemis sur la rive de la Vistule. La nuit était noire et la neige tombait sans arrêter. Nous restâmes dans cette position le lendemain toute la journée. Le soir, je reçus l'ordre de partir à Mlynow, à 2 lieues et demie environ sur la gauche : je n'y arrivai qu'à l'aurore, car nous ne marchions que très lentement dans une neige profonde, conduits par un guide. J'aperçus sur le côté gauche du village les feux de bivouac de notre division. Un officier m'apporta l'ordre de me rendre près du général Dombrowski. Je le trouvai dans une chaumière, étendu tout habillé sur de la paille.

Il envoya avec moi le lieutenant-colonel Hurtig prendre ma compagnie, et au lieu d'aller au camp, celui-ci nous conduisit à droite du village, dans un fossé, en plaçant partout des sentinelles et des grand'gardes. Il fut permis d'allumer du feu au fond du fossé pour la cuisine des hommes.

J'avais lu différents règlements sur les manœuvres, et je pensais et pense encore aujourd'hui que c'est la cavalerie autrichienne qui possède les meilleures instructions; aussi c'est elle qui se garde le mieux. Je plaçai donc les sentinelles sur les points les plus élevés, et je revins à ma compagnie, qui avait déjà allumé du feu dans des silos où l'on conserve les pommes de terre, mais d'où on les avait déjà enlevées depuis longtemps. Je me plaçai dans un de ces trous pour m'abriter du vent, et, enveloppé dans mon manteau, je m'endormis. En réalité, ce n'était pas un manteau, avec lequel il est difficile de marcher, mais une capote avec un collet. Je dormis quelques heures; mon sous-lieutenant, qui s'était reposé avant moi, releva les sentinelles.

Le lendemain, un officier d'état-major m'apporta l'ordre de rejoindre le régiment. C'est par lui que j'appris que toute la division était partie à gauche de Mlynow, car le corps prussien était entré à Dantzig, et voulait nous couper de la légion commandée par le prince Michel Radziwill, et qui s'appela « Légion du Nord ». Mais cette légion battit l'ennemi à elle seule et occupa Starogrod.

Cette légion était forte de 3,000 hommes, presque tous anciens soldats prussiens faits prisonniers après la bataille d'Iéna. Les officiers polonais provenaient de la légion d'Italie.

Nous revînmes encore une fois sur la grande route de Dantzig, non à Gniew, mais dans un village voisin dont j'ai oublié le nom, car on m'envoya immédiatement à l'avant-garde. Le commandant des troupes était Jan Dombrowski, fils du général; il prit son quartier à Sulkow, à une lieue à peu près de Dirschau (1). Je reçus l'ordre de me placer derrière le village Les paysans, tous polonais, nous apportèrent des vivres en abondance.

Le lendemain, de grand matin, il faisait encore sombre quand le général Dombrowski arriva, et l'officier qui l'accompagnait me donna l'ordre de traverser le village, et de m'arrêter avant d'arriver à Dirschau. Je trouvai, au point d'arrêt indiqué, le général entouré des officiers supérieurs, et donnant ses ordres pour l'attaque

---

(1) Tczw, en polonais : prononcez Tcheff.

de Dirschau. Comme commandant d'une compagnie de voltigeurs, je fus appelé au cercle des officiers pour recevoir les ordres.

Le général m'ordonna de marcher derrière le premier escadron, qui devait s'arrêter à côté des jardins du faubourg; mon sous-lieutenant, avec une demi-compagnie, devait envoyer ses hommes en tirailleurs dans les jardins, et moi avec le reste, me jeter subitement dans les maisons du faubourg, jusqu'à la porte dite « porte de la Vistule ». Cette porte devait être enlevée par notre bataillon, y compris la compagnie de grenadiers.

Le deuxième bataillon était destiné à l'assaut de la seconde porte, « la porte du Moulin ».

La cavalerie devait, pendant l'attaque, passer derrière la ville, par la gauche, et se mettre en observation du côté de la « porte de Dantzig », pour attaquer l'ennemi pendant sa retraite.

Toutes ces dispositions furent expliquées si clairement par le général Dombrowski que chacun les comprit parfaitement.

La marche en avant commença aussitôt, et se poursuivit pendant deux heures environ. Quand nous aperçûmes la ville et les hussards prussiens placés sur les points élevés, nous accélérâmes notre marche.

Notre cavalerie et celle de l'ennemi échangèrent des coups de carabine et de pistolet, mais comme d'habitude ces décharges de la cavalerie ne blessèrent personne. Lorsque notre escadron fut arrivé auprès du faubourg, il prit le trot et passa à gauche : je laissai ma seconde section dans les jardins, et avec la première je courus vers le faubourg, pendant que les tirailleurs traversaient les haies.

Les Prussiens nous laissèrent approcher près des maisons, d'où ils accueillirent ma demi-compagnie par un feu nourri venant des fenêtres, des portes et des créneaux pratiqués dans les murs. Le sergent qui courait à côté de moi fut blessé mortellement. Quelques-uns de nos voltigeurs tombèrent aussi, plusieurs blessés restèrent en arrière. Cette première fusillade fit sur nous une grande impression : les gens qui étaient tués, renversés ou gravement blessés restèrent naturellement sur place; le reste prit la fuite. J'avoue que je perdis moi-même la tête à ce moment : mon sergent, nommé Morok, était tombé si subitement qu'il m'avait presque renversé; lorsque je vis son visage pâle comme la neige et son corps inanimé, je perdis la tête. En un mot, nous nous enfuîmes tous à 150 pas environ en arrière, jusqu'à l'arrivée de la compagnie de grenadiers qui marchait en tête du bataillon. Le courage nous revint, je ralliai mes voltigeurs : nous courûmes en avant des grenadiers et nous

nous jetâmes dans les maisons; mais les Prussiens n'avaient pas attendu l'attaque du bataillon entier. Quand nous poursuivîmes notre course à travers les maisons du faubourg, nous vîmes les Prussiens s'enfuir devant nous.

Quelques cavaliers ennemis prirent aussi la fuite; nous les suivions de près, quand ils se jetèrent dans la ville dont on ferma la porte sur eux. Nous étions à peu près à 100 pas de la porte, quand une grêle de balles tomba sur nous. Encore une fois plusieurs voltigeurs tombèrent : le lieutenant-colonel Sierawski nous donna l'ordre de nous mettre à l'abri derrière les maisons les plus rapprochées, en disant : « Attendez ici, le canon vient d'arriver et va faire sauter la porte ». Lui-même resta dans la rue, souriant au milieu des balles qui perçaient son manteau bleu. Je le regardais de derrière une maison et j'admirais son sang-froid.

Après s'être exposé quelques minutes au feu des Prussiens, Sierawski se retourna et revint au pas à son bataillon, caché comme nous derrière les maisons. Ainsi, la rue redevenait libre, mais les balles ennemies, outre plusieurs soldats, avaient grièvement atteint le lieutenant-colonel Muchawski et l'adjudant-major Josef Bojanowski. Malgré la grêle des projectiles, les blessés furent ramenés dans les maisons par leurs camarades; il y en avait onze dans ma compagnie.

Il se passa bien une demi-heure avant l'arrivée d'un canon et des canonniers qui le mirent en batterie. Un instant auparavant étaient arrivés un vieil officier, avec l'aide de camp du général Dombrowski, Bergenzoni; ce dernier fut mortellement blessé et tomba de son cheval près de la maison où nous nous trouvions; le Français, son compagnon, ne fit pas un mouvement, comme s'il eût ignoré que l'autre fût tombé à côté de lui. Le premier coup de canon fut tiré si près de lui que son chapeau brodé d'or lui tourna sur la tête. Au troisième coup, la porte tomba en morceaux; cet officier m'adressa alors ces paroles : « En avant, jeune homme, méritez la croix et entrez dans la ville ! » A peine avait-il dit le dernier mot que nous courions dans la rue à la suite des Prussiens, qui ne se défendirent pas; nous les poursuivîmes jusqu'à la place du marché, où le bataillon arriva avec nous.

Je reçus l'ordre de traverser la ville, pendant que la 2ᵉ compagnie poursuivait les Prussiens dans la rue à droite. J'appris plus tard que ceux-ci s'étaient réfugiés dans l'église avec leur commandant; mais ils se rendirent, sauf une petite fraction qui s'enfuit en s'engageant sur la glace très faible de la Vistule, où la plupart furent noyés.

Le général prussien Roth fut fait prisonnier avec les 800 hommes qui s'étaient réfugiés dans l'église. Ces soldats étaient presque tous des chasseurs d'élite; ils tirèrent si bien des fenêtres et des créneaux, qu'ils tuèrent 150 hommes de notre bataillon.

Je m'arrêtai hors de la ville, puis je reçus l'ordre de m'avancer d'une demi-lieue, jusqu'à Stamberg, petit village formé de six pauvres maisons de paysans, pour placer des sentinelles et des grand'gardes jusqu'à la Vistule.

Ce premier combat de Dirschau me fit faire la réflexion suivante, qu'on ne devrait pas employer en tirailleurs de jeunes soldats n'ayant pas encore vu le feu. Il est beaucoup plus prudent de les conserver dans les rangs, ou de faire commander chaque petit détachement par un officier. De petits détachements ainsi constitués, placés à une certaine distance l'un de l'autre, occuperont le même front qu'un nombre égal de soldats placés en tirailleurs deux par deux.

Le général Dombrowski fut blessé auprès de notre deuxième bataillon; le général Kosinski le remplaça dans son commandement; il fut remplacé lui-même quelques jours après par le général Gielgud, ancien soldat comme Kosinski : ce général était bossu.

Le bataillon, avec le colonel prince Sulkowski, était entré dans la ville presque en même temps que nous, nous pûmes le voir entrant déjà dans les rues. Pendant notre marche vers Stamberg, nous entendîmes une fusillade et une canonnade assez fortes à près d'une lieue en avant de nous. Nous apprîmes quelques heures plus tard qu'une colonne ennemie avait été envoyée de Dantzig au secours de la garnison de Dirschau, mais que le général Ménard en marche vers Stagarod avec la légion du Nord, l'avait arrêtée et forcée à rétrograder, après un combat d'à peine une heure ***.

*** Les officiers et soldats nommés ci-dessous reçurent la décoration de la Légion d'honneur pour l'affaire de Dirschau, à la suite de l'ordre du jour du général Dombrowski du 14 mars 1807, publié le 21 mars dans la *Gazette de Posen* :
 1. Hauke, colonel, chef d'état-major.
 2. Pakocz, lieutenant-colonel adjudant, venant du 1ᵉʳ régiment d'infanterie.
 3. Prince Sulkowski, colonel.
 4. Majaczewski, lieutenant-colonel
 5. Muchawski, lieutenant-colonel.
 6. Bojanowski, adjudant-major.
 7. Puchalski, capitaine.
 8. *Chlapowski*, lieutenant.
 9. Chojnacki, sergent-major.
 10. Bojanowski, sergent-major.
 11. Malinowski, sergent.
 12. Szalin, caporal.
 13. Czuprynkiewicz, soldat.
 14. Charlet, officier d'artillerie français.

Aussitôt arrivé à Stamberg avec ma compagnie, je reconnus les positions et plaçai des vedettes sur les deux digues; l'une de ces digues conduisait à un village qu'on pouvait apercevoir à peu près à une demi-lieue au milieu des inondations; l'autre courait parallèlement à la Vistule; les routes placées sur ces digues partaient du village à angle droit, pour devenir plus tard à peu près parallèles. En cette saison, on ne pouvait circuler que sur ces digues, entre lesquelles l'inondation recouvrait partout les prairies.

Quand j'avais quitté Dirschau, on m'avait donné également le commandement de la 2e compagnie de voltigeurs; j'avais donc 200 voltigeurs et 50 tireurs d'élite; ces derniers avaient été auparavant commandés par le capitaine Golaszewsky, qui avait été tué. Je plaçai sur chacune des digues une grand'garde de 40 hommes, assez forte pour se défendre en cas d'attaque; chaque grand'garde détacha deux sentinelles, à 200 pas pendant le jour, à 100 pas seulement la nuit. Le lendemain, ayant appris que nous resterions plusieurs jours au même endroit, je fis construire devant chaque grand'garde une barricade faite de charrettes et de planches prises dans le village. Nous élevâmes aussi des huttes pour protéger nos hommes contre le mauvais temps et aussi contre une attaque subite. De la sorte, quoique les grand'gardes fussent à quelques centaines de pas du village, nous pûmes nous reposer tranquillement dans les maisons.

Les grand'gardes furent changées toutes les douze heures, à midi et à minuit, de manière que chacun pût à tour de rôle faire la cuisine dans les maisons. Une heure avant le jour, nous étions toujours sous les armes. L'ordre fut ainsi établi une fois pour toutes. Dans la journée, nous n'avions rien à craindre, car sur la plaine inondée le moindre objet se distinguait de loin.

Le général Kosinski vint plusieurs fois nous visiter, de jour comme de nuit, et trouva toujours tout en ordre. Nous restâmes quatre jours dans cette position et nous y reposâmes complètement de nos fatigues.

L'ennemi ne se montrait pas : le cinquième jour seulement une de nos grand'gardes aperçut des cavaliers ennemis près du village qui nous faisait face ; ce village, du nom de Zblewo, était à une demi-lieue de Stamberg. Tout le pays étant inondé, cette cavalerie ne pouvait circuler que sur les digues.

Je m'avançai à 1,000 pas environ de l'une des grand'gardes, avec 6 soldats sans sacs et sans sabres; je reconnus qu'il y avait de l'infanterie à Zblewo.

Rentré à Stamberg, j'envoyai un rapport à Dirschau par un sergent monté sur un cheval de paysan.

Le lendemain, dès le matin, on m'envoya 30 sapeurs français avec un sergent, qui m'apporta l'ordre de déloger l'ennemi de Zblewo avec mes deux compagnies et les 30 sapeurs.

Ne voulant pas diviser mes forces, car il faut les avoir autant que possible réunies pour toute opération militaire grande ou petite, je laissai sur la digue de gauche, près de la barricade, 30 hommes avec le sous-lieutenant Gorzenski, en qui j'avais toute confiance en raison de sa bravoure pendant le combat de Dirschau: en outre j'étais tranquille, sachant que la cavalerie ne pouvait passer que par cette digue pour nous couper la retraite; quant à l'infanterie, elle ne pouvait marcher assez vite pour le faire, quand elle nous verrait en marche sur l'autre digue.

Je gardai donc presque tout mon monde avec moi, et j'organisai l'avant-garde; mais les Français réclamèrent aussitôt d'en faire partie, disant que c'était à eux, vieux soldats, de donner l'exemple aux jeunes.

J'aurais voulu les avoir comme réserve, ce

qui eût été plus prudent, mais je cédai à leurs instances, en leur adjoignant 30 voltigeurs de ma compagnie; le reste suivit à 200 pas de distance.

Je fis marcher à 100 pas en avant le sergent français avec 5 sapeurs et 5 voltigeurs. Ces Français partirent d'une allure si rapide que les nôtres pouvaient à peine les suivre.

Nous mîmes près d'une heure pour arriver au village; on tira plusieurs fois sur les sapeurs et les 5 hommes de ma compagnie. Je vis, en même temps, plusieurs hussards prussiens se mettre en route derrière le village et prendre la digue de gauche; ils se trouvèrent bientôt derrière nous sur la gauche; mais sûr que Gorzenski les arrêterait à sa barricade, je m'élançai sur le village avec mon premier détachement, le traversai et ne m'arrêtai qu'après l'avoir dépassé. On nous tira quelques coups de feu. Je perdis bientôt de vue le sergent des sapeurs français, ses 5 hommes et mes 5 voltigeurs, tellement ils s'acharnèrent à la poursuite des Prussiens. Je vis aussi les hussards en fuite sur la route de gauche; j'appris plus tard qu'ils avaient eu quelques blessés qu'ils ramenèrent avec eux.

Ne voyant pas revenir mon sergent français et ses 10 hommes, je fis prendre deux chevaux de paysans; avec un de mes hommes nous les enfourchâmes à poil, et en nous hâtant nous rattrapâmes le sergent près d'un autre village. Zblewo était assez grand avec de très belles maisons; les propriétaires étaient allemands, mais parlaient polonais, car tous les domestiques, hommes et femmes, étaient polonais. Ces derniers étaient très contents de nous voir; les patrons, probablement par crainte, nous donnèrent de quoi manger et nous rafraîchir.

Nous rentrâmes à Zblewo avec le sergent de sapeurs. Je dus me tenir près de lui pendant la route, car il était acharné pour tuer ou prendre un prussien et était désolé de rentrer, comme il disait, « les mains vides ». J'avais vraiment peur qu'il ne retournât en arrière.

Je m'arrêtai à Zblewo et je commençais à rédiger mon rapport au général Kosinski pendant que mes hommes mangeaient, quand on vint m'avertir que quelques centaines de fantassins nous arrivaient de Stamberg. C'étaient deux compagnies du 12ᵉ régiment (colonel Poninski), qui avaient l'ordre de me soutenir en cas de besoin. Le capitaine qui les commandait me remit ses instructions qui portaient que, dans le cas où l'ennemi se retirait de Zblewo, nous devions nous porter de suite sur Skarszew (Schœneck), où notre régiment était parti; les sapeurs devraient être renvoyés à Dirschau.

Mon régiment s'était mis en marche dès le matin pour Skarszew ; je n'y arrivai que le soir avec mes deux compagnies, et nous trouvâmes nos quartiers déjà préparés. Le prince Sulkowski nomma au commandement de cette place le capitaine Stanilawski, qui avait habité la France pendant longtemps, et parlait allemand avec un fort accent français.

Il fut très aimable pour moi et nous donna de bons quartiers ; il me dit que les habitants, dont une partie étaient Allemands, avaient peur de lui, car ils le prenaient pour un Français à cause de son accent.

Ce pays était au pouvoir des Prussiens depuis plusieurs années, c'est-à-dire depuis 1772, date du premier partage de la Pologne. Il y avait beaucoup d'Allemands, mais moins que je ne le pensais ; d'ailleurs les Allemands s'attachent facilement à la terre qui les nourrit. Chaque nation a son caractère propre. Chez presque toutes les nations, les hommes qui sont forcés par la nécessité de quitter leur patrie souffrent de nostalgie, et ne s'installent à l'étranger qu'avec amertume. Les Allemands au contraire vont à l'étranger sans regret s'ils espèrent y trouver une amélioration à leur existence, ils y restent, s'y installent, y gardent leur nationalité, tout en respectant et estimant les lois du pays nouveau où ils résident, et désirent que la justice les protège.

J'avais dans ma compagnie quelques Allemands des environs de Leszno; je nommai l'un d'eux sergent et en fus très content. Quoique plus faibles que nous pour supporter les fatigues, les Allemands sont beaucoup plus prudents, et soigneux surtout de se maintenir en bonne santé. Quand ils étaient entrés au régiment, mes Allemands ne parlaient pas polonais; ils l'apprirent cependant bientôt, et se tinrent bien au feu, partout, avec les nôtres. Je veillai à ce que les Polonais ne se moquassent pas d'eux, et les traitassent au contraire toujours en camarades. Je remarquai souvent que nos soldats portaient les fusils de leurs camarades allemands fatigués.

Il y avait partout, dans les campagnes, des paysans polonais, mais dans les villages beaucoup d'Allemands, parlant polonais, et bien aises d'employer des Polonais, hommes ou femmes, plus vigoureux qu'eux, et toujours prêts à n'importe quel travail.

Après deux jours de repos, nous repartîmes en avant et arrivâmes à Zulawek, village plus rapproché de 2 lieues de Dantzig, et où se trouvait notre avant-garde.

En arrivant, nous aperçûmes sur des monticules les vedettes des lanciers de Dziewanowski. Ce régiment de lanciers avait été formé à Bromberg avec le régiment prussien nommé « Towarzysz » (1), dont la plupart des cavaliers s'étaient joints à nous à Fordon, dès qu'ils nous avaient aperçus de l'autre côté de la Vistule; c'étaient tous d'excellents soldats. Quelques anciens officiers et maréchaux des logis de ce régiment avaient appartenu à l'armée polonaise de Kosciuszko. Ces officiers, avec presque tout le régiment, 600 hommes, étaient entrés au service de la Prusse aussitôt après le partage de la Pologne, Ils étaient tous de la province d'Augustow, qui avait été attribuée à la Prusse.

Ces 600 cavaliers reçurent encore des environs Bromberg 300 recrues, ce qui porta à 900 hommes l'effectif de cet excellent régiment.

C'était le seul régiment de lanciers prussiens habillé à la polonaise, kurtka bleu foncé avec revers et parements cramoisis, fanions des lances rouge et blanc.

Le village de Zulawek, beau et propre, était assez bien situé; il appartenait à un propriétaire dont j'ai oublié le nom, bien à tort, car il nous accueillit fort bien. C'était un vieillard, qui avait été nommé chambellan par Frédéric II, mais il

---

(1) En polonais, Compagnon.

n'avait jamais voulu habiter Berlin. Après le premier partage de la Pologne, bien des seigneurs polonais avaient vendu leurs domaines à vil prix, ou donné leurs propriétés de moindre valeur à leurs employés, tandis qu'eux-mêmes allaient s'établir dans la partie de la Pologne restée indépendante. Frédéric II fit tout son possible pour se débarrasser de la noblesse polonaise et la remplacer par des Brandebourgeois.

Nous quittâmes Zulawek pour nous rapprocher encore de 3 lieues de Dantzig. Au bout de deux heures de marche, nous aperçûmes sur les routes de droite et de gauche nos divisions en marche sur cette ville. Nous étions au centre, devant nous les lanciers de Dziewanowski, derrière nous les batteries françaises ; à notre droite, le 2ᵉ régiment d'infanterie légère française, suivi de la division saxonne ; à notre gauche le 10ᵉ régiment de chasseurs à cheval français, suivi d'une batterie et d'une brigade badoise ; plus loin, toujours à gauche, la légion du Nord du prince Radziwill, et devant elle la cavalerie du général Sokolnicki composée des insurgés des provinces de Posen et de Kalisz. Le spectacle était superbe, c'était comme une revue. Les piquets d'avant-garde de la cavalerie eurent sur plusieurs points à tirer des coups de pistolet. L'ennemi nous envoya plusieurs coups de canon, mais de notre côté je ne vis aucune batterie répondre, ni même se mettre en position. Notre division s'arrêta à Bomfeld, mais notre régiment reçut bientôt l'ordre de se porter à gauche sur le village de Schœnfeld, où nous arrivâmes et passâmes la nuit campés. Au commencement de la nuit, nous aperçûmes un grand feu : l'ennemi incendiait les faubourgs, qui brûlèrent toute la nuit. Il faisait si clair dans notre camp qu'on pouvait lire facilement.

Nous restâmes deux jours à Schœnfeld ; le troisième jour nous fûmes remplacés par le 12ᵉ régiment et allâmes occuper le village de Kowal. Nous nous remplacions ainsi tous les deux jours, je ne sais pourquoi, car nous campions toujours, l'état-major seul était logé dans les chaumières.

Nous avions assez de paille pour nous coucher et construire des abris, les approvisionnements se faisaient régulièrement. Il n'y avait pas de malades ; l'homme s'habitue vite à la vie au grand air sans en être incommodé, et la vie se passe agréablement entre gais et bons camarades.

Nous avions des grand'gardes et des sentinelles devant notre camp, et mon tour revint plusieurs fois.

J'ai noté sur mon carnet que la nuit du

12 mars, passée en grand'garde, fut particulièrement pénible; car à peine venions-nous de nous installer à peu près, qu'arriva le lieutenant-colonel Cedrowski, qui me donna l'ordre d'avancer vers le faubourg brûlé de Schotland, en nous défendant d'allumer du feu, de crainte d'être aperçus de l'ennemi. Sans paille, sans feu, nous y passâmes une nuit froide et humide, battant la semelle pour nous réchauffer dans la boue et dans la neige. Je plaçai les vedettes tout près de la grand'garde, car la nuit était très sombre.

En réalité toute la compagnie fut de garde, car personne ne put se coucher. Je ne me souviens pas d'une nuit plus pénible pendant toute la campagne.

Quand le jour se montra, nos soldats rapportèrent du faubourg brûlé quelques planches sur lesquelles Gorzenski et moi nous couchâmes un peu, à tour de rôle, car il était impossible de s'étendre à terre où l'on avait de la boue jusqu'aux genoux. Non, je n'oublie pas cette nuit qui me parut si longue! mais je tiens à en rappeler le souvenir pour que les jeunes soldats sachent ce qui les attend à la guerre; ce n'est pas les boulets qu'ils ont le plus à craindre, mais le manque de tout, aussi faut-il être prêt à toute privation.

Mais la bonne camaraderie diminuait nos misères. Mes voltigeurs ne se plaignaient pas, j'en entendais quelques uns fredonner cette vieille chanson militaire polonaise du temps de Kosciuszko :

« Czy to w boju, czy to w czancu
Zolniez zawsre jakby w tancu (1). »

Mais il y en avait bien quelques-uns qui murmuraient : « froid, faim, et loin de la maison ».

Vers 9 heures du matin, au moment où nous nous demandions pourquoi on ne nous relevait pas, le régiment arriva tout entier, et nous nous mîmes en marche vers le faubourg brûlé, nous nous arrêtâmes dans un creux. Le 12ᵉ régiment passa devant nous : nous reçûmes l'ordre de mettre l'arme au pied et d'attendre.

Nous entendîmes bientôt une fusillade bien nourrie. Après un combat d'une heure, le 12ᵉ s'empara de Stolzenberg.

L'ennemi se retira au fort de Bischoffsberg, et commença à nous canonner avec l'artillerie du fort. Le 12ᵉ régiment perdit beaucoup de monde ce jour-là, car l'ennemi, couvert par les ruines du faubourg brûlé, tirait avec plus de précision.

(1) Soit au combat, soit en garnison
Le soldat est toujours comme à la danse!

Les blessés étaient amenés auprès de nous; les boulets ronflaient, mais tombaient au delà de notre ligne. Ce fut une bonne épreuve pour nos soldats, car ils purent se convaincre que, quoique nous fussions bien près, les boulets passaient au-dessus de nos têtes; nous restions tranquilles, remarquant que le bruit et le sifflement des boulets ne s'entendent que quand ils passent : le boulet qui tue ne s'entend pas.

Quatre compagnies du 12ᵉ régiment restèrent dans le faubourg incendié de Stolzenberg, le reste du régiment se retira sur Kowal; notre régiment alla à Wonnenberg, où nous installâmes notre camp et notre bivouac, et où nous pûmes, après vingt-quatre heures de mouvements, allumer du feu et faire la cuisine. Je suis sûr que presque personne de notre compagnie n'avait pu manger un morceau de pain pendant ces vingt-quatre heures. Nous étions inexpérimentés et n'avions rien sur nous. Je note ici pour les débutants qu'un soldat devrait toujours avoir sur lui un morceau de pain.

Le 17 mars, on ouvrit les tranchées devant la forteresse. Le soir, je fus envoyé avec ma compagnie comme soutien d'un officier et de 40 sapeurs du génie français. Quand la nuit tomba, ils se mirent à l'œuvre.

Pendant la nuit, les Prussiens qui occupaient

les forts de Bischoffsberg et de Hagelsberg (1) envoyèrent des patrouilles du côté de nos grand'-gardes. Ces patrouilles entendirent le bruit des pioches de nos sapeurs et commencèrent à tirer sur nous. Bientôt on lança deux balles à feu pour éclairer l'endroit où se faisaient entendre les travailleurs, et bientôt aussi on commença à canonner dans cette direction.

La tranchée fut commencée dans les ruines des maisons brûlées. Avant que les sapeurs pussent s'enfoncer assez pour être à l'abri, l'un d'eux fut blessé et un autre tué. Mais les travaux furent tellement avancés avant le jour, qu'au matin, quoique l'ennemi eût doublé ses feux sur nous, nous pouvions nous tenir couchés dans la tranchée. Les boulets bouleversaient cependant le parapet, et il fallait le réparer continuellement. Dans la journée on plaça les gabions, on les emplit de terre, et on augmenta ainsi la protection. On aurait dû tout d'abord placer les gabions, mais ceux-ci ne furent apportés que le matin par des détachements de sapeurs.

A peu près à mille pas derrière nous, le reste

---

(1) En polonais : Biskupiagora et Goragradowa, littéralement montagne de l'évêque et montagne de la grêle. Nous avons adopté les noms allemands de ces deux forts, généralement employés.

de notre division attendait l'arme au bras, hors de portée du canon du fort, afin d'empêcher les sorties de l'ennemi pour bouleverser nos travaux. J'appris plus tard qu'on avait ouvert des tranchées en deux autres endroits.

Le lendemain, une compagnie arriva pour nous remplacer, mais comme il faisait presque jour quand elle se rapprocha de la tranchée, elle fut saluée de salves de l'ennemi, salves qui nous accompagnèrent aussi pendant notre rentrée à Wonnenberg; personne ne fut pourtant blessé.

Les jours suivants on envoya les compagnies aux tranchées le soir quand il fit sombre, et avant l'aube, de sorte que le fort ne pût tirer sur nous.

Au camp de Wonnenberg nous entendîmes gronder le canon toute la journée et la nuit en avant de nous : on l'entendait à droite du côté des Saxons, à gauche du côté des Badois. Ceux-ci s'occupaient aussi de travaux de tranchée, mais nous ne pouvions les voir de Wonnenberg. Nous ne pouvions non plus, du camp, voir nos sapeurs travaillant à la tranchée, avec nos compagnies de garde. Quatre compagnies se tenaient toujours à moitié chemin du camp à la tranchée, on les relevait toutes les vingt-quatre heures; on relevait toutes les douze heures les compagnies dans les tranchées, car elles aidaient les sapeurs dans leur travail, et on ne pouvait coucher dans les tranchées. En outre, chaque jour, le régiment entier prenait les armes avant l'aube, et restait sous les armes jusqu'au grand jour.

Cependant, malgré toutes ces précautions, l'ennemi fit une sortie de Hagelsberg sur les Badois, qu'il chassa des tranchées, et se porta sur le Ziganenberg (1), vis-à-vis du fort de Hagelsberg. Quelques centaines de cosaques tombèrent sur les Badois qui s'enfuirent en perdant quelques prisonniers. Les chasseurs à cheval français se portèrent en avant, mais se débandèrent, soit parce qu'ils voyaient les cosaques pour la première fois, soit parce qu'ils étaient en trop petit nombre.

De Wonnenberg où nous étions, nous ne voyions qu'une partie de Ziganenberg; nous vîmes deux escadrons de dragons saxons s'avancer avec intrépidité contre les cosaques, qui se mirent en retraite vers le fort. Les chasseurs s'étaient avancés en fourrageurs contre les cosaques, qui n'avaient pas bougé, mais quand ils virent les dragons s'avancer en ligne serrée, ils prirent la fuite.

(1) Montagne des Bohémiens.

Le 22 mars, le maréchal Lefebvre arriva pour nous passer en revue et nous faire exécuter quelques mouvements. Il passa dans nos rangs avec son état-major et nous inspecta en détail. Ensuite il ordonna aux compagnies du centre de chaque bataillon de se former en colonnes; les quatre compagnies qui étaient devant nous se réunirent à leurs bataillons; le maréchal les fit déployer encore une fois, et les fit mettre en marche au pas accéléré, pour l'attaque, baïonnette au canon.

Ensuite on forma les carrés sur trois rangs, puis les carrés entiers, en détachant des pelotons pour couvrir les intervalles. En un mot nous exécutâmes tous les mouvements les plus usités et les plus utiles à la guerre. Tous ces mouvements furent assez bien exécutés, malgré la boue et la neige.

Ce même jour le maréchal Lefebvre transféra son quartier général de Prusztch à Pickendorf, position mieux choisie au centre des travaux d'attaque. Dantzig, grande place forte entourée de forts détachés, était plus facile à assiéger qu'on n'eût pu le croire au premier abord : quoique assez grande, son enceinte était pour la plus grande partie couverte par des inondations du côté de la Vistule, et on n'en pouvait approcher en cette saison.

On ne pouvait faire le siège que du côté du sud, où la ville était couverte par les deux forts de Bischoffsberg et de Hagelsberg; si l'on eût réussi à prendre la ville d'un autre côté, ces deux forts auraient toujours pu tenir et se défendre, et étaient en état de détruire la ville.

Il n'était donc pas nécessaire d'investir complètement la ville, il suffisait d'en envelopper la moitié sud, et de construire les tranchées et les parallèles de ce côté seulement. Les deux forts ci-dessus mentionnés une fois pris, la ville ne pouvait plus se défendre.

De l'autre côté de la Vistule, à l'est, il fallait établir un pont de communication entre Prusztch et la langue de sable qui longe le bord de la mer, et placer un corps d'observation sur cette langue de sable, du côté de Pillau.

Si ce corps était assez fort, il devait occuper l'île de Holm, qui se trouvait entre la Vistule et le canal; on coupait ainsi les communications de Dantzig avec la mer, et avec les deux forts placés à l'embouchure de la Vistule, Weichselmünde et Fahrwasser. Cette mission fut réservée à la division du général Oudinot, qui arriva plus tard.

Notre division se trouvait au centre de la ligne d'investissement; à notre droite, la division saxonne; à notre gauche la brigade badoise;

4

à l'extrême gauche, la légion du Nord. La brigade de cavalerie du général Sokolnicki établie à Langfur gardait le terrain à l'ouest jusqu'à la mer. Cette cavalerie eut souvent à se battre contre l'ennemi et à s'opposer à ses sorties au commencement du siège, avant que l'investissement de Dantzig fût complet.

Les travaux d'approche en avant des deux forts attaqués furent menés très vite, et l'on commença la construction des batteries pour canons de gros calibre. Les sapeurs travaillaient surtout la nuit, mais l'ennemi envoyait des balles à feu pour éclairer les travaux. Les tireurs d'élite de l'ennemi s'avançaient aussi contre nos grand'gardes et à peu de distance. Quand les balles à feu leur montraient nos sapeurs travaillant à remplir les gabions, ils tiraient sur eux, mais heureusement sans grand résultat.

Le 26 mars, c'était encore mon tour de me rendre à la tranchée avec ma compagnie. A 4 heures du matin, j'avais remplacé une compagnie du 12ᵉ régiment; à peine avions-nous pris place dans la tranchée et déposé nos havresacs, qu'une grêle de balles tomba sur nous du côté gauche. Il faisait encore bien sombre; cependant, grâce aux reflets de la neige, j'aperçus des tirailleurs ennemis courant pour nous couper la retraite de ce côté. Je suis presque sûr que les Badois s'étaient rendus ou avaient fui sans tirer un coup de fusil, car ces tirailleurs dépassèrent de quelques centaines de pas les tranchées occupées par les Badois.

A ce moment nous étions tous debout : mais voyant derrière les tirailleurs une colonne d'infanterie ennemie qui nous avait presque dépassés, voyant aussi les tirailleurs se diriger droit sur nous, nous quittâmes la tranchée et nous retirâmes sur Stolzenberg.

Il nous était déjà impossible de nous replier sur nos compagnies placées en réserve, ainsi qu'il nous était prescrit en cas d'attaque subite; l'infanterie prussienne était déjà derrière nous.

Le faubourg brûlé de Stolzenberg se trouvait sur notre droite, et les tranchées y étaient occupées par des compagnies du 10° et du 11° de ligne; c'est là que nous nous dirigeâmes à travers les jardins, sous la grêle des balles des tirailleurs prussiens.

Mais à moitié route, nous nous aperçûmes que Stolzenberg était déjà occupé par l'ennemi, qui nous accueillit par un feu bien nourri.

Grâce à l'obscurité, nous n'eûmes que quelques blessés. Il ne nous restait qu'à sortir des jardins, pris entre deux feux; en les quittant, nous prîmes à droite, tout en ripostant à l'ennemi et en emportant quelques blessés, et nous nous retirâmes à travers champs sur nos quatre compagnies de réserve, qui se portèrent en avant pour nous venir en aide.

Le major Malczewski, commandant de cette réserve, vint à nous sur son cheval, suivi de tirailleurs qui couraient à notre secours, et qui arrêtèrent les tirailleurs ennemis qui nous avaient presque coupé la retraite. Nous rejoignîmes enfin la réserve.

Le jour commençait à peine. Le major, du haut de son cheval, aperçut plusieurs colonnes ennemies débouchant de la ville. Il donna l'ordre à tous de faire demi-tour à droite et de rétrograder sur Wonnenberg : quant à nous, qui étions encore à 100 ou 150 pas de la réserve, le major nous ordonna de suivre les autres, en restant déployés en tirailleurs.

Nous avançâmes pendant quelques centaines de pas dans cet ordre, les quatre compagnies de réserve en colonnes, la mienne en tirailleurs à peu près à 150 pas en arrière; mes hommes tiraient sur les cosaques, qui formaient un rideau devant leur infanterie. Derrière eux, j'aperçus de la cavalerie régulière se mettant en ligne.

J'ordonnai à mon clairon de donner le signal pour rallier mes tirailleurs, et gardant 10 hommes avec moi, j'ordonnai au sous-lieutenant de continuer la retraite; je le suivis avec mes 10 hommes à 50 pas. Hélas! c'était trop tard!

Deux escadrons ennemis nous chargèrent au galop en ligne; l'un d'eux passa sur nous et nous traversa; je tombai, renversé entre deux chevaux, et reçus un coup dans le dos.

Je perdis connaissance; au bout de je ne sais combien de temps, je repris mes sens et me trouvai couché par terre et dépouillé de mon uniforme. J'étais entouré de cosaques à cheval, et à côté de moi se trouvait un de mes voltigeurs, à qui on n'avait pris que sa capote. Un officier de cosaques me dit de me lever, mais cela me fut impossible, je ne pouvais remuer le bras, mon corps et mes jambes étaient raides. Il me tendit la main, me leva, et faisant mettre pied à terre à un de ses cosaques, il me dit de prendre son cheval.

Le cosaque conduisit lui-même sa monture, sans me laisser prendre les rênes. Nous traversâmes le faubourg entre le Bischoffsberg et le Hagelsberg, puis Stiglitz, jusqu'à la ville.

Après avoir traversé la porte de la ville, le cosaque m'aida à descendre, je m'assis sur un banc, grelottant et claquant des dents, car j'étais déshabillé.

Le colonel des cosaques arriva, descendit de

cheval et m'offrit de l'eau-de-vie, ainsi qu'à quatre de mes voltigeurs (sur les 10 qui étaient avec moi auparavant). Il me demanda quel uniforme je portais, et au bout d'un quart d'heure, mon habit me fut rendu, avec le ruban de la Légion d'honneur, mais sans la croix.

C'était la croix que j'avais reçue à la suite du combat de Dirschau : le chef d'état-major du maréchal Lefebvre me l'avait attachée lui-même sur la poitrine. Cet officier se trouvait à côté de la porte de Dirschau quand nous l'avions fait sauter.

Ma coiffure était perdue, mais le colonel des cosaques me fit cadeau d'un bonnet de cosaque : j'aimais encore mieux ce bonnet que rien du tout.

Nous retrouvâmes prisonniers Sokolowski, lieutenant d'une des quatre compagnies qui furent renversées comme la mienne, à ce qu'il me dit, puis un soldat français, quatre de mes voltigeurs, deux officiers français d'artillerie et du génie, enfin un officier badois et plusieurs de ses soldats.

Des officiers prussiens de différentes armes entourèrent le soldat français, qui était du 2e régiment d'infanterie légère; ceux qui parlaient français causèrent avec lui, car il était bavard. Les deux officiers français ne disaient rien.

Ce soldat français fit la réponse suivante qui fit ensuite le tour de la garnison. Un des officiers prussiens lui dit : « Vous autres, Français, vous ne vous battez que pour l'argent ! » L'autre lui répondit vivement : « Et vous ? pourquoi donc ?

— Nous, pour la gloire ! dit le Prussien.

— Vous avez raison : vous vous battez pour ce qui vous manque ! » reprit le Français.

On nous conduisit dans un bâtiment, puis deux jours après pendant la nuit, à Fahrwasser, où l'on nous embarqua sur un bateau suédois, qui nous transporta d'abord à Pillau, puis à Klejpeda, et enfin à Riga.

Nous restâmes six semaines sur ce bateau, très mal nourris : nous fûmes tous atteints du scorbut.

Avec nous se trouvaient Uminski, Malet (officier du génie français qui entra plus tard au service du duché de Varsovie sous le nom de Malecki), et 200 soldats.

Nous formâmes le dessein de nous emparer du bateau, dont l'équipage était peu important : mais apprenant que la guerre allait bientôt finir, nous renonçâmes à notre projet.

Nous fûmes logés à Riga et reçûmes la moitié de notre solde. Presque tous les officiers et soldats, l'un après l'autre, tombèrent malades d'une fièvre nerveuse provenant de la mauvaise nourriture du bateau. Je tombai malade un des derniers, et restai plusieurs jours sans connaissance ; une hémorragie par le nez et par la bouche me sauva.

Enfin la paix de Tilsitt fut signée et nous rendit notre liberté.

J'en profitai immédiatement et partis pour Wilna, où je savais que je trouverais M. Michel Oginski, que j'avais connu à Berlin. Il me reçut à bras ouverts, et me donna tout l'argent nécessaire pour aller à Varsovie. Je passai quelques jours très agréables avec lui à visiter les environs.

Dès mon arrivée à Wilna, je me présentai chez le général gouverneur Korsakow, le même que Masséna avait battu à Zurich. C'était un vieillard très poli : il m'invita à dîner et me parla de la campagne de Suisse à laquelle il avait pris part; voyant que je la connaissais à fond, il m'en parla avec grands détails.

Je remarquai que les Lithuaniens étaient contents de lui. Je fis connaissance avec plusieurs familles lithuaniennes, en particulier avec M. et Mme Tyzenhauz.

Je quittai Wilna par la poste, car j'avais de l'argent, et ne m'arrêtai pas en route, sauf une journée à Grodno, pour visiter la ville et les monuments, qui nous rappellent tant de pénibles souvenirs.

A Bialystok, on pouvait déjà remarquer les effets de l'administration prussienne établie depuis quelques années. Plusieurs maisons nouvellement construites étaient bâties légèrement « à la Prussienne ». Le pays n'est pas aussi joli que les environs de Wilna et de Grodno, quoique assez agréable. De Tykocin à Ostrolenka, on voyait les tristes résultats de la guerre : la dévastation partout.

A partir de là, je rencontrai des détachements de nos troupes.

Je restai une semaine à Varsovie, pour visiter la ville et m'équiper à nouveau. Après m'être présenté chez le prince Joseph Poniatowski et chez nos généraux, je partis chez mes parents, et trouvai mon père en bonne santé.

Pendant que j'habitais la maison paternelle, je reçus un jour une lettre m'annonçant ma nomination comme officier d'ordonnance de l'Empereur (1). Je partis aussitôt pour Paris.

---

(1) La copie de cette nomination se trouve aux Archives de la guerre, nous la donnons ci-dessous :

Extrait des Minutes de la Secrétairerie d'État.

Bayonne, le 9 mai 1808.

Napoléon, Empereur des Français, Roi d'Italie, et Protecteur de la Confédération du Rhin,

Nous avons décrété et décrétons ce qui suit :

Art. 1er. — Le Sr Désiré Clapowski *(sic)*, officier de l'État-

Quoique notre titre fût celui d'officiers d'ordonnance, nous étions en réalité les aides de camp de l'Empereur, car les généraux aides de camp ne faisaient jamais le service comme tels : ils commandaient souvent des corps d'armée, comme Junot, Marmont, Rapp, Savary, Bertrand, Mouton, Lauriston, Drouot, Lebrun, Lemarais, Durosnel et Caffarelli. Quand Marmont fut nommé maréchal, il fut remplacé par Narbonne, puis en 1813 par Flahaut. Il y avait le plus souvent deux de ces aides de camp auprès de la personne de l'Empereur, quelquefois un seul, quelquefois aussi aucun. Quand je pris mon service d'officier d'ordonnance, nous étions en pleine paix, aussi j'obtins la permission d'aller suivre les cours de l'École polytechnique.

major Polonais, est nommé l'un de nos officiers d'ordonnance.

Art. 2. — Notre Ministre de la guerre est chargé de l'exécution du présent décret.

Signé : Napoléon.

Par l'Empereur,
Le ministre S^{re} d'État. *Signé :* Hugues B. Maret.

Le Ministre de la guerre. *Signé :* Clarke.

Pour ampliation
L'inspecteur aux revues, secrétaire général,
Fririon.

Collationné
Le chef du bureau des lois,
Arcambal, l'aîné.

Je louai un logement auprès de cette école. Je m'attachai surtout, parmi les différents cours, à celui de géométrie descriptive, sur lequel je n'avais pu répondre aux questions de l'Empereur à Posen, ce qui m'était resté sur la conscience. A côté des mathématiques, j'étudiai les différents cours de géologie, chimie, botanique et mécanique. L'école polytechnique de Paris était, à cette époque, la meilleure école militaire, et les sciences préparatoires militaires y étaient poussées très loin.

L'esprit des élèves de 1re et de 2e année était excellent, à tel point qu'on ne causait sur d'autres sujets que sur les sciences. D'ailleurs, on n'avait pas beaucoup de temps pour causer, car les répétiteurs venaient dès 6 heures du matin dans nos logements, et faisaient repasser les cours aux élèves deux heures avant le commencement du premier cours. Nous devions donc tous être prêts avant 6 heures.

Les cours duraient de 8 heures du matin à 11 heures; puis venait un déjeuner très court. De midi à 5 heures les cours se suivaient; à 5 heures, dîner, puis, de 7 à 10 heures, les répétiteurs venaient nous faire revoir les cours qui nous avaient été faits. Ils restaient souvent jusqu'à 11 heures et minuit avec les élèves les moins intelligents. Ils étaient extrêmement consciencieux dans leurs fonctions.

Pendant les repas, nous causions le plus souvent de la guerre, en appliquant aux guerres anciennes et actuelles les connaissances théoriques que nous avions. Chacun de nous était convaincu que l'expérience est nécessaire, mais que l'expérience sans études théoriques ne peut faire un bon général.

Après les cours je retournais dans mon logement, chez le docteur Markowski, qui, à l'époque où notre pays avait encore une existence politique, avait été envoyé par l'université de Cracovie à Paris, comme l'un de ses plus distingués élèves, pour se perfectionner dans les sciences médicales. Notre pays était partagé depuis vingt-six ans, la Révolution française était passée, et le docteur Markowski restait à Paris, étudiant toujours, et était le meilleur des répétiteurs.

Je lui conseillai de revenir en Pologne, en invoquant le devoir de tout bon citoyen d'être utile à sa patrie. Mais ce ne fut qu'en 1809 qu'il se décida à y rentrer. Un autre de nos répétiteurs, du nom de Livet, se décida aussi, d'après mes conseils, à se rendre en Pologne, où il devint plus tard professeur à l'école d'application de Varsovie.

C'est à lui que plusieurs de nos officiers d'artillerie doivent leurs connaissances élevées en mathématiques ; certainement beaucoup d'entre eux ont plaisir à se souvenir de ce professeur distingué.

Je veux citer ici les noms de quelques-uns des professeurs de l'école polytechnique de ce temps, qui devinrent célèbres ; c'étaient Monge, Fourcroy, Faujas de Saint-Fond, Thénard, Jussieu, etc...

Il est facile de comprendre que des jeunes gens aussi occupés que nous ne pensaient guère aux plaisirs du monde ; aussi, comme je l'ai dit plus haut, on ne parlait guère pendant les récréations que de sujets militaires, développant nos progrès et notre intelligence.

Ce n'est que le dimanche, et encore de temps en temps, que l'un de nous allait au théâtre, toujours pour entendre quelque tragédie, nos pensées étant toujours tournées au sérieux.

Il n'est donc pas étonnant que les élèves de l'école polytechnique aient joué plus tard des rôles importants.

Pendant les vacances, j'allai à Berville, auprès de Fontainebleau, rendre visite au général Kosciuszko. Il habitait chez son ami intime M. Zeltner, un Suisse, qui possédait une maison et une petite ferme, où notre chef distingué s'occupait d'agriculture.

Je le trouvai en costume de fermier français, avec un chapeau de paille, un frac gris, un pantalon court et des souliers. Il avait déjà perdu ses dents du haut, ce qui nuisait à sa prononciation.

Il fut très aimable pour moi, me raconta différents incidents des campagnes qu'il avait commandées : je le vois encore, quand il me raconta l'attaque sur la batterie russe à Raclawice, il se pencha comme si on le poussait, et se jeta en avant en criant : « Naprzod, wiaral » (1), en enfonçant sur sa tête son chapeau de paille si violemment qu'il le démolit. Certainement, pendant ce récit, son imagination l'avait tellement transporté qu'il fit sur son chapeau de paille le même geste que sur le bonnet cracovien qu'il portait au moment de l'attaque.

Il me raconta aussi qu'il montait un cheval rouan à la bataille de Maciejowice, à la fin de laquelle il s'enfonça dans un marais, où il fut blessé et pris par les cosaques.

Il me dit les paroles suivantes, qui restèrent à jamais gravées dans ma mémoire, et se rapportaient à ma situation d'officier d'ordonnance de l'Empereur :

---

(1) En avant! mes amis!

« Tu fais bien de servir et d'étudier. Travaille bien, et quand la guerre arrivera, fais attention à tout. Placé près de l'Empereur, tu peux acquérir beaucoup de connaissances et d'expérience. Augmente ton savoir le plus possible, pour être utile plus tard à notre malheureuse patrie. Tu es à bonne école. Mais ne crois pas qu'il (l'Empereur) va reconstituer la Pologne! Il ne pense qu'à lui-même, et non à notre grande nation, il ne se soucie pas de lui rendre son indépendance. C'est un despote; son seul but, c'est sa satisfaction, son ambition personnelle. Il ne créera jamais rien de durable, j'en suis sûr. Mais que tout cela ne te décourage pas! Tu peux apprendre beaucoup près de lui, l'expérience, la stratégie surtout. C'est un chef excellent. Mais, quoiqu'il ne veuille pas reconstituer notre patrie, il peut nous préparer beaucoup de bons officiers, sans lesquels nous ne pourrons rien faire de bon, si Dieu nous permet de nous trouver dans de meilleures circonstances. Je te répète encore une fois : Étudie, travaille, mais lui ne fera rien pour nous! »

Au mois de mai 1808, je reçus l'ordre de me rendre auprès de l'Empereur, à Bayonne. Je ne passai mon examen de l'école polytechnique qu'à mon retour, à Niort, devant le général Bertrand, qui était alors le commandant supérieur de tout le génie. Il fut bienveillant pour moi pendant l'examen, ne me demandant pas autant de détails qu'aux vrais élèves de l'école, qui avaient fait leurs études complètes.

CHAPITRE II

CAMPAGNE D'ESPAGNE EN 1808

Bayonne. — La vie au quartier impérial. — Mission à Burgos. — L'insurrection de Madrid. — Les Cortès à Bayonne. — Passages de troupes. — Rentrée à Saint-Cloud. — Réceptions à Erfurt. — Départ de l'Empereur pour l'Espagne. — Batailles de Burgos et de Tudela. — Embuscade à Mondragon. — Somo-Sierra. — Les chevau-légers polonais à la vieille garde. — L'affaire de Benavente. — Mission en Westphalie et à Varsovie. — Rentrée à Paris.

J'arrivai à Bayonne le jour même où le vieux roi d'Espagne Charles IV, avec la reine et le prince de la Paix (Godoï), partaient pour Valençay où l'Empereur les faisait installer.

Le roi quittait son pays après la révolution d'Aranjuez, qui lui fit perdre la couronne pour la donner à son fils Ferdinand.

L'Empereur fit aussi venir à Bayonne le prince Ferdinand; il ne le reconnut pas comme roi, et l'envoya rejoindre ses parents à Valençay.

Plus tard le roi, la reine, et la reine d'Étrurie durent quitter Valençay pour l'Italie; le prince Ferdinand resta seul à Valençay ***.

A Bayonne, l'Empereur et l'Impératrice habitaient le château de Marac, à un quart de lieue de la ville, sur la route de Pampelune.

Ce château n'était pas grand ; au milieu, un salon assez grand, dans lequel on entrait directement du jardin, sans antichambre ni couloir, servait aux officiers de service. D'un côté il y avait deux pièces, la chambre de l'Empereur et celle où il prenait ses repas avec l'Impératrice ; de l'autre côté deux pièces également, occupées par l'Impératrice. A l'étage supérieur habitaient les dames d'honneur lectrices (l'une italienne, l'autre irlandaise), et vis-à-vis d'elles les femmes de chambre.

Dans des maisons voisines, appartenant à des négociants de Bayonne, habitaient le maréchal Berthier, chef d'état-major de la grande armée, le grand-maréchal Duroc, l'archevêque de Malines Pradt, chapelain de l'Empereur, le ministre

---

*** Le château de Valençay appartenait au prince de Talleyrand. Celui-ci se plaignit à l'Empereur que le séjour du roi lui coûtait beaucoup plus cher que l'indemnité que lui donnait le gouvernement à cet effet, parce que la cour du roi était trop nombreuse. Comme l'Empereur faisait la sourde oreille, Talleyrand reprit : « Mais alors, que dois-je lui dire ? — Dites-lui la messe ! » répondit Napoléon.

On sait que Talleyrand avait été prêtre et évêque avant la Révolution.

secrétaire Maret, le ministre des Affaires étrangères, Champagny, les aides de camp; les généraux Mouton et Durosnel, et plus tard le général Bertrand, puis M. de Senfft Pilsach *****, ambassadeur de Saxe, très aimé de l'Empereur, accompagné de sa femme, personne très aimable et très intelligente, mais un peu sourde.

Devant le château, et si près qu'il ne restait

---

* Fragment des mémoires du comte de Senfft Pilsach, ancien ministre de Saxe.

« ..... L'Empereur habitait au château de Marac, à un demi-quart de lieue de la porte d'Espagne, et M. de Champagny occupait une maison voisine. M. de Senfft en avait fait arranger une attenante pour son habitation. Un escadron de la garde polonaise, établie au bivouac dans un bois voisin, faisait le service du palais. La légion de la Vistule et le beau régiment de lanciers commandé par le colonel Konospska (sic, au lieu de Konopka), furent les premières troupes qu'on vit passer pour l'Espagne, et les lanciers exécutèrent plusieurs fois leurs brillantes manœuvres devant la terrasse de Marac. Dès leur arrivée à Bayonne, on avait donné à M. et Mme de Senfft leurs entrées particulières au palais, ce qui portait l'invitation de passer la soirée chez l'Impératrice, où se réunissaient de neuf heures et demie à minuit les personnes de la cour qui étaient du voyage. C'étaient les dames du palais : Mme de Montmorency et Mme Maret, la belle Mme Gazani, lectrice de l'Impératrice, le grand maréchal du palais (Duroc), le général Ordener, premier écuyer de l'Impératrice, les généraux Bertrand et Lebrun, fils de l'architrésorier, un jeune officier d'ordonnance polonais, nommé Chlapowski, que l'Empereur avait pris en affection et qui jouissait alors à la cour d'une faveur de Chérubin. Les députés polonais (c'étaient les woïvodes Stanislas Potocki, Bilinski et Dzialinski), furent admis au même privilège pendant leur séjour. »

que le passage d'une voiture, était installé sous la tente un bataillon de grenadiers de la garde impériale. Près d'eux se trouvaient 200 Basques des Pyrénées, organisés en garde d'honneur de l'Empereur; ils avaient des dolmans rouges, des pantalons noirs courts, des bas et des souliers, et étaient coiffés de bérets bleus. Ces gens étaient beaux, pleins de vie, et, m'a-t-on dit, tireurs excellents.

A 500 pas plus loin sur la route de Pampelune, se trouvait un escadron de chevau-légers polonais, commandé par le capitaine Dziewanowski.

Chaque fois que l'Empereur sortait à cheval ou en voiture, un officier et 25 de nos chevau-légers lui servaient d'escorte.

Le fourrier du palais fixa mon quartier chez M. Taubin, un vieux capitaine de vaisseau, très aimable, dont la maison se trouvait tout près de la porte d'Espagne.

Quand je m'aperçus que nous aurions la guerre avec l'Espagne, je m'abouchai avec un professeur de langue espagnole, qui vint chaque jour chez moi à 6 heures du matin, car je devais me trouver dès 8 heures au salon de service. C'était l'heure où les aides de camp et les officiers d'ordonnance devaient être dans la première chambre de l'Empereur, qui nous donnait en cinq ou six minutes les ordres pour la journée. Nous nous rendions alors au salon de service, où chacun s'occupait comme il l'entendait jusqu'à ce qu'il fût appelé par l'Empereur. Nous causions ou lisions; je jouais souvent aux échecs avec le chambellan Bondy.

A 11 heures nous allions déjeuner chez le maréchal Duroc, dont le quartier se trouvait dans une maison voisine du château. Après le déjeuner on rentrait au salon de service, où il venait beaucoup de monde toute la journée; c'est là que les ministres arrivaient avec leurs grandes serviettes et attendaient le moment d'être reçus à tour de rôle chez l'Empereur.

L'archevêque Pradt passait toujours une partie de la journée au salon de service, et n'était jamais à court d'anecdotes à nous raconter. En outre beaucoup de généraux et de courriers arrivaient de tous les côtés de l'Europe. Ces derniers étaient annoncés à l'Empereur par un des aides de camp, ou à défaut par l'un de nous.

Trois ou quatre heures avant le dîner, qui était régulièrement servi à 6 heures, l'Empereur sortait presque tous les jours à cheval ou en voiture, et allait sur le bord de la mer du côté de Biarritz; c'est une jolie promenade. Un écuyer accompagnait la voiture impériale qui était suivie d'une escorte de 25 chevau-légers polonais avec un lieutenant. Le dîner était servi à 6 heures. L'Empereur dînait toujours avec l'Impératrice et souvent aussi avec le prince de Neuchâtel (Berthier). Le soir on se réunissait dans le salon de l'Impératrice; l'Empereur y venait quelquefois; il se promenait alors dans le salon, en causant avec diverses personnes; tout le monde, excepté les dames, était debout. Quelquefois il s'asseyait et nous faisait asseoir. Un jour il entra dans le salon, un petit livre à la main, en disant : « Ce n'est pas intéressant, cela m'ennuie, je n'ai rien à lire », et il jeta le livre sur une chaise. On peut vraiment être étonné qu'un tel homme trouvât le temps de lire des romans. C'est la meilleure preuve que toute sa machine était bien construite.

On jouait quelquefois le soir aux cartes, au krebs. En général personne ne perdait, ni ne gagnait, quoique la table fût couverte d'or. En effet on ne cherchait pas à gagner, et l'on ne prêtait pas grande attention au jeu.

Un soir j'eus pourtant la chance pour moi et gagnai beaucoup de napoléons d'or; j'en étais embarrassé, quoique je n'eusse pas apporté au jeu plus d'attention que les autres.

L'Impératrice gagnait toujours; il est probable que quelques joueurs, voyant le plaisir qu'elle avait à gagner, perdaient exprès par politesse. Cependant elle ne prenait jamais l'argent gagné, car elle se retirait toujours avant minuit. J'ignore ce que devenait cet argent, car dès que l'Empereur et l'Impératrice quittaient le salon, tout le monde s'en allait également.

Peu de temps après, je reçus l'ordre de l'Empereur de porter des dépêches en Espagne ***.

Je partis tout de suite, et avant la nuit je m'arrêtai pour changer de cheval de poste sur la rivière de la Bidassoa. A cet endroit tout change, le pays comme la population.

On dit qu'il n'y a peut-être pas en Europe une frontière qui sépare des pays aussi différents. Partout on s'aperçoit d'un changement graduel, ici il est subit; d'un côté de la Bidassoa, une population petite, gaie et vive, de l'autre des gens grands, sérieux et pensifs. De notre côté, des maisonnettes avec de jolis jardins, sur un terrain presque plan; de l'autre la ville d'Irun avec ses maisons en pierre, et tout de suite des

---

*** Cet ordre était ainsi conçu :

« L'officier d'ordonnance Chłapowski partira sur-le-champ. Il s'arrangera de manière à arriver à Vittoria avant 4 heures du matin; il remettra la lettre ci-jointe au général Verdier en mains propres; il continuera sa route sur Burgos sans s'arrêter, et remettra au maréchal Bessières sa lettre; il restera à Burgos jusqu'à ce que le maréchal l'expédie.

N. »

A Bayonne, le 3 juin 1808.

montagnes, de sorte qu'en quittant la ville on entre dans des défilés. Ces défilés, qui conduisent d'une montagne à l'autre jusqu'à Vittoria, ont une longueur de 33 « leguas » espagnoles, c'est à-dire près de 24 de nos lieues.

Le postillon espagnol me précédait, vêtu de son grand manteau, des grelots étaient attachés sur la tête de son cheval, de sorte qu'en voyageant pendant la nuit, je l'entendais devant moi quoique je ne pusse le voir. Les chevaux espagnols sont de très bons chevaux de selle et galopent aisément à la montée ou à la descente, de sorte qu'on peut très bien faire 2 lieues et demie à l'heure.

J'arrivai à Vittoria le matin, à Burgos à midi, et le jour suivant à Madrid. Mais quand j'arrivai à cette dernière ville, je ne sentais plus mes jambes ni mes bras. Il fallut me conduire auprès du maréchal, car je ne pouvais me tenir debout. Après lui avoir remis ma dépêche, on me reconduisit à mon logement, où je trouvai un bon lit, et où l'on me donna un domestique.

Les aides de camp m'aidèrent à me déshabiller, mais mes jambes étaient tellement enflées qu'on ne put m'enlever mes bottes, il fallut les couper sur moi, quoique je les eusse choisies extrêmement larges à Bayonne.

Je ne pus dormir de la première nuit, j'avais

la fièvre dans tout le corps, et je ne sentais pas mes membres. Mais quoiqu'il me semblât que ma tête ne tint plus au corps, ma pensée restait claire et libre.

Pendant mon voyage, toujours à cheval, il me fut impossible de manger; le deuxième jour seulement j'avais soif et buvais de l'eau sucrée à chaque halte. Le deuxième jour il fallut m'aider à monter à cheval, car je ne pouvais plus le faire tout seul.

Ce ne fut qu'après la seconde nuit, pendant laquelle je dormis bien, qu'on me laissa prendre un bain : ensuite, après un bon déjeuner, j'étais prêt à reprendre ma route. Mais on me retint encore quelques semaines à Madrid.

Je raconte ce voyage pour les jeunes gens. S'ils ont à voyager jour et nuit sans arrêt sur des chevaux de poste, qu'ils choisissent des bottes très larges, qu'ils aient des étriers avec la semelle garnie de bois, et qu'ils prennent une selle avec un évidement longitudinal au milieu.

Il faut manger peu avant le départ; on n'aura pas faim en route malgré cela. Si l'on voyage pendant la saison chaude, on aura la bouche sèche; il faut alors avoir un petit flacon de cognac, avec lequel on se rincera la bouche, sans l'avaler. Chaque fois qu'on prend une boisson forte, on augmente sa fièvre, qui est inévitable après quarante-huit heures de voyage.

Pendant les chaleurs, il ne faut pas boire d'eau, pour éviter la transpiration et l'affaiblissement qui en résulte. Ce n'est qu'en se rinçant la bouche avec de l'eau-de-vie qu'on se rafraîchit et qu'on ranime ses forces.

Le 2 mai éclata la révolution de Madrid. Cette révolution ne devait éclater que le 3, pendant la course de taureaux, l'amusement favori des Espagnols.

Tous les officiers français y étaient invités; on devait les massacrer, et on pensait alors avoir facilement raison des soldats.

La garnison française de Madrid n'était que de 4,000 hommes d'infanterie (fusiliers de la garde), de canonniers avec douze canons et de 200 mamelucks, près du palais royal. La cavalerie était cantonnée dans de petits villages à une lieue et demie de la ville, car il n'y a pas de villages dans le voisinage immédiat.

Les environs de Madrid forment une plaine, mais une plaine coupée de différents ravins.

Le complot était bien organisé. Les conspirateurs avaient réuni quelques milliers d'habitants des deux Castilles, qui s'approchèrent de la ville pendant la nuit, en passant par des ravins et des défilés éloignés de la grande route occupée par nos troupes. Ils s'arrêtèrent tout près de la ville dans la nuit du 2 mai.

Mais le 1ᵉʳ mai, le complot était découvert, et l'ordre fut immédiatement donné que les officiers qui avaient leurs logements dans la ville allassent habiter dans les casernes de Buen-Retiro.

Les conspirateurs eurent probablement connaissance de cet ordre et décidèrent d'agir tout de suite sans attendre le 3 mai. Ils hâtèrent en conséquence l'arrivée des paysans.

A l'aube du 2 mai, quelques milliers d'insurgés se ruèrent dans la ville, et après avoir massacré quelques soldats en faction devant la porte, s'emparèrent de l'Arsenal.

Les habitants de Madrid se réunirent sur les places principales, armés d'épées et surtout de longs couteaux, quelques-uns avec des fusils. La plus grande partie était massée sur la place centrale de Madrid, nommée Puerta del Sol. Les rues aboutissant à cette place étaient aussi pleines d'insurgés dans le plus grand désordre. Ils tirèrent sur les officiers à cheval qu'on avait envoyés porter les ordres.

L'aide de camp de Murat, Gobart, traversant au galop la place Puerta del Sol, reçut plusieurs coups de couteau aux jambes; heureusement il montait un cheval de grande taille. Il réussit néanmoins à traverser toute la ville et à porter aux fusiliers de la garde l'ordre qui les concernait. Ceux-ci partirent aussitôt, et reprirent l'Arsenal sans tirer un coup de fusil; pendant leur marche, ils mirent en déroute la foule des insurgés, qui avaient placé en position quelques vieux canons, dont ils ne savaient faire aucun usage.

On arrêta 2,000 bourgeois et paysans des environs, et l'on donna l'ordre de fusiller sur-le-champ tout Espagnol pris les armes à la main; la ville fut rendue au calme en moins de deux heures. (La cavalerie était entrée en ville vers la fin de l'émeute, et n'y joua pas de rôle actif, à l'exception des mamelucks.) Les 2,000 prisonniers furent conduits hors de la ville et reçurent l'ordre de se mettre à genoux : le bataillon de fusiliers se plaça en rangs serrés vis-à-vis d'eux, on commanda le feu... Tous les Espagnols tombèrent la face contre terre... mais pas un seul ne fut tué ni blessé.

Les soldats avaient tiré en l'air : fut-ce par ordre, ou bien ces vieux grognards ne voulurent-ils point tirer sur des gens désarmés ? je l'ignore. Sûrement les généraux étaient convaincus des sentiments de leurs soldats et ne voulurent point désobéir aux ordres supérieurs qu'ils avaient reçus, ils donnèrent l'ordre publié dans la proclamation ; les officiers et les soldats l'exécutèrent à leur idée.

Après la salve, le bataillon rentra à sa caserne, et les Espagnols, se trouvant bien vivants, s'enfuirent dans leurs maisons.

Il est vraiment étonnant que tant de milliers d'hommes, presque tous bien armés, n'aient pu rien faire en présence de quelques milliers de soldats disciplinés et expérimentés.

On n'en peut trouver qu'une explication : c'est que l'Espagne n'avait pas eu de guerre depuis longtemps et manquait par suite de bons officiers.

Je fis la connaissance de plusieurs gentilshommes espagnols, et je remarquai qu'autant les paysans étaient braves et prêts au sacrifice, autant les « grands » c'est-à-dire l'aristocratie espagnole, étaient efféminés. L'or américain et la longueur de la paix avaient eu les résultats les plus funestes.

Un seul entre tous les officiers espagnols, Palafox, capitaine au régiment des gardes à cheval, se montra plein d'énergie, et sentit profondément l'humiliation de son pays soumis au joug de l'étranger.

A mon retour à Bayonne, je racontai à l'Empereur tout ce que j'avais remarqué en Espagne. Je ne lui cachai pas ma conviction que si les

Espagnols apprenaient le sort de la famille royale, et se rendaient compte que l'Empereur, au lieu de conserver à Ferdinand le trône d'Espagne, se préparait à le donner à son frère Joseph, l'insurrection générale éclaterait.

L'insurrection de Madrid n'avait été l'œuvre que de quelques hommes : les Espagnols ne savaient pas encore que Ferdinand avait été envoyé à Valençay et ne reviendrait pas, aussi l'insurrection prit fin avec l'émeute de Madrid.

L'Empereur avait l'habitude de poser des questions claires et brèves; les réponses devaient suivre immédiatement. Lorsque j'exprimai mon opinion sur une insurrection générale, il me questionna vivement encore une fois, en doutant de ce que je lui disais. Je lui confirmai ma pensée.

Pendant cet entretien de l'Empereur avec moi, l'Impératrice était assise sur un canapé. Le soir, lorsque je me trouvai à la réception de l'Impératrice, elle me fit appeler, et avec une grande bonté, me fit l'observation d'être plus prudent dans l'expression de mes pensées quand je parlerais à l'Empereur, car il n'aimait pas qu'on ne fût pas de son avis. L'Impératrice ajouta que j'avais dû certainement remarquer le mécontentement de l'Empereur quand j'avais parlé de l'insurrection en Espagne.

Je remerciai l'Impératrice de ses conseils, mais je ne changeai rien à la manière dont je faisais mes rapports à l'Empereur, et je ne m'aperçus jamais qu'il en fût mécontent; il me montra toujours jusqu'à la fin de mes services la plus grande bienveillance.

Cet avertissement de l'Impératrice prouve son bon cœur, mais ne montre pas une grande finesse d'esprit.

Bientôt après ma rentrée à Bayonne, les membres des Cortès y arrivèrent, au nombre d'à peu près une centaine; leur président était le duc de l'Infantado. On donna partout des dîners en leur honneur, chez Maret, duc de Bassano, Champagny, duc de Cadore, Duroc, duc de Frioul, et chez le ministre saxon de Senfft-Pilsach, dont la femme tenait un salon très agréable, où nous nous réunissions souvent dans la maison de campagne d'un négociant de Bayonne. Tous les Espagnols furent logés à Bayonne.

Enfin arriva Joseph, frère de l'Empereur, qui quittait le trône de Naples pour celui d'Espagne.

Les Cortès, en arrivant à Bayonne, pensaient y trouver le prince Ferdinand. En quittant l'Espagne ils avaient été informés que l'Empereur le prenait sous sa protection; en réalité il l'avait envoyé à Valençay, c'est-à-dire dans une agréable prison.

Par conséquent, au lieu de trouver Ferdinand ils trouvèrent Joseph, que, par ordre de l'Empereur, ils devaient reconnaître comme roi en lui jurant fidélité.

Pour accomplir cette cérémonie, on aménagea dans un des salons de l'hôtel de ville une salle du trône, où les Cortès se réunirent. L'Empereur arriva quand tous s'y trouvaient déjà. Le roi Joseph l'y avait devancé et avait pris place sur le trône. Napoléon s'arrêta dans l'antichambre, ou pour mieux dire dans un couloir qui conduisait à la grande salle, dont il fit laisser la porte entr'ouverte, pour écouter le discours adressé au roi Joseph par le duc de l'Infantado.

Ce dernier parlait en français, très distinctement et sans accent étranger. Quand son discours tira à sa fin, l'Empereur n'entendit rien qui fit allusion au serment, il n'y avait que des compliments sur le caractère et les qualités du roi Joseph ; la conclusion était celle-ci : «Alors, quand la nation espagnole sera convaincue des qualités de Votre Majesté, ces qualités attireront sur elle le sentiment unanime du peuple, et nous décideront, Sire, à vous prêter serment. »

L'Empereur irrité ouvrit brusquement la porte, entra vivement dans la salle entre les

Cortès et le trône, en prononçant un mot français impossible à répéter, et adressa au duc de l'Infantado les mots suivants : « Pourquoi donc êtes-vous venus ici? Il fallait d'abord réfléchir ou ne pas venir du tout. Mais puisque vous vous êtes réunis ici pour accepter mon frère pour roi, c'est votre devoir de lui prêter serment! » Lorsque l'Empereur entra et prononça son premier mot, son frère quitta le trône aussi vite que s'il en était tombé, et les « grands » enlevèrent leurs chapeaux, quoiqu'ils eussent le privilège de les garder devant leur roi.

La formule du serment fut lue par le duc de l'Infantado, et tous les membres des Cortès le répétèrent en levant la main.

Le lendemain j'étais invité à dîner chez M. Champagny ; je me trouvai placé près d'un membre des Cortès qui, prévenu trop tard dans sa province, venait seulement d'arriver à Bayonne, et était venu directement de son hôtel chez le ministre pour dîner. Il ne savait rien de ce qui s'était passé la veille, car son autre voisin de table, l'écuyer impérial Cavalotti, lui répondait à peine par excès de prudence ; il s'adressa donc à moi.

Je n'avais aucune raison de lui cacher ce qui s'était passé ; il l'aurait appris de tous ses collègues. Je lui répondis donc que Ferdinand avait été envoyé à Valençay, que l'Empereur ne le reconnaissait pas comme roi, et avait fait abdiquer le roi son père pour la seconde fois. En m'écoutant, le sang lui monta au visage, il ne put rien dire, rien manger : à peine se leva-t-on de table qu'il sortit, et comme je l'appris plus tard, quitta Bayonne immédiatement. Ce gentilhomme se nommait Alava.

Je fus heureux de trouver un noble espagnol qui eût conscience de sa dignité.

Le roi Joseph quitta Bayonne pour Madrid avec tous les Cortès, sous la conduite d'une bonne escorte de la vieille garde.

La sœur de l'Empereur, Caroline, vint aussi à Bayonne pour retrouver son mari, qui reçut, comme disaient les soldats français, son « avancement » pour devenir roi de Naples. Elle resta plusieurs semaines à Bayonne, animant les soirées de l'Impératrice : elle avait deux dames avec elle.

Après la scène de l'hôtel de ville, l'Empereur commença à prévoir que les Espagnols n'accepteraient pas aussi facilement qu'il l'avait cru le changement de dynastie, et il donna l'ordre à plusieurs corps de son armée de se mettre en marche et d'entrer en Espagne.

Les régiments commencèrent à traverser Bayonne. L'un des premiers fut le régiment de lanciers polonais commandé par le colonel Konopka. C'était un ancien régiment de la légion de Dombrowski, organisé en Italie par Roznlecki avec les prisonniers polonais et les déserteurs galliciens de l'armée autrichienne. Ce superbe et bon régiment ne comprenait que d'anciens officiers et de vieux soldats. Klicki en était le major (1).

Le matin avant le déjeuner, l'Empereur passa en revue et fit manœuvrer ce régiment sur une large esplanade qui se trouvait derrière le jardin. Toutes les manœuvres furent exécutées avec tant de rapidité et de précision que les officiers français présents convinrent qu'il n'y avait pas dans leur armée, la garde comprise, de meilleur régiment que celui-là. L'Empereur fit inviter les officiers à un dîner qui eut lieu dans le camp des chevau-légers polonais de la garde, et fut très brillant.

Le capitaine Dziewanowski et les officiers, comme Krzyzanowski et André Niegolewski faisaient les honneurs. Les chevau-légers reçurent les lanciers de Konopka sous les arbres sous lesquels ils étaient campés. Le service impérial défraya tout. Nous nous amusâmes jusqu'à une heure avancée de la nuit.

(1) Ce régiment devint plus tard le 7ᵉ régiment de lanciers de la Vistule.

Le lendemain le régiment de lanciers partit pour l'Espagne. Quelques jours après trois régiments d'infanterie polonaise arrivèrent également à Bayonne. Ces régiments provenaient de l'ancienne légion d'Italie, et formaient la légion de la Vistule.

C'étaient trois beaux régiments, commandés par le général Grabinski (puis plus tard par le général Chlopicki). Ils furent aussi passés en revue par l'Empereur, qui ordonna à sa garde à pied de les recevoir et de leur offrir à dîner. Les officiers français reçurent leurs camarades polonais, les soldats reçurent les soldats.

Quelques jours après, les deux escadrons de lanciers de Berg (Allemands) arrivèrent à Bayonne. Ils avaient été équipés et habillés par Murat à la polonaise. Mais on remarquait une grande différence dans leur attitude et dans leurs mouvements, quoique leur uniforme fût beaucoup plus riche.

A peu près en même temps passèrent douze régiments portugais, envoyés en France par Junot, aide de camp de l'Empereur, qui n'avait pas grande confiance en eux. Ces régiments étaient bien faibles et incomplets, car il y avait eu beaucoup de désertions pendant la traversée de l'Espagne. Ce qui en restait était en assez bon état; les Portugais étaient petits et maigres, mais très adroits.

L'un après l'autre, ces régiments furent passés en revue par l'Empereur, et furent envoyés tenir garnison dans le midi de la France.

Ils marchaient très vite, beaucoup plus vite que les Français. Leur uniforme était blanc, avec des cols et des parements de différentes nuances.

Deux escadrons de chasseurs portugais arrivèrent aussi; ils avaient des habits bruns, l'un avec les cols verts, l'autre avec les cols rouges. On a dit qu'il était parti du Portugal deux régiments de ces chasseurs, mais il n'arriva à Bayonne que quelques centaines d'hommes avec leurs chevaux.

Ensuite passèrent plusieurs régiments d'infanterie française et de dragons. Chacun d'eux, avant son départ, fut passé en revue par l'Empereur.

Le 6 août, l'Empereur et l'Impératrice partirent pour Paris par Pau, Agen et Bordeaux. J'avais l'ordre de suivre l'Empereur en partant deux jours après lui, pour lui apporter les rapports de deux généraux qui devaient encore traverser Bayonne avec leurs brigades.

Je rattrapai la cour impériale à Agen, car l'Empereur avait passé une nuit à Pau et une à

Toulouse, et moi, j'allai sans m'arrêter jusqu'à Agen, où j'arrivai une demi-heure avant l'Empereur et l'Impératrice.

Un vieux colonel attendait, assis dans le salon. L'Empereur, descendu de voiture, s'aperçut à son entrée dans le salon que ce colonel ne le reconnaissait pas, et lui dit en l'approchant :

« Comment, colonel, vous ne me reconnaissez pas, et pourtant vous m'avez mis aux arrêts ? »

Ce colonel avait été capitaine dans le régiment où Napoléon avait servi comme lieutenant.

L'Empereur dit au vieil officier qu'il était le même sous-lieutenant Bonaparte qu'il avait connu, et termina la conversation en lui doublant sa pension de retraite.

Le lendemain nous nous mîmes en route par Bordeaux, Rochefort, La Rochelle et Nantes pour Paris, ou pour mieux dire pour Saint-Cloud directement.

Il arriva justement que je fus le seul officier d'ordonnance présent, et par suite toujours de service pendant plusieurs semaines. On me donna une bonne chambre à Saint-Cloud. Les visiteurs étaient nombreux chaque jour; le soir surtout.

La reine Hortense, fille de l'Impératrice, habitait aussi le palais : elle n'était pas jolie, mais très séduisante.

Bientôt arrivèrent trois de mes camarades, Tascher, d'Italie, Talhouët, de Saint-Pétersbourg, et Eugène Montesquiou, d'Espagne. A leur arrivée, nous fîmes le service par semaine.

La reine de Hollande, Hortense, m'invita à venir à son château de Saint-Leu, à quelques heures de Paris, assister à une fête qu'elle donnait à l'occasion du mariage du général Bertrand, aide de camp de l'Empereur, avec sa cousine. Je partis avec Tascher, qui était l'oncle de la jeune mariée.

Quelques jours après, le 18 septembre, l'Empereur m'envoya au-devant du général Caulaincourt, qui accompagnait de Saint-Pétersbourg à Erfurt l'empereur Alexandre. Je devais lui annoncer le jour et l'heure de l'arrivée de l'Empereur à Erfurt, où il allait recevoir l'empereur de Russie.

L'empereur Alexandre s'arrêta quelque temps chez sa sœur à Weimar, et arriva à Erfurt avec son frère Constantin et une suite nombreuse, après l'arrivée de Napoléon.

Le roi de Saxe et plusieurs princes allemands y arrivèrent également.

Tout le monde resta à Erfurt douze jours.

Les princes demeuraient dans différentes maisons de la ville, mais ils se retrouvaient toujours pour dîner chez l'Empereur à l'archevêché; leurs officiers dînaient avec nous.

Il ne manquait que les uniformes anglais, car presque toute l'Europe était représentée; les uniformes autrichiens étaient représentés par quelques généraux.

Tous les princes avaient à leur disposition les chevaux et les voitures de l'Empereur, et des domestiques de l'Empereur étaient à leurs ordres.

Napoléon fit venir à Erfurt les comédiens du Théâtre-Français, et il y avait spectacle tous les soirs. Entre autres pièces on joua *Britannicus*. Au moment où l'acteur Talma prononçait le vers :

L'amitié d'un grand homme est un bienfait des Dieux,

Alexandre, qui était assis entre l'Empereur et le roi de Saxe vis-à-vis de la scène, se leva avec bruit pour être bien remarqué et s'inclina profondément devant Napoléon (1). Après un sé-

---

*** Le grand duc Constantin, s'apercevant que nous portions des pantalons de nankin à cause de la chaleur, au lieu de culottes de peau, s'en étonna, il s'approcha pour tâter l'étoffe et nous demanda si c'était permis.

(1) Chlapowski commet ici une petite erreur. Le vers cité

jour de douze jours à Erfurt, nous rentrâmes à Paris.

Nous reçûmes l'ordre d'expédier nos chevaux à Bayonne. Mais l'Empereur quitta Paris si brusquement, et nous à sa suite, qu'il nous fallut acheter chacun deux chevaux de selle à Bayonne, pour nous diriger en toute hâte vers l'Espagne. La première étape fut Irun.

Nous ne rejoignîmes l'Empereur que près de Burgos, où il s'arrêta, car la principale armée espagnole s'y était massée dans la plaine. Lorsqu'il eut sous la main une partie de l'armée française, c'est-à-dire un corps composé de trois divisions d'infanterie, une division de dragons, et la moitié de la garde, il les fit déployer, non pas en ligne, mais en colonnes de bataillons, précédées de tirailleurs.

Les tirailleurs furent seuls engagés, et l'on tira près de 500 coups de canon. On aperçut quelque désordre dans l'armée espagnole. L'ennemi n'essaya qu'une fois de nous charger. Un certain régiment de hussards noirs, que je n'avais jamais vus auparavant, montra du courage dans cette attaque, qui ne réussit pas; elle ne pouvait d'ailleurs pas réussir, car ces

---

se trouve dans l'*Œdipe* de Voltaire qui fut également joué à Erfurt. L'incident est d'ailleurs raconté dans l'*Histoire du Consulat et de l'Empire* de M. Thiers, livre XXXII.

hussards partirent au galop à 1,000 pas de nous; au bout de 500 pas, ils étaient déjà désunis. Un régiment de dragons fut envoyé au-devant d'eux, au pas seulement; voyant que les hussards n'avançaient plus, on leur dépêcha les flanqueurs seuls, qui firent prisonniers les hussards les plus mal montés. Cependant ceux-ci, démontés ou blessés, se défendirent tous avec acharnement, ce qui montrait leur bravoure; ils manquaient, malheureusement pour eux, d'officiers expérimentés.

L'Empereur entra le jour même à Burgos avec une partie de sa garde.

Quelques-uns d'entre nous furent envoyés en arrière, avec différentes missions.

Je fus envoyé au maréchal Lannes, qui se trouvait à Tudela en Catalogne; j'arrivai le 22 novembre.

Le maréchal Lannes avait en face de lui un corps espagnol nombreux, 40,000 hommes, a-t-on dit; le maréchal n'avait que 18,000 hommes.

Les Espagnols, commandés par le général Blake (de famille anglaise, mais né en Espagne), étaient placés dans une position avantageuse, sur des hauteurs peut-être trop dominantes, car leur artillerie ne pouvait faire grand mal aux troupes qui se trouvaient en contre-bas.

Le maréchal fut un peu étonné de l'ordre que

je lui apportais d'attaquer l'ennemi, mais il répondit sans hésiter : « Les ordres seront exécutés », et il prit ses mesures pour commencer l'attaque le lendemain à 4 heures du matin. La veille, deux divisions d'infanterie se dirigèrent vers les hauteurs, en quatre colonnes, précédés de tirailleurs.

Les vedettes espagnoles qui se trouvaient à mi-hauteur tirèrent sur nous et se replièrent vers les sommets, d'où l'artillerie commença un feu nourri sur toute la ligne; tous les boulets tombaient au delà des lignes françaises.

Les colonnes françaises s'avancèrent pendant deux heures sans s'arrêter une seule fois en route, et bientôt les tirailleurs se montrèrent sur les sommets.

Un officier courut aussitôt annoncer au maréchal que tout le corps espagnol était en retraite et qu'on le voyait se retirer en désordre. Le maréchal avait laissé dans les ravins une brigade de cavalerie, n'ayant pu supposer que l'infanterie délogerait aussi facilement l'ennemi. Il l'envoya chercher, mais il était déjà tard. A l'exception de deux Espagnols pris par les tirailleurs, on ne fit pas de prisonniers.

Les batailles de Burgos et de Tudela, si on peut appeler batailles des mouvements de troupes qui durèrent deux heures, justifièrent la manière dont s'exprima l'Empereur dans sa proclamation : « Soldats! les Espagnols vaincus n'ont pu soutenir vos regards! »

Quand je revins de ma mission auprès du maréchal Lannes, je rencontrai à Tolosa Tascher, qui venait de quitter le maréchal Soult.

Escortés de 20 hussards, nous partîmes en hâte pour Mondragon. Les Espagnols tiraient partout sur les officiers isolés en route et les massacraient souvent. A peu de distance de Mondragon où nous devions changer de chevaux de poste, Tascher et moi prîmes rapidement les devants, en disant à l'officier des hussards d'aller plus lentement, car leurs chevaux étaient fatigués.

Après avoir traversé un petit pont jeté sur un torrent venant de la montagne, nous partîmes au grand galop, moi à côté du postillon, et Tascher derrière nous.

Soudain nous entendîmes crier derrière des broussailles : « Para! Para! » (Arrête! arrête!) Ces mots étaient probablement adressés au postillon. En même temps éclatèrent quelques coups de feu, et des balles sifflèrent à nos oreilles. Le postillon, qui était justement de leur côté, s'arrêta.

Pas une balle ne m'atteignit; il est probable qu'on ne voulut pas tirer du côté du postillon, mais le cheval de Tascher fut blessé, et lui-même reçut quelques grains de poudre dans le visage, tellement les Espagnols avaient tiré de près.

En quelques secondes, au bruit des coups de feu, les hussards arrivèrent à nous ventre à terre, pendant que nos agresseurs se sauvaient dans la montagne à travers les broussailles ***.

Nous changeâmes de chevaux à Mondragon, continuâmes notre route par Vittoria, Miranda, Burgos, Lerma, Aranda, et arrivâmes à Somo-Sierra deux jours après la bataille, dont nous apprîmes la nouvelle en route.

Nous aperçûmes quelques cadavres de chevau-légers encore couchés dans la neige qui couvrait la montagne de Somo-Sierra.

Nous nous arrêtâmes une demi-heure au village (1), où je trouvai quelques-uns des nôtres grièvement blessés et qu'on n'avait pu encore transporter. Ils me racontèrent la charge de l'escadron de Dziewanowski et m'affirmèrent que tous les officiers et la plus grande partie de

---

*** Tascher a raconté cette agression d'une manière un peu différente. Lorsque son cheval fut blessé, les Espagnols se jetèrent sur lui et voulurent l'emmener avec eux, mais Chlapowski fit faire demi-tour à son cheval, et se jetant sur l'Espagnol qui tenait déjà Tascher, il lui lâcha un coup de pistolet dans la figure; Tascher fut délivré et s'échappa.

(1) Ce village est Bocequillas.

l'escadron avaient été tués; le reste de l'escadron avait néanmoins réussi à s'emparer de la position espagnole et des seize canons qui la fortifiaient.

On croyait que le lieutenant devait être déjà mort, tellement il avait été criblé de blessures. Les ambulances arrivaient justement pour transporter à Madrid le reste des blessés.

Le chirurgien-major des ambulances me dit qu'à la suite de l'attaque de Somo-Sierra, l'Empereur avait fait passer à la vieille garde le régiment entier des chevau-légers polonais.

Il lui avait supprimé le passage par la moyenne garde; car, en général, il faisait passer un corps de la jeune garde à la moyenne, et ce n'est qu'après une action d'éclat qu'il le faisait passer de la moyenne à la vieille garde. Cet avancement donnait à chacun deux grades de plus, de sorte qu'un soldat de la vieille garde pouvait commander comme brigadier dans la ligne.

La vieille garde comprenait les troupes suivantes : chasseurs à cheval, grenadiers à cheval, gendarmerie d'élite, grenadiers à pied, et chasseurs à pied.

La moyenne garde se composait à ce moment de dragons et de fusiliers (1).

---

(1) Fusiliers grenadiers et fusiliers chasseurs.

La jeune garde, jusqu'à la bataille de Somo-Sierra, ne comprenait que les chevau-légers et les tirailleurs (1).

L'Empereur avait suivi de l'œil la charge des Polonais à Somo-Sierra, et l'avait trouvée si brillante, qu'il les fit passer de la jeune garde à la vieille garde, en ordonnant aux troupes de la vieille garde de présenter les armes au vaillant escadron de chevau-légers (2).

Après une demi-heure d'arrêt à Somo-Sierra, nous repartîmes, mais il n'y avait pas de chevaux de poste. Dans chaque bureau de poste, on avait placé deux gendarmes d'élite, qui remplaçaient les maîtres de poste en qui l'on n'avait pas confiance.

Ces gendarmes d'élite étaient très expérimentés et savaient se tirer d'affaire. Ils nous trouvèrent des chevaux, et nous trouvèrent aussi à manger.

Naturellement, ils connaissaient chacun de

---

(1) Tirailleurs grenadiers et tirailleurs chasseurs.
(2) Ce fait est confirmé par les lettres rectificatives adressées en 1851 par le colonel Niegolewski, ancien lieutenant aux chevau-légers polonais, à M. Thiers : ces lettres sont publiées dans l'ouvrage : *La Pologne et les Polonais défendus par un ancien officier de chevau-légers polonais de la garde de l'empereur Napoléon Ier contre les erreurs et les injustices des écrivains français MM. Thiers, Ségur, Lamartine*, Paris, librairie Dumineray, 1854.

nous et savaient que nous portions toujours les ordres de l'Empereur et même les plus importantes dépêches; quand même une ville ou un petit village abandonné de ses habitants était privé de tout, les gendarmes d'élite savaient trouver tout le nécessaire, et presque toujours on pouvait trouver à se nourrir chez eux.

Ces gendarmes d'élite de la garde formaient quatre escadrons, c'est-à-dire 600 hommes. Ils eurent pour chef le général Savary, aide de camp de l'Empereur, puis plus tard le ministre de la police Fouché.

Nous traversâmes Buytrago et San-Augustin, et arrivâmes à Madrid, d'où nous repartîmes immédiatement pour San-Martin, à un quart de lieue de la ville, où se trouvait le quartier impérial.

Le château de San-Martin, avec les bâtiments annexes, appartenait au duc de l'Infantado : il se trouvait dans un endroit désert, comme d'ailleurs tous les environs de Madrid.

Nous retournâmes à Madrid, où je reçus l'ordre de m'arrêter trois jours : je devais me rendre chaque jour chez le général Belliard, gouverneur de Madrid, puis partir de là pour rejoindre l'Empereur, en route pour Salamanque, et lui apporter les nouvelles de Madrid.

Quoique je parcourusse la ville en tous sens pendant ces trois jours, je me reposai complètement de mes fatigues ; je passais les soirées et les nuits chez le gouverneur.

Je rencontrai Niegolewski couvert de bandages : il avait déjà reçu son brevet de la Légion d'honneur.

Je partis le soir du troisième jour sur un cheval de poste. Je dépassai l'Escurial et traversai la Guadarrama pendant la nuit ; la montagne était couverte de neige où mon cheval entrait parfois jusqu'au poitrail : mais mon postillon connaissait son chemin.

A l'aube j'arrivai à Villacostin, puis je passai par Arrevalo, Medina del Campo, Tordesillas, et enfin, le soir du 11 décembre, je rejoignis le quartier général à Medina del Rio Secco.

L'Empereur ne dormait pas encore, je le trouvai dans sa robe de chambre de piqué blanc, en pantoufles vertes, et sur la tête, un bonnet de nuit blanc serré par un ruban vert. Le mameluck Roustan se trouvait dans la chambre, et sortit quand j'y entrai.

L'Empereur me posa les questions les plus détaillées sur Madrid.

Lorsque l'Empereur faisait rester l'un de nous plusieurs jours au même endroit, nos instructions étaient de sav   out, savoir en particulier quelles étaient les troupes qui arrivaient ou passaient, de visiter les hôpitaux et de prendre les rapports des médecins.

Je retrouvai au quartier général mes domestiques et mes chevaux.

Le lendemain nous nous mîmes en route sur Velderas, en laissant à gauche la route de Salamanque.

L'armée anglaise commandée par le général Moore avait quitté Salamanque et marchait sur la Corogne où une flottille de transports l'attendait.

L'Empereur voulait couper la retraite aux Anglais en prenant par Valderas et Astorga : mais la pluie qui dura plusieurs jours les sauva, car ils étaient sur une bonne route empierrée, tandis que nous n'avions que des traverses glissantes. La neige et la pluie froide détrempèrent tellement le terrain et les chemins qu'il nous fallut trois jours au lieu d'un pour arriver à Valderas; les hommes et les chevaux entraient dans la boue jusqu'aux genoux. Les vieux grenadiers se rappelaient les boues de Pultusk.

On m'a dit que quelques-uns d'entre eux, ne pouvant suivre la colonne, se suicidèrent pour ne pas tomber aux mains des insurgés dont les détachements battaient le pays.

Le général Lefebvre-Desnouettes, parti avec

les chasseurs de la garde bien avant l'Empereur, avait pris la même route, mais avant la pluie; il marchait trop vite et s'éloignait trop de l'armée. Il passa à gué la rivière de l'Esla près de Benavente.

Toute la division de cavalerie anglaise tomba sur lui et ses chasseurs dans la plaine près de Benavente, informée sans doute par ses espions que l'armée française était encore éloignée.

Lefebvre-Desnouettes fut obligé de se retirer sur-le-champ, mais il fut fait prisonnier avec près de 60 de ses chasseurs, sur le bord de la rivière, où il avait voulu rester le dernier.

Nous arrivâmes sur les bords de l'Esla très grossie par les pluies. Nous y trouvâmes le régiment de chasseurs dans une assez grande confusion, car jamais pareil malheur ne lui était arrivé. Mais la faute retombait sur le seul général Lefebvre-Desnouettes, car tout autre régiment eût subi le même sort.

Les chasseurs, au nombre de 500, eurent à combattre contre 2,400 cavaliers anglais. Parmi ceux qui purent se sauver en repassant la rivière, il y eut beaucoup de blessés par les balles des carabines et des pistolets.

Plusieurs chasseurs nous montrèrent des contusions sur leur dos et leurs bras, et des marques noires sur leurs visages; ils nous dirent que les Anglais les frappaient du plat du sabre au lieu du tranchant, leurs sabres trop larges de lame ne permettant pas d'assurer leurs coups comme avec les nôtres.

L'Empereur envoya quelques-uns de nous avec des détachements de la garde, à droite et à gauche, le long de la rivière pour chercher des bateaux ou des arbres pour faire des radeaux.

A un millier de pas, près d'un village abandonné, je trouvai dans les broussailles quelques petits bateaux, je plaçai dans chacun 3 voltigeurs et nous revînmes à force de rames vers l'Empereur***.

Chacun de ces bateaux fit passer la rivière à quelques voltigeurs, avec lesquels partit l'officier d'ordonnance Fodoas. Quelques escadrons suivirent les voltigeurs, partie à gué quand ils avaient pied, partie à la nage dans les endroits profonds.

Toute la division de cavalerie, ainsi que l'artillerie arrivèrent également.

L'Empereur ordonna à la cavalerie de traverser la rivière par un gué que l'on trouva un

*** L'auteur ne dit pas que ces bateaux se trouvaient de l'autre côté de la rivière, et qu'après avoir traversé l'Esla à la nage, il s'en empara sous le feu de l'ennemi. Pour cette action d'éclat, il fut nommé officier de la Légion d'honneur.

(Récit du comte Tascher.)

peu plus haut, en faisant serrer les escadrons le plus près possible sans prendre de distances, les officiers dans le rang. Cette colonne serrée forma un barrage vivant, en aval duquel l'eau s'abaissa; l'Empereur fit passer à cet endroit l'artillerie, qui réussit ainsi à traverser la rivière sans mouiller ses munitions. Quand elle fut sur la rive opposée, l'Empereur traversa à son tour avec nous tous. Nous arrivâmes le soir à Benavente, gelés et mouillés. C'était à la fin de décembre (1808).

De là, l'Empereur m'envoya au maréchal Bessières, parti depuis quelques heures pour Astorga avec sa division.

La nuit était très sombre; la route à travers les champs mauvaise, sans arbres sur ses côtés. Je laissai les rênes libres sur le cou de mon cheval, qui suivit les traces qu'avait laissées la cavalerie sur le terrain.

Je rattrapai le maréchal à 2 heures du matin, à Banoza, à 2 lieues de distance. En une demi-heure, la division remonta à cheval. Nous partîmes, traversâmes Astorga, et le même jour nous rejoignions l'avant-garde du maréchal Soult, arrivée de Léon. Cette avant-garde était sous les ordres du général Colbert.

La division Bessières s'arrêta près d'Astorga, et le général Colbert partit pour Manzonales,

Colbert rencontra un peu plus loin, au delà du village de Carcavellos, les chasseurs écossais placés dans une position avantageuse derrière le village. Il traversa celui-ci avec un peloton, pour reconnaître la position en attendant l'infanterie. Plusieurs coups de feu partirent, et le général Colbert, frappé d'une balle au front, tomba raide mort. Pendant que je me retirais, un soldat anglais du régiment écossais me barra la route qui était étroite; il saisit mon cheval par la bride et pointa sa baïonnette sur moi; je fus obligé de le tuer d'un coup de sabre. Ce fut la seule fois de ma vie où je me trouvai dans la nécessité de tuer un ennemi, je tachais toujours simplement de me défendre.

Quand j'arrivai près de l'Empereur, que je retrouvai à Baneza, je lui appris la mort de Colbert, dont il témoigna un vif regret.

L'Empereur arriva aussi à Astorga, mais après avoir reçu les rapports du maréchal Soult, qui courait à la poursuite des Anglais, il se rendit compte qu'il ne pourrait plus les atteindre avant leur arrivée à la Corogne.

Les Anglais réussirent à embarquer leurs troupes sur leurs vaisseaux, mais ils ne purent sauver leurs chevaux, et pour ne pas nous les laisser, ils coupèrent les jarrets à ces pauvres animaux.

Nous allâmes d'Astorga à Valladolid. De cette ville, l'Empereur m'envoya en mission auprès des princes allemands[***], afin qu'ils missent leurs contingents sur le pied de guerre, car l'Autriche se préparait à envahir la Bavière.

Marbeuf — son père était jadis gouverneur de la Corse, et avait envoyé le jeune Bonaparte à l'école de Brienne; c'est pourquoi l'Empereur avait pris le fils en affection : le fils, comme son père, était un excellent homme et un excellent officier — Marbeuf, dis-je, et moi nous partîmes ensemble par le midi de la France jusqu'à Strasbourg et Carlsruhe : Marbeuf partit de là pour Stuttgart et Munich, moi pour Darmstadt, Francfort et Cassel, où habitait le roi de Westphalie. Je ne trouvai pas le roi de Saxe à

[***] Ordre.

M. Chlapowsky se rendra à Mayence. Il remettra la lettre ci-jointe au Prince Primat. De là il se rendra à Cassel et remettra la lettre ci-jointe au Roi de Westphalie. De là il ira à Varsovie, où il remettra la lettre au Roi de Saxe; si le Roi est à Dresde, il passera par Dresde pour la lui remettre et se rendra ensuite à Varsovie. Il y restera huit jours, verra tout ce qui s'y fait, l'esprit qui anime le Duché, ce qu'on dit et fait en Gallicie, et viendra me trouver dans le lieu où je serai.

Signé : NAPOLÉON.

Valladolid, le 15 janvier 1809.

P.-S. Si le Prince Primat n'est pas à Francfort, vous remettrez la lettre au gouverneur de Francfort pour qu'il la lui fasse passer.

Dresde, mais à Varsovie, où j'avais l'ordre de me rendre dans tous les cas.

J'arrivai à Varsovie le matin, après un voyage de dix-neuf jours et autant de nuits, pendant lequel je ne m'arrêtai nulle part, excepté quelques heures chez les princes allemands : car partout, après avoir remis mes dépêches, je fus obligé de donner des nouvelles des événements d'Espagne.

De Valladolid à Bayonne, je voyageai sur des chevaux de poste, mais de Bayonne à Varsovie je me servis de mon propre cabriolet. Sur le conseil d'un vieux voyageur expérimenté, je ne mangeai que du lait chaud avec du pain grillé, trois fois par jour, dans les bureaux de poste, lorsque j'avais faim. La saison était froide, et à partir de Leipsig, le froid devint tellement vif que je fus forcé de m'acheter de la fourrure.

Quand j'arrivai à Varsovie, je ne m'arrêtai que devant l'hôtel de Vienne, où habitait le ministre français, M. de Bourgoin. Il fit atteler sa voiture à 8 heures, et quand j'eus changé de vêtements, me conduisit chez le roi de Saxe, duc de Varsovie.

Le roi me reçut avec bienveillance, parcourut les dépêches que je lui apportais, me questionna sur les événements d'Espagne, et finit par m'inviter à dîner.

Le même soir il y eut un bal royal dans le

château. Le roi termina le bal à 10 heures en dansant une polonaise; le prince Joseph Poniatowski resta un peu plus longtemps, mais ne tarda pas à partir; je me retirai aussi pour aller me reposer de mes fatigues.

Je me trouvais très heureux à Varsovie : j'y fis connaissance avec presque tous nos anciens officiers. Quoique l'organisation de notre armée ne fût pas terminée, l'esprit de nos soldats était excellent.

On sentait cependant dans presque tous les régiments le manque d'officiers expérimentés, et le contraste était grand entre ces nouveaux régiments et ceux que j'avais vus et fréquentés en Espagne, celui des chevau-légers de la garde et la légion de la Vistule.

Les chevau-légers de la garde, commandés par Vincent Krasinski, avaient tout leur état-major composé d'anciens officiers, et avaient pris pour modèles les régiments de la garde impériale qu'ils avaient bientôt égalés.

La légion de la Vistule n'avait que d'anciens officiers venant de la légion d'Italie de Dombrowski et de la légion du Rhin de Kniazewicz. Presque tous les sergents étaient aussi de vieux soldats; aussi le service se faisait-il avec calme, précision et exactitude.

Dans l'armée polonaise du duché de Varsovie il n'en était pas de même. Si l'infanterie était bonne, la cavalerie par contre avait besoin de s'exercer. Les mouvements prescrits par l'ancien règlement étaient trop lents, et le nouveau règlement n'était pas encore publié. L'artillerie manquait d'officiers expérimentés, mais les canonniers commençaient à connaître leur métier.

Toute l'armée avait bon esprit, et était pleine d'entrain, de gaieté et de confiance, ce qui donnait bon espoir pour l'avenir.

Enfin il n'y avait que peu de troupes dans le duché, car elles fournissaient les garnisons de Dantzig, Stettin et Cüstrin. L'argent qui était envoyé à ces garnisons ne revenait jamais en Pologne.

La situation financière de la Pologne était désastreuse; l'argent monnayé avait quitté le pays, qui ne possédait ni manufactures ni usines. Le seul produit du pays était le blé, qu'il était impossible de vendre. Les impôts étaient au-dessus des ressources du pays. Les fonctionnaires habiles faisaient défaut, car les Prussiens n'avaient jamais employé de Polonais, et il fallait employer trop de ce personnel inhabile, ce qui absorbait les revenus.

Je restai une semaine à Varsovie et je n'en partis pas avant d'avoir reçu des informations sur l'état de l'armée autrichienne en Gallicie. Ces renseignements me furent donnés par Roman Soltyk, officier de notre artillerie à cheval, que j'avais connu un an auparavant à l'école polytechnique. Son père habitait Sydlowiez, petite ville appartenant encore à l'Autriche; il se renseigna exactement sur le nombre et les emplacements des troupes autrichiennes en Gallicie; la recherche de ces renseignements faisait partie des instructions que j'avais reçues de l'Empereur à mon départ.

M. Niemcewicz, dont la femme était ma cousine, me fournit aussi d'utiles détails sur l'armée autrichienne, ainsi que des conseils qui furent plus tard d'une réelle utilité à l'Empereur.

Le maréchal Davoust quitta subitement le duché de Varsovie avec son corps d'armée, pour se rendre en Silésie, puis en Bavière. Il reçut de l'Empereur l'ordre de remettre le commandement de l'armée du duché de Varsovie à l'un de ses trois généraux de division à son choix (1). Il préféra le prince Joseph Poniatowski et lui remit le commandement de l'armée.

(1) A cette époque, l'armée polonaise était formée de 3 divisions :

1re division : général prince Poniatowski.
2e — : général Zajonczek.
3e — : général Dombrowski.

L'armée saxonne fut bientôt sur le pied de guerre, reçut l'ordre de se mettre en marche, et entra en Bavière à la fin du mois d'avril.

Lorsque je rentrai à Paris, je trouvai l'Empereur à l'Élysée-Bourbon, prêt à partir pour l'Allemagne.

Nous tous aussi, nous le suivîmes bientôt, et ne nous arrêtâmes qu'à Strasbourg.

Nos domestiques et nos chevaux reçurent l'ordre de quitter l'Espagne et de nous rejoindre à Strasbourg avec la garde. Mais ils étaient encore loin et chacun de nous reçut 10,000 francs pour s'équiper et se remonter. J'achetai l'un de mes chevaux à la poste de Stuttgart, et l'autre à Ingolstadt.

J'avais avec moi un domestique, et je pris pour soigner mes chevaux un postillon wurtembergeois.

Ce n'est qu'auprès de Vienne que nos chevaux nous arrivèrent d'Espagne.

Jusqu'à ce moment l'Empereur se servit des chevaux du roi de Wurtemberg.

CHAPITRE III

CAMPAGNE D'AUTRICHE EN 1809

Quartier général à Ingolstadt. — Reconnaissance à Pfaffenhofen. — Arrivée de Masséna. — Le prince Louis de Bavière. — Allocution de l'Empereur aux Bavarois. — Abensberg. — Le colonel autrichien prisonnier. — Marche sur Landshut. — Retraite de l'archiduc Louis. — Mission auprès du maréchal Davoust. — Eckmühl. — Marche sur Ratisbonne. — L'Empereur blessé. — Prise de la ville. — Ebersberg. — L'Empereur acclamé devant Vienne. — Entrée de l'armée à Vienne. — Passage du Danube. — Aspern et Essling. — Le maréchal Masséna à Aspern. — Retraite dans l'île de Lobau. — Mort de Lannes. — Bataille et prise de Raab. — Bataille de Wagram. — Formation du 4ᵉ régiment d'infanterie de la légion de la Vistule. — Znaïm. — Mission près du prince Poniatowski à Cracovie. — Rentrée à Paris. — Mission en Espagne. — La division polonaise à Occana. — Mariage de l'Empereur et de Marie-Louise. — L'ambassade russe. — Chef d'escadrons au 1ᵉʳ régiment de chevau-légers lanciers polonais de la garde. — Le service à Chantilly. — Voyage de l'Empereur à Boulogne et en Hollande. — Départ pour Posen.

Le 13 avril l'Empereur quittait Paris à 4 heures du matin; le 15 il arrivait à Donauwerth. (Nous ne partîmes que le 16). Le lendemain le quartier général était à Ingolstadt.

Pendant notre voyage, je remarquai que les lignes de la Lech venaient d'être fortifiées. L'Empereur, tout en espérant avancer rapidement, avait eu la précaution de se fortifier en cas de retraite.

A son arrivée à Ingolstadt, il avait visité les vieilles fortifications de la ville et avait fait commencer immédiatement les travaux nécessaires pour les remettre en état. N'ayant encore que des forces inférieures à celles des Autrichiens, il se préparait d'abord à la défensive.

En nous promenant sur les remparts, nous entendîmes une vive canonnade du côté de Ratisbonne. Vers le soir, un officier envoyé par le maréchal Davoust apporta la nouvelle que le maréchal était en retraite devant l'armée entière de l'archiduc Charles, et qu'il avait laissé une garnison de 3,000 hommes à Ratisbonne; ceux-ci furent obligés de se rendre, après avoir tenu contre l'ennemi toute la journée, mais le maréchal avait gagné un jour; enfin la dépêche annonçait que l'armée bavaroise était battue et se retirait précipitamment.

A une heure du matin, l'Empereur me fit appeler, me fit asseoir à sa table de travail et me fit décalquer sur sa carte spéciale la route d'Ingolstadt à Pfaffenhofen. Quand ce fut fait, il m'ordonna de prendre un escadron de chasseurs à cheval wurtembergeois (qui était de service au quartier impérial, car la garde rappelée d'Espagne était encore bien loin), et d'aller faire une reconnaissance du côté de Pfaffenhofen. Il me conseilla d'approcher de cette ville avec prudence, car les Autrichiens s'y trouvaient, et envoyaient probablement eux-mêmes des patrouilles vers Ingolstadt ; il ajouta que le maréchal Masséna était en marche d'Augsbourg sur Pfaffenhofen, et avait reçu l'ordre d'attaquer ce même jour, à 8 heures du matin, l'aile gauche autrichienne commandée par l'archiduc Louis. La distance d'Ingolstadt à Pfaffenhofen est de 4 lieues allemandes. (1)

A 4 heures du matin, il faisait encore sombre, je me trouvais à cheval devant l'escadron wurtembergeois quand le général Mouton, aide de camp de l'Empereur, me présenta un officier de cuirassiers bavarois accompagné de 6 de ses hommes, me disant que cet officier pourrait m'être utile par sa connaissance parfaite du pays. En effet, quoique très jeune, il me rendit service, car il était du pays même.

Nous marchâmes deux bonnes heures avant que le jour commençât. A la première auberge, j'achetai de l'eau-de-vie pour tout l'escadron, et

---

(1) Trente kilomètres environ.

je constatai qu'à bien peu de frais, deux napoléons d'or, je me fis bien venir de tous les soldats.

Nous continuâmes notre route et nous arrivâmes, à ce que me dit l'officier bavarois, à moitié chemin de Pfaffenhofen. L'avant-garde, composée de 12 chasseurs wurtembergeois, de l'officier bavarois et de 2 de ses cuirassiers, venait de s'enfoncer dans un petit bois de sapin, quand nous entendîmes des coups de feu : nous étions à 500 pas en arrière. Je déployai sur-le-champ mon escadron, envoyai au peloton d'arrière-garde qui marchait à 500 pas en arrière l'ordre de s'arrêter, et moi-même me précipitai ventre à terre à l'avant-garde. En y arrivant, je trouvai quelques chasseurs à cheval français qui sabraient mes Wurtembergeois; ceux-ci criaient, mais on ne les comprenait pas, on en avait déjà démonté deux et blessé deux autres, les prenant pour des Autrichiens. Les chasseurs français avaient remarqué les casques à eux inconnus des Wurtembergeois, et les uniformes blancs des cuirassiers bavarois les avaient trompés; car ils ne s'imaginaient les Autrichiens qu'en uniformes blancs; aussi les appelaient-ils des « soldats de crème ».

Les Français reconnurent mon uniforme, et heureusement aussi leur officier arriva : agréable rencontre ! c'était mon ami intime, le jeune Lauriston, fils du général aide de camp de l'Empereur. Il était envoyé en reconnaissance avec 80 chasseurs à cheval du 20ᵉ régiment vers Pfaffenhofen, avant que le maréchal Masséna attaquât la ville.

Je pris les dispositions suivantes : je renvoyai en arrière, à un endroit convenable, trois pelotons, en priant le chef d'escadrons de placer à gauche des vedettes, et de faire manger les hommes et les chevaux ; je le priai en outre de faire réserver pour moi un bon cheval de troupe, qui pût me ramener très vite près de l'Empereur. Je laissai un officier avec un peloton à l'endroit où nous avions rencontré les chasseurs français, et je donnai la permission d'aller chercher à manger pour les hommes et les chevaux dans quelques maisons de paysans que j'aperçus de loin. Je donnai quatre napoléons d'or à l'officier pour que les Wurtembergeois et les Bavarois ne prissent rien sans payer. Il est en effet désastreux, surtout pour les officiers qui font des reconnaissances, de laisser les soldats prendre des provisions et des fourrages sans les rembourser aux habitants ; car ceux-ci s'enfuient de leurs villages, le désordre règne dans le pays, et l'armée ne trouve plus à s'approvisionner.

Le payeur du quartier impérial remboursait

d'ailleurs aux officiers d'ordonnance tous leurs déboursés, sur les notes que nous lui présentions.

Je conseillai aussi au même officier de placer deux vedettes pour observer les environs au loin.

Lauriston me donna un cheval frais et un chasseur qui connaissait la route de Pfaffenhofen. J'y courus et arrivai au moment où le maréchal Masséna s'approchait de la ville avec son infanterie. Sa cavalerie était déjà de l'autre côté.

Les Autrichiens ne firent aucune défense, car la situation de la ville ne s'y prêtait pas. Ils se retirèrent sur Landshut, où se trouvait le quartier général de l'archiduc Louis.

Je savais que l'entrée du maréchal Masséna à Pfaffenhofen avait une grande importance pour l'Empereur, aussi je demandai au maréchal de me prêter un bon cheval que je n'eusse pas à ménager. Il me fit donner un des siens, ainsi qu'un ordonnance; mais celui-ci ne put me suivre, car je ne mis pas une heure pour revenir à mon peloton, où m'attendait un bon cheval wurtembergeois. De là je franchis en toute hâte la distance qui me séparait des trois autres pelotons; le chef d'escadron fut assez aimable pour me donner le meilleur de ses deux chevaux. Aussi, tandis qu'il m'avait fallu quatre heures pour aller d'Ingolstadt à Pfaffenhofen, je mis à peine deux heures pour faire le même trajet au retour, et quand je me présentai à l'Empereur, ses premiers mots furent :

« Qu'est-ce qui vous est arrivé en route et vous a empêché de remplir votre mission ? »

L'Empereur fut très satisfait de la nouvelle que je lui rapportais, de l'entrée du maréchal Masséna à Pfaffenofen.

Il était 10 heures du matin; l'Empereur me dit d'aller me reposer; mais au bout de deux heures de repos, je dus repartir, car l'Empereur ayant des nouvelles de Masséna se mit en route pour rejoindre l'armée bavaroise, dont il donna le commandement au maréchal Lefebvre, car elle s'était toujours fait battre par les Autrichiens depuis qu'elle était sous les ordres du prince Louis de Bavière, héritier du trône bavarois.

Quand l'Empereur arriva au camp des Bavarois, il fit réunir leurs officiers, et entra seul avec le prince héritier et quelques généraux bavarois comme de Wrède et Roy. Napoléon demanda au prince Louis de leur traduire en allemand ce qu'il leur disait en français.

Nous ne pouvions rien entendre de ses paroles, car nous étions assez loin du vaste cercle, et surtout le prince Louis bégayait beaucoup.

Mais nous apprîmes ensuite que l'Empereur avait dit aux officiers bavarois qu'il venait débarrasser leur pays de l'invasion autrichienne, qu'il allait mener les Bavarois à Vienne, et qu'il fallait absolument qu'ils se battissent mieux.

Après cette allocution, l'Empereur fit prendre les armes à l'armée bavaroise, la fit former en colonnes et mettre en marche, car on entendait à une demi-lieue ou une lieue de Ratisbonne une fusillade nourrie et de temps en temps des coups de canon.

L'Empereur et nous tous partîmes au galop pour rejoindre la cavalerie bavaroise, que nous rattrapâmes au bout d'une demi-heure. Cette cavalerie comprenait six régiments, avec de l'artillerie à cheval. Ces troupes présentaient des signes manifestes de démoralisation.

L'artillerie tirait de trop loin sur la cavalerie autrichienne qui, formée en deux colonnes précédées de nombreux éclaireurs (en majorité des hulans), s'avançait bravement contre les Bavarois. C'était entre Tann et Abensberg.

Mais bientôt, à gauche de la chaussée d'Ingolstadt à Ratisbonne, parurent une division d'infanterie et une brigade de cuirassiers français qui changèrent la situation.

Lorsque la cavalerie autrichienne aperçut les cuirassiers, elle fit replier ses éclaireurs, et commença à se retirer derrière son infanterie. Les cuirassiers se déployèrent au trot, quoique le terrain couvert de broussailles ne leur fût pas favorable; en s'avançant contre les Autrichiens, il semblait qu'ils ne chargeassent pas en ligne, mais en fourrageurs.

Les cuirassiers tombèrent cependant sur l'infanterie ennemie avec tant de vigueur qu'elle ne les attendit pas; au lieu de se former, quoiqu'elle eût sa cavalerie derrière elle, elle se débanda de telle sorte que la cavalerie bavaroise, entraînée par la charge audacieuse des Français, reprit courage et se mit à la poursuite des Autrichiens.

Les cuirassiers et les Bavarois firent beaucoup de prisonniers, surtout dans l'infanterie, et les ramenèrent à l'Empereur.

Celui-ci descendait de cheval, et ordonnait d'allumer du feu; le jour commençait à tomber. La deuxième division de Davoust arrivait et passait devant l'Empereur. Les soldats, qui le croyaient encore en Espagne, le reconnurent et l'acclamèrent par des « Vivats! » tels que je n'en ai jamais entendus. Presque en même temps, une douzaine de cuirassiers amenaient une colonne de prisonniers d'environ 500 hommes, dont plusieurs officiers, tombés le soir entre nos mains.

Un colonel d'état-major autrichien fut amené à l'Empereur, qui l'invita à s'asseoir auprès de lui et commença à le questionner sur la position et l'état des divers corps autrichiens. Le colonel commença par répondre, puis s'interrompit en disant qu' « il ne faut pas demander à un officier d'état-major d'informer son ennemi ».

« N'ayez pas peur, dit l'Empereur, je sais tout déjà », et il commença à lui énumérer rapidement et avec de grands détails la position des différents corps et les noms des régiments qui les composaient.

Le colonel autrichien, frappé de voir un officier d'avant-garde aussi bien informé, s'écria : « Avec qui ai-je l'honneur de...? » L'Empereur se leva un peu, et soulevant son chapeau, répondit : « Monsieur Bonaparte ! »

L'infanterie française ne cessait d'acclamer son Empereur. C'était un spectacle superbe : d'un côté, cette infanterie pleine de confiance et d'enthousiasme, regardant son chef, et marchant avec entrain ; de l'autre côté, une colonne de prisonniers, dont une partie (du moins à ce qu'il nous sembla) acclamait aussi l'Empereur de ses « Vivats ! »

Ce n'est qu'à 11 heures du soir, à la nuit très sombre, que l'Empereur remonta à cheval et gagna Rohr, le premier petit village voisin, où son quartier fut préparé.

A côté d'une pauvre maison réservée au quartier impérial, s'en trouvait une autre, composée d'une seule chambre. Après un repas très court, c'est là que nous couchâmes sur de la paille préparée pour nous par le fourrier du palais. Pendant le dîner, on nous avait prévenus que nous n'aurions que deux heures de repos.

A 3 heures du matin, nous étions à cheval derrière l'Empereur en marche sur Landshut.

L'archiduc Charles commandait en chef l'armée autrichienne; mais, comme on le sait, le conseil de l'Empire lui envoyait toutes les dispositions à prendre et tous les ordres. L'armée était disposée d'après les ordres venus de Vienne, comme si l'ennemi n'avait pas encore commencé à l'attaquer.

L'aile droite, commandée par le feld-maréchal Bellegarde, était au nord et sur la rive gauche du Danube, de Ratisbonne à Amberg; le centre, sous les ordres de l'archiduc Charles, au sud du Danube et de Ratisbonne; enfin, l'aile gauche, avec l'archiduc Louis, se trouvait à Landshut.

Ces trois corps comptaient environ cent soixante mille hommes; en outre, l'Autriche avait 60,000 hommes en Italie et 45,000 en

Gallicie, plus un autre corps séparé sur les frontières de la Saxe.

L'Empereur ne pouvait mettre en ligne que 100,000 hommes; mais, depuis sa réunion avec le corps de Masséna, il les avait tous sous la main, et comme nous le verrons plus tard, il avait la supériorité numérique sur chaque point où il pouvait être attaqué.

De 3 heures à 8 heures du matin, nous parcourûmes 4 lieues, entre les colonnes d'infanterie et de cavalerie qui marchèrent toute la nuit des deux côtés de la chaussée; l'artillerie marchait au milieu.

L'Empereur sortit d'un bois et déboucha dans la plaine qui précède Landshut juste au moment où le maréchal Masséna attaquait le camp de l'archiduc Louis : la colonne de l'Empereur se trouvait donc en face de l'aile gauche des Autrichiens. L'Empereur fit déployer par régiments la division de cuirassiers, et donna l'ordre au premier de ces régiments de se jeter sur l'infanterie ennemie qui se déployait contre nous; en même temps, il fit ouvrir le feu à l'artillerie. Bientôt notre infanterie, qui avait marché toute la nuit comme la cavalerie, déboucha de la forêt, se forma en colonnes au pas accéléré, et au son des tambours battant la charge, suivit les cuirassiers. Toutes les troupes de l'archiduc

Louis se mirent en retraite sur Landshut. Nous suivions très bien leurs mouvements : la cavalerie la première traversa le pont de l'Isar au trot, suivie immédiatement par l'infanterie. Derrière le pont, la rue centrale de la ville s'élève en une longue côte; nous pouvions la voir de loin encombrée par la foule des soldats de toutes armes.

Les cuirassiers et la cavalerie légère du maréchal Masséna firent quelques milliers de prisonniers avant d'arriver au pont, mais quand ils s'en approchèrent, ils furent arrêtés par une grêle de mitraille que l'artillerie ennemie leur envoya du haut de la rue, ainsi que par la fusillade venue des maisons qui commandaient le pont.

Malgré le carnage, la colonne d'infanterie traversa le pont au pas de course, et se rua dans la ville où elle fit encore beaucoup de prisonniers. L'Empereur avait sur ce point beaucoup plus de monde que l'archiduc Louis.

L'archiduc avait pu voir du haut de la ville toutes les colonnes françaises qui s'avançaient contre lui. Tous les soldats autrichiens pouvaient également voir le mouvement de l'armée française qui, en une demi-heure ou trois quarts d'heure, enveloppa leurs positions. Ce spectacle produisit sur eux un effet moral si considérable, même avant qu'on ne se battît, qu'on comprend pourquoi la bataille dura si peu de temps.

La bataille de Landshut commença à 8 heures du matin, à 11 heures nous étions dans la ville et à midi et demi nous y prenions notre déjeuner.

A 1 heure, l'Empereur me fit appeler et m'envoya au maréchal Davoust, qu'il avait laissé avec deux divisions d'infanterie seulement en face de l'armée de l'archiduc Charles, forte de plus de 60,000 hommes.

Je copiai le chemin à suivre sur la carte spéciale de l'Empereur, et je partis; au lieu de prendre la grande route qui fait un détour, je pris à droite un chemin conduisant directement à Eckmühl, où l'Empereur m'avait dit que je devais trouver le maréchal Davoust.

Je devais annoncer au maréchal que l'Empereur arriverait avant minuit avec ses troupes sur la route de Ratisbonne auprès d'Eckmühl.

L'Empereur, avant de me faire partir, m'avait dit : « A 8 heures du matin, j'ai expédié du champ de bataille au maréchal Davoust un aide de camp, votre compatriote, mais j'ai bien vu à sa mine qu'il n'arriverait pas assez vite; s'il arrive, ce sera toujours bien. En tout cas vous annoncerez au maréchal la prise de Landshut et la fuite des troupes autrichiennes et de l'archiduc Louis. »

A trois quarts de lieue de Landshut, je m'arrêtai dans un petit village devant la maison du maire, pour lui demander un guide qui me conduisît à Eckmühl par le plus court chemin. Le maire, à qui je parlais sans descendre de cheval, me répondit de sa fenêtre, et me montra dans la chambre un officier qui dormait sur de la paille, en me disant que cet officier avait aussi demandé un guide, mais seulement pour 4 heures. J'entrai dans la chambre, je réveillai le dormeur, et reconnus en lui F. P...; c'était lui que l'Empereur avait envoyé le matin au maréchal Davoust. Je lui demandai de continuer la route avec moi, mais il était déshabillé, et me répondit qu'il fallait d'abord qu'il mangeât, car il avait passé toute la nuit à cheval. Quand mon guide se présenta à cheval devant la maison, je partis sans retard, en laissant mon compatriote chez le maire. L'Empereur l'avait bien jugé à sa mine. Je crois que M. F. P... n'avait aucune vocation pour le métier militaire. Il n'avait pris de service que pour servir sa patrie; il était assez âgé, marié et père de famille, et s'était joint à l'état-major du maréchal Davoust à Varsovie.

Je ne mentionne cet incident que pour montrer la sûreté de jugement de l'Empereur, et son appréciation en un clin d'œil des aptitudes militaires. Cette qualité est une des plus importantes que doive posséder un commandant en chef.

Mon guide avait un bon cheval; j'arrivai près du maréchal à 5 heures du soir. Chemin faisant, je pressais ma marche, car une heure avant d'arriver j'entendais le canon tonner sans interruption: quand j'arrivai, la canonnade était terminée.

Je trouvai le maréchal devant ses batteries, sur une hauteur, regardant Eckmühl et les Autrichiens, qui l'attaquaient depuis le matin, et n'avaient pu chasser ses deux divisions d'infanterie de la position avantageuse qu'il leur avait choisie.

Le maréchal me dit que, chaque fois que les colonnes ennemies s'approchaient des hauteurs où il avait disposé ses forces, il renvoyait en arrière les chevaux de l'artillerie, pour bien montrer à ses soldats qu'il ne pensait pas à se retirer.

Trois fois les colonnes autrichiennes renouvelèrent leur attaque; chaque fois, le maréchal les laissait approcher à demi-portée de canon, et les arrêtait par une grêle de boulets et une fusillade nourrie. La troisième fois, après une salve de toutes ses pièces, il se mit lui-même à la tête de sa première ligne d'infanterie, et la lança sur l'ennemi à la baïonnette. Les Autrichiens ne purent tenir et abandonnèrent leur attaque. Une masse de cadavres autrichiens jonchait le sol depuis le pied des hauteurs jusqu'à 100 pas des batteries.

Cette superbe défense valut au maréchal Davoust le titre de prince d'Eckmühl.

A Landshut, quand l'Empereur vit son infanterie entrer dans la ville, il donna l'ordre à la cavalerie légère et à la division de cuirassiers de se mettre en route pour Ratisbonne. La plus grande partie de l'artillerie et de l'infanterie prirent également la même direction. Aussi, une heure après mon arrivée auprès du maréchal Davoust, c'est-à-dire vers 6 heures du soir, nous aperçûmes les mouvements de l'armée autrichienne en retraite vers Ratisbonne : de temps en temps, on entendait le canon du côté de Landshut.

Il est probable que l'archiduc Charles avait placé des détachements entre Eckmühl et Landshut, et qu'ils étaient rejoints par la cavalerie française arrivant de Landshut. Il est également certain qu'il avait appris déjà la défaite de son frère Louis, et pouvait se rendre compte que c'était l'armée du centre, sous les ordres directs de l'Empereur, qui débouchait sur son flanc gauche. Il avait donc fait manœuvrer son armée vers Ratisbonne, pour se joindre au corps du feld-maréchal Bellegarde.

Quand les coups de canon se rapprochèrent, à tel point que vers 8 heures j'en pouvais voir le feu, je rentrai à Eckmühl (les domestiques du maréchal avaient pris soin de mon cheval), et j'y trouvai les cuirassiers arrivant déjà, après avoir quitté Landshut vers 11 heures du matin.

Ils avaient fait vingt-quatre heures de marche, comme toutes les troupes commandées par l'Empereur; partis d'Abensberg la veille au soir à 11 heures, arrivés à Landshut à 8 heures du matin, ils marchèrent jusqu'à 11 heures du soir au delà d'Eckmühl, jusqu'à deux lieues de Ratisbonne.

Certainement, ils avaient laissé beaucoup de chevaux en arrière; néanmoins, ceux qui étaient arrivés firent une telle impression sur les Autrichiens que leurs généraux perdirent la tête.

L'Empereur arriva à Ergolzbach avant minuit; nous dormîmes le reste de la nuit, et à 6 heures du matin nous étions en route pour Ratisbonne. L'Empereur marchait tout de suite après le 1er régiment de chasseurs à cheval. A 8 heures, nous avions en vue les tours de Ratisbonne.

Les Autrichiens laissaient dans tous les villages quelques soldats d'infanterie. Comme nous n'avions que de la cavalerie, nous ne pouvions pas traverser les villages, mais nous les dépassions en tournant à travers champs. Nous vîmes devant nous les éclaireurs des hussards et des hulans de l'archiduc Charles, avec leurs czapskas rouges. Les détachements d'infanterie autrichiens, voyant que nous tournions autour des villages, se hâtèrent de se replier derrière leurs cavaliers.

A une demi-lieue de Ratisbonne, le pays est plus découvert et plus élevé que la vallée où se trouve la ville, et nous pûmes apercevoir, derrière un village qui s'étend devant Ratisbonne, une masse de cavaliers, en première ligne des hulans.

L'Empereur s'avançait sur une éminence assez voisine d'un village, quand plusieurs coups de fusil furent tirés des jardins sur nous. Nous avions pour escorte un escadron de chasseurs à cheval de la ligne (car la garde était encore fort en arrière). L'Empereur m'ordonna de prendre cet escadron et d'entrer avec lui dans le village. Les chasseurs s'y précipitèrent au galop sous le feu de l'ennemi, mirent pied à terre et attaquèrent les Autrichiens, dont quelques centaines se rendirent. Ils appartenaient au régiment de l'archiduc Charles.

Au nombre des prisonniers se trouvait un officier nommé Ignace Ledochowski. Quand les chasseurs les ramenèrent du village, l'Empereur remarqua ce Ledochowski, qui marchait à leur tête, et se distinguait par sa belle tenue; il était jeune, portait un bel uniforme blanc avec col bleu clair, et un casque doré plus grand que celui de ses soldats. L'Empereur se le fit amener et lui demanda son nom. Devinant en l'entendant que c'était un Polonais de Gallicie, il lui dit : « Pourquoi donc servez-vous les ravisseurs de votre patrie? »

Après avoir prononcé ces mots, il donna un coup de cravache à son cheval et partit au galop. Ledochowski était si près que le bout de la cravache toucha son casque, et pensant que l'Empereur l'avait fait exprès, il ressentit l'insulte si vivement qu'il fut sur le point d'en pleurer.

Il n'eût pas eu cette idée, s'il avait su comme nous que l'Empereur n'employait jamais l'éperon ni la pression du mollet pour mettre son cheval au galop. Je ne pus que lui expliquer que l'Empereur ne l'avait pas frappé et n'en avait même jamais eu la pensée.

La division de cavalerie s'approcha, ayant en tête la brigade de carabiniers. L'Empereur fit immédiatement déployer cette brigade, car il s'aperçut que la cavalerie autrichienne, massée en colonnes devant la ville, s'ébranlait dans notre direction.

En un instant, un régiment de hulans, de six escadrons, s'avança à 200 pas des carabiniers, les chargea au galop et réussit à percer leur première ligne, mais sans les détruire, car en arrière se trouvaient le 2e régiment et toute la division de cuirassiers.

Je remarquai quelques carabiniers blessés par les lances, mais en revanche je vis beaucoup de hulans par terre.

On ramena des prisonniers, entre autres un sous-officier de hulans, un très bel homme, qui avait reçu d'un carabinier un terrible coup de sabre, qui lui fendait la figure entre l'œil et l'oreille jusqu'à l'os ; le sang coulait jusqu'à terre sur son habit vert, son czapska n'était pas tombé, et au contraire était très bien ajusté derrière son oreille droite.

Lorsque l'Empereur apprit que les hulans autrichiens étaient des Polonais, il me fit demander à ce sous-officier s'il ignorait que l'intention de l'Empereur était de reconquérir la Pologne et de nous la rendre? Celui-ci répondit bravement : «Je le sais, et je suis sûr que si un officier polonais arrive devant notre régiment, tous nos hulans le suivront. Mais quand on nous commande de charger, il faut bien charger, pour qu'on ne dise pas que les Polonais se battent mal. »

Après cette charge, les Autrichiens se retirèrent vers la ville, la charge des hulans n'avait d'autre but que de couvrir la retraite de toute la cavalerie.

L'Empereur s'approcha de la ville, se plaça sur une hauteur d'où l'on pouvait bien voir et se mit à examiner avec sa longue-vue les positions des Autrichiens.

Les chasseurs ennemis tenaient encore dans les jardins des faubourgs et tiraient sur nous. Une balle vint frapper l'Empereur au pied.

Il descendit de cheval, on ôta sa botte, et le chirurgien Ivan lui appliqua un bandage sur les doigts de pied, devenus noirs par la contusion, et coupa un morceau de la botte pour que celle-ci ne le serrât pas trop.

L'Empereur remonta bientôt à cheval et partit au grand galop du côté des troupes. Il fit former tous les régiments et dans chacun demanda aux officiers de lui désigner le plus brave du régiment. Je vis les officiers placés devant leurs régiments présenter celui qu'ils avaient choisi. L'Empereur le nommait aussitôt baron de l'Empire et lui désignait une dotation.

Quelques officiers d'ordonnance, au nombre desquels je me trouvais, furent également nommés sur le champ de bataille barons de l'Empire, avec une dotation de 4,000 francs de revenu.

Ratisbonne (Regensburg) possède de vieux remparts, qu'occupait l'infanterie autrichienne. Mais à peine notre artillerie fut-elle arrivée et eut-elle tiré sur eux une dizaine de salves, que notre infanterie se précipita dans la ville où elle fit quelques milliers de prisonniers. L'armée ennemie entière s'était déjà réfugiée de l'autre côté du Danube avec une telle précipitation qu'elle n'avait pas détruit le pont.

Le jour même le corps du maréchal Davoust traversa le pont et suivit l'armée autrichienne.

L'Empereur entra à Ratisbonne et nous y restâmes toute la journée, car l'armée avait besoin de repos, après trois jours et trois nuits de marches forcées; elle avait laissé beaucoup de monde en arrière par suite de la fatigue. Après cette journée de repos, nous revînmes à Landshut.

Le corps du maréchal Lannes était parti la veille à la poursuite des débris de l'armée de l'archiduc Louis, et avait capturé un équipage entier de pontons, destiné, à ce que nous dirent des prisonniers, au passage du Rhin.

Nous traversâmes l'Isar, puis l'Inn à Braunau, et le 3 mai nous arrivâmes à Wels.

Les Autrichiens avaient brûlé le pont de Wels.

Je me trouvais présent quand le général Bertrand fit construire lui-même un nouveau pont, et je fus étonné de voir avec quelle rapidité il fut construit, sans pontons, car l'armée française n'en avait pas amené, et ceux qu'on avait pris à l'archiduc Louis ne nous avaient pas suivis.

Il est très facile de construire des ponts dans un pays où l'on trouve des bâtiments construits en bois. On fait d'abord passer sur l'autre rive au moyen d'un petit bateau quelques sapeurs, qui tendent une corde d'un bord à l'autre de la rivière. Puis on amarre à cette corde les différents bateaux et les radeaux. Si des bateaux sont plus hauts sur l'eau que les autres, on les charge de pierres ou de briques pour les mettre de niveau, puis on commence à placer les poutres et les madriers, etc...

Si l'on n'a qu'un nombre insuffisant de bateaux pour atteindre la rive opposée, on construit des radeaux avec les pièces de bois tirées des maisons. C'est de cette manière qu'on fit en six heures un pont sur lequel la cavalerie, l'artillerie et l'infanterie commencèrent à passer.

L'Empereur traversa bientôt dans l'intervalle des troupes, et se dirigea par une petite route sur Ebersberg, où nous arrivâmes la nuit. Cette ville avait été prise d'assaut par la division Claparède, du corps de Masséna.

Les Autrichiens s'y étaient bravement défendus. Nous aperçûmes des cadavres de soldats français en avant du pont et sur le pont même qui touche presque à une porte de la ville. L'ennemi n'avait cependant pas réussi à détruire ce pont. Après un combat des plus acharnés, les Français étaient entrés dans la ville, tuant et massacrant une masse d'Autrichiens; les rues étaient pleines de leurs cadavres.

La division Claparède était composée de régiments corses, qui avaient perdu beaucoup de monde à l'attaque de la ville, et se vengèrent avec férocité quand ils l'eurent prise.

L'Empereur n'entra dans la ville que le lendemain, avec nous; il me sembla que la vue de ce carnage fit sur lui une pénible impression.

Nous passâmes la nuit en dehors de la ville; on dressa de petites tentes faites avec nos schabraques et nous couchâmes par terre.

Au moment de m'endormir près d'un fossé, j'entendis près de mes oreilles le râle d'un mourant, et ces mots prononcés distinctement : « Jésus! Marie! Joseph! » Je me levai brusquement et j'aperçus à terre un soldat autrichien, mais il ne put me répondre; quoique respirant encore, il avait déjà perdu connaissance.

La guerre est toujours accompagnée d'atrocités, et cette guerre en particulier nous procurait les plus pénibles sensations, car partout nous nous battions Polonais contre Polonais.

L'Empereur, aussitôt après avoir traversé Ebersberg, revint sur ses pas et installa son quartier général à deux lieues de là, à Enns.

De Ratisbonne à Landshut, l'arrière-garde autrichienne était presque toujours formée de hulans. L'Empereur fit venir au quartier impérial, en leur faisant doubler l'étape, un escadron de chevau-légers polonais. Cet escadron, commandé par le lieutenant-colonel Lubienski, arriva justement à Enns.

Cet escadron fut envoyé à l'avant-garde, pour qu'on plaçât toujours quelques chevau-légers comme vedettes. Chaque fois que les hulans autrichiens les apercevaient, ils venaient nous rejoindre, soit un par un, soit plusieurs à la fois. Au bout de quelques jours cependant, les Autrichiens remplacèrent à leur arrière-garde les hulans par des hussards.

Le maréchal Masséna se rendit de Ratisbonne à Scharding sur le Danube. Ignorant que l'Empereur traverserait le Danube près d'Enns, et arriverait par la rive opposée, il donna aussitôt l'ordre de s'emparer d'Ebersberg.

Il n'avait certainement pas réussi à se tenir en

communication avec l'Empereur, sans quoi il n'eût pas exécuté cette attaque le 4 mai, sachant que l'Empereur devait arriver le soir même sur l'autre rive. Les Autrichiens en ce cas auraient dû se retirer ou être faits prisonniers.

Le pont près d'Enns avait été détruit par l'ennemi, mais le 5 mai on en construisit un nouveau.

Il est ridicule de détruire un pont dans son propre pays, car il ne faut pas beaucoup de temps pour le rétablir à l'armée qui marche en avant, surtout à l'armée française où les sapeurs sont si habiles et si industrieux; ils sont en état de faire ce travail pendant le repos toujours nécessaire aux troupes; mais il en résulte une grande perte pour les habitants, car il faut toujours démolir quelques maisons.

L'Empereur était en route de Wels à Ebersberg, quand lui arriva la nouvelle de l'occupation de la ville (Ebersberg). Il envoya aussitôt prévenir en arrière le maréchal Lannes de ne plus le suivre, mais de prendre la route de Wels à Steyer. Ce corps nous rejoignit à Amstetten, où notre cavalerie eut à exécuter plusieurs charges contre la cavalerie ennemie.

Je me trouvais alors près du colonel Aldobrandini, que je connaissais beaucoup; il commandait un régiment de cuirassiers, qui après sa charge eut une mêlée avec les hussards hongrois. Je remarquai après la retraite de ces derniers, combien le nombre de leurs morts était plus élevé que celui des nôtres.

Cela tient à ce que les Hongrois sabrent, tandis que les Français frappent en pointant. Je ne vis pas un seul cuirassier blessé mortellement par le sabre : plus d'une douzaine furent tués par des boulets de canon. On fit environ 100 prisonniers hongrois.

Le 8, le quartier général fut porté à Mölk, dans un grand couvent de bénédictins, placé dans un site magnifique. Le 9, nous nous trouvâmes à Saint-Pölten, d'où l'Empereur m'envoya pendant la nuit avec un escadron de chasseurs à cheval, avec l'ordre de m'approcher par des traverses de la grande route de Vienne, et d'y trouver quelqu'un qui eût été à Vienne le jour même, ou qui possédât des renseignements exacts sur ce qui se passait à Vienne. Je traversai six petits villages très bien tenus, où tout le monde dormait. Dans un de ces villages, j'aperçus dans quelques maisons de la lumière et des soldats autrichiens habillés en blanc; mais dès que mes premiers chasseurs arrivèrent, les lumières s'éteignirent et la tranquillité se fit. C'étaient probablement des maraudeurs qui se cachèrent. Je suivis ma route tranquillement; mon capitaine de chasseurs aurait voulu faire prisonniers ces maraudeurs, mais je dus lui refuser ce plaisir ; j'aurais été forcé de m'arrêter et cela pouvait compromettre ma mission. Je lui répondis que nous prendrions notre revanche à notre retour.

J'ordonnai cependant à l'officier qui commandait l'avant-garde, formée de 12 cavaliers, de réveiller dans chaque village que nous devions traverser les habitants des principales maisons. Marchant à 200 pas en arrière avec l'escadron, je ne perdais pas de temps et je pouvais parler avec ces habitants pendant le passage de ma troupe ; une fois l'arrière-garde passée, je rattrapais l'escadron avec mon ordonnance et mon trompette.

Ce n'est qu'au sixième village que j'eus la chance de trouver un curé qui était à Vienne la veille et venait de rentrer la nuit même.

Ce curé me dit que l'archiduc Maximilien commandait la garnison, composée de douze bataillons d'infanterie. Il ne savait pas de quel côté l'archiduc Louis avait fait sa retraite. Mais l'Empereur savait qu'il avait traversé le Danube à Krems pour rejoindre l'archiduc Charles.

J'étais de retour à Saint-Pölten vers neuf heures et l'escadron de chasseurs deux heures après moi.

Je changeai de cheval à Saint-Pölten et

repartis à la suite de l'Empereur qui, en quatre heures de galop, arriva à Schœnbrünn et, sans s'y arrêter, poussa son cheval devant les remparts extérieurs du faubourg de Vienne appelé « Wieden ». J'eus sous les yeux un spectacle incompréhensible, et auquel je ne pourrais croire si je n'avais vu de mes yeux, entendu de mes oreilles !

Les remparts étaient couverts non de la foule, mais d'un grand nombre de Viennois très bien vêtus. L'Empereur, toujours à cheval, s'avança jusqu'au glacis ; un fossé de 10 toises le séparait seul des Viennois. Ceux-ci reconnurent l'Empereur pour l'avoir déjà vu à Vienne en 1805, ôtèrent leurs chapeaux, ce que je trouvai assez naturel, et commencèrent à l'acclamer en poussant des « Vivats ! », ce qui me parut moins digne et tout à fait déplacé. Je ne puis m'expliquer cette action que par l'indifférence habituelle aux habitants d'une grande ville, et surtout par le charme qu'un homme comme l'Empereur exerçait sur tout le monde.

Lorsque je manifestai mon étonnement devant les officiers français, ils me dirent qu'ils avaient vu pareil spectacle à Berlin en 1806, près de la porte de Brandebourg.

L'Empereur quitta la place et tourna à gauche, en suivant les remparts du faubourg au pas pendant plus d'une demi-heure, jusqu'à la barrière; parfois il soulevait son chapeau pour remercier la foule qui l'acclamait, absolument comme s'il faisait le tour de Paris. L'escadron de service, qui accompagnait l'Empereur depuis Saint-Pölten, avait reçu l'ordre de s'arrêter, et l'escorte était réduite à un piquet de 25 cavaliers qui suivaient à 200 pas. Ce n'est qu'en arrivant près de la barrière que l'Empereur fit tourner son cheval et, toujours au pas, reprit la route de Schœnbrüun.

Chemin faisant il m'aperçut et me dit de me dépêcher de rentrer au palais et de me coucher, en terminant comme il suit : « Vous y trouverez un bon lit préparé pour vous; après avoir passé tant de nuits à cheval, mettez-vous à l'aise dans un bon lit de l'empereur François; vous recommencerez à courir demain. »

J'allai directement au château. Je rencontrai en route la tête de colonne des grenadiers et voltigeurs réunis du général Oudinot, qui s'étaient déjà mis en grande tenue avec leurs plumets pour faire leur entrée à Vienne. Je trouvai au château, en y arrivant, les fourriers impériaux; l'un d'eux me montra les chambres qui nous étaient destinées; dans chacune il y avait deux lits.

Un domestique de l'Empereur m'apporta un

superbe ananas, dont il y avait, m'a-t-il dit, une grande quantité dans les jardins, une bouteille de vin, du pain et du jambon.

Après un pareil repas, je me déshabillai et m'endormis consciencieusement.

Mon camarade Talhouët partagea ma chambre; il m'éveilla à sept heures pour dîner, mais il ne rentra pas se coucher, car l'Empereur l'avait envoyé au général Oudinot, qui venait de l'informer qu'après avoir traversé le faubourg, il s'était avancé devant la ville, où on l'avait reçu à coups de canon tirés des remparts, et que les Autrichiens paraissaient vouloir défendre Vienne.

L'Empereur fit ouvrir une tranchée au-dessous de la caserne de la garde hongroise, et y plaça une batterie de position composée d'obusiers, au moyen desquels on incendia plusieurs points de la ville. Ne voulant pas la brûler tout entière, l'Empereur ordonna à la division du général Molitor de faire un détour le lendemain autour de Vienne et de s'arrêter à Ebersdorf, où il arriva avec nous le 14 au matin. Ayant trouvé à gauche de ce village quelques bateaux, l'Empereur ordonna à Talhouët de traverser le Danube avec 200 voltigeurs et d'occuper le triangle du Prater.

Pourtalès, aide de camp de Berthier, avait

déjà traversé avec quelques voltigeurs le bras du Danube qui sépare Vienne du Prater; c'était vers le soir. L'archiduc Maximilien, croyant que toute l'armée française avait effectué le passage, quitta Vienne avant l'aube avec toute la garnison.

Notre armée fit son entrée dans la ville le 15; l'Empereur était déjà rentré à Schœnbrünn.

Le même jour l'Empereur apprit que le général Chasteller, avec la division de réserve et de landwehr, s'approchait de la Styrie et de la Hongrie. Il envoya aussitôt à Newstadt le lieutenant-colonel Lubienski avec son escadron de chevau-légers polonais de la garde, avec l'ordre de choisir auprès de cette ville une position d'où ses émissaires et ses patrouilles pussent surveiller tous les mouvements du général Chasteller. Lubienski devait envoyer par relais tous les jours un rapport à l'Empereur; je devais lire tous ces rapports, dire à l'Empereur si Chasteller s'approchait de nous, et lui rendre compte de tout ce qui se passait de sérieux.

Le 18, je reçus un rapport m'informant que Chasteller se retirait vers le Sud, pour se réunir à l'archiduc Jean, qui faisait sa retraite de la Lombardie, suivi par le vice-roi d'Italie, le prince Eugène de Beauharnais, venant d'Udine. Il peut paraître singulier que l'Empereur n'eût envoyé qu'un escadron dans une région où, d'après les nouvelles reçues, manœuvrait une division autrichienne; mais il voulait seulement avoir des renseignements sur les mouvements de Chasteller. Dans ce cas particulier, il pouvait d'ailleurs avoir pleine confiance dans le lieutenant-colonel Lubienski, qu'il connaissait bien et dont il appréciait les talents. L'Empereur aimait toujours avoir ses forces concentrées aux points où devaient avoir lieu les événements les plus importants. Il savait bien que, quand une grande bataille a une issue heureuse, le résultat des affaires de moindre importance ne signifie rien.

Dans le cas présent, Napoléon était convaincu que Chasteller ne ferait pas avancer sa division, sachant qu'une armée de 80,000 Français se trouvait auprès de Vienne.

Une partie de la garde impériale arriva d'Espagne et vint camper au sud de la ville.

L'armée entière dépassait le chiffre de 80,000 hommes, mais le corps du maréchal Davoust restait encore en arrière pour observer l'armée de l'archiduc Charles.

Les Saxons, commandés par Bernadotte, étaient encore en marche dans le nord de la Bavière, et les Bavarois, sous les ordres du maréchal Lefebvre, se battaient dans le Tyrol, alors en pleine insurrection.

En réalité, Napoléon n'avait pas plus de 80,000 hommes sous la main à Vienne, et autant dans différents endroits. Il ne voulait donc pas effrayer Chasteller en envoyant contre lui des forces plus importantes, car il voyait avec plaisir ce général rester dans le pays sans rien faire de sérieux. Il aimait mieux lui voir perdre son temps que de le laisser se joindre à l'archiduc Jean, qui eût pu avec ce renfort arrêter les progrès de l'armée d'Italie.

Enfin il était d'une grande importance pour l'Empereur d'entrer en communication avec l'armée du prince Eugène; car, quoique l'armée de l'archiduc Jean s'approchât, elle avait beaucoup plus de chemin à faire par la Hongrie et la Moravie pour rejoindre celle de l'archiduc Charles, que le vice-roi d'Italie qui venait d'Udine vers la Hongrie pour se rapprocher de l'armée de l'Empereur.

Ce même jour, le 18, l'Empereur m'envoya à Ebersdorf, inspecter l'équipage de pontons, que je trouvai en bon état, et je fis mon rapport en conséquence. L'Empereur, arrivé vers le soir, fit passer deux compagnies de voltigeurs sur l'île de Lobau.

Le 19, toute la division Molitor était déjà passée par le pont.

Un autre pont fut bientôt construit sur un

autre bras du Danube. Le 20, trois corps occupaient déjà l'île de Lobau.

Le même jour, à midi, deux ponts furent jetés sur le dernier bras du Danube, sous la protection de batteries de position placées sur la rive du fleuve; ce dernier bras n'est pas très large. Vers 4 heures, la division de cavalerie légère du général Lassalle passa tout entière; je l'accompagnai par ordre de l'Empereur.

Quand nous débouchâmes d'un petit bois qui se trouvait tout près du Danube, l'artillerie autrichienne nous tira des obus, qui n'empêchèrent pas la division, composée de cinq régiments, de se former en deux lignes dans la plaine, entre Aspern et Essling.

Vers 7 heures du soir, après une assez forte canonnade, les Autrichiens lancèrent sur nous une violente charge de cavalerie. Leurs hussards attaquèrent de front la première brigade commandée par le général Piré, et composée du 8ᵉ régiment de hussards et du 16ᵉ régiment de chasseurs à cheval. La charge des hussards autrichiens était très vive, à leur gauche un régiment de hulans s'avançait au galop.

Mais quand les hussards ennemis arrivèrent à 200 ou 250 pas de nous, à toute allure, et criant de toutes leurs forces, le général Lassalle se porta à leur rencontre, au pas d'abord, puis au trot, enfin au galop, et tomba sur eux avec la plus grande vigueur.

Les hulans furent reçus par un régiment de la seconde ligne qui exécuta un changement de front à gauche.

Ce fut une mêlée générale; il faisait déjà assez sombre : la mêlée, les cris et le tumulte durèrent au moins une heure. L'artillerie avait fait silence auparavant. Enfin la cavalerie autrichienne se retira et la division Lassalle se reforma sur deux lignes à quelques centaines de pas en arrière de sa place primitive; nous avions donc perdu du terrain. Un peu plus tard les Autrichiens nous envoyèrent une dizaine de fois des coups de canon en pleine obscurité. J'ignore où les boulets tombèrent, nous ne les entendîmes pas au-dessus de nos têtes.

La nuit redevint plus claire. Quand les gardes et les vedettes furent placées, les généraux Lassalle et Piré se portèrent en avant.

Pour un combat aussi vif, il n'y avait pas beaucoup de morts; cependant il y en avait beaucoup plus du côté des Autrichiens que du nôtre; je puis dire positivement qu'il y en avait deux fois plus, quoique je ne les aie pas comptés. Cette disproportion tenait bien à ce que les Hongrois gesticulent trop en sabrant, tandis que les Français pointent, et pourtant les Hongrois ont des chevaux plus légers, plus maniables que les chevaux français. Les Français, sur des chevaux plus lourds et moins agiles, qu'ils ne peuvent diriger à volonté, sont plus attentifs, regardent bien de quel côté leur adversaire les attaque, ont le temps de parer ses coups, et enfin d'un coup de pointe bien dirigé traversent la poitrine de leur ennemi.

Les Hongrois ne sabrent pas du plat de la lame, comme les Anglais, mais du tranchant, mais ils sont au grand galop et tournent leur cheval de côté, ils sabrent comme s'ils avaient perdu la raison, et leurs coups tombent au hasard.

Dans cette rencontre, ils nous attaquèrent à plusieurs reprises; les uns se mêlèrent à nous, d'autres retraversèrent notre ligne en revenant vers les leurs après la charge, mais toujours à la débandade. Les Français au contraire, quoiqu'ils perdissent leurs rangs en chargeant, cherchaient toujours à se retrouver ensemble, et à tout instant on remarquait leur attention visible à reprendre leur ligne. Il faut dire à la vérité qu'à la supériorité dans le maniement de leurs armes ils joignaient l'expérience qui manquait aux Autrichiens, expérience qu'ils avaient acquise dans tant de batailles et sous d'excellents officiers.

De ce que j'ai dit des Hongrois sur leurs chevaux légers et des Français sur leurs chevaux lourds, il ne faut pas conclure que les chevaux lourds soient plus pratiques pour la cavalerie légère.

Si l'on pouvait avoir de vieux soldats montés sur des chevaux légers, commandés par des officiers encore plus expérimentés, habiles au maniement du sabre surtout pour pointer encore plus que pour sabrer, le résultat serait encore meilleur. Un cavalier expérimenté connaît son métier, sait quand il faut serrer les rangs, sait aussi bien modérer la vivacité de son cheval lorsqu'il en est besoin, que profiter de cette vivacité quand il charge en fourrageur, et dans tous les cas où il a à agir seul. Je relate seulement l'état de choses existant à cette époque et ses résultats. Je tiens à montrer que les Hongrois, acharnés dans leurs attaques, avaient bien du mal à se réunir quand ils étaient dispersés et à reformer leurs lignes, tandis que les Français, sachant que leurs chevaux n'avaient pas la même rapidité, n'attaquaient que de près; aussi réussissaient-ils à garder leurs rangs jusqu'à la fin, et après la charge, se réunissaient très vite sur la ligne désignée.

Les Hongrois sabrant au grand galop, ou s'attaquant à des cavaliers isolés, ne sabrent bien souvent que le vent; dans les cas les plus heureux ils ne font que des blessures plus ou moins graves.

Les Français, sobres de gestes, parent les coups et en même temps d'un coup de pointe percent leurs adversaires et les tuent. Moi aussi, j'ai reçu d'un hussard hongrois un coup de sabre au-dessus du genou; son sabre tourna et la blessure ne fut pas profonde, mais le coup était violent et je m'en ressentis pendant plusieurs années.

Lorsque le calme fut revenu, je revins près de l'Empereur, que je trouvai dans une petite hutte de branchages dressée auprès du pont construit sur le dernier bras du Danube. Je lui fis le rapport que le général Lassalle avait pris position dans la plaine entre Aspern et Essling.

Pendant la nuit, l'Empereur envoya encore de l'infanterie et de l'artillerie pour occuper ces deux villages et leur ordonna de s'y installer fortement. Toute la nuit du 20 au 21, l'infanterie traversa les ponts et prit position entre Aspern et Essling. A l'aube l'Empereur inspectait la position et donnait des ordres pour le placement des troupes.

Il plaça son aile gauche à Aspern; une double ligne d'infanterie s'étendait depuis le bois situé près de ce village vers celui d'Essling; la cavalerie s'avançait à 1,000 pas en avant; les murs du cimetière près et à gauche d'Essling furent crénelés. L'aile droite s'étendait d'Essling au Danube, presque à angle droit, vis-à-vis d'Enzersdorf, village qui n'était pas occupé, probablement pour ne pas trop étendre la ligne.

Les grenadiers et fusiliers de la garde furent placés à l'aile droite, les chasseurs à cheval et les deux escadrons de chevau-légers en réserve. Les dragons, les grenadiers à cheval et les gendarmes d'élite, ainsi que l'artillerie de la garde, étaient encore de l'autre côté du Danube.

Il n'y avait de ce côté du Danube que les 60 canons du corps du maréchal Masséna; on les plaça par batteries entre Aspern et Essling. Pendant les trois jours que dura la bataille, on ne disposa que de ces 60 canons.

L'Empereur prit cette disposition défensive en attendant le passage du reste de l'armée. Nous avions de ce côté à peine 30,000 hommes; sur l'autre rive se trouvaient le corps entier de Davoust, trois divisions de cuirassiers, la moitié de la garde impériale, une grande partie de l'artillerie et le grand parc, en tout environ 60,000 hommes.

Vers midi, les Autrichiens engagèrent la bataille sur toute la ligne en ouvrant le feu de quelques centaines de canons.

Notre cavalerie, placée en avant de l'infanterie, fut obligée de se retirer et vint se placer en colonnes serrées à quelques centaines de pas derrière elle.

L'artillerie répondit à l'artillerie ennemie, mais à raison d'un coup seulement pour trois ou quatre.

Nous aperçûmes bien de loin les lignes de l'infanterie autrichienne, mais elles n'approchèrent pas ce jour-là de notre centre; leurs attaques furent concentrées sur Aspern, où en outre du feu des canons, on entendit plusieurs fois une fusillade bien nourrie. De la place où l'Empereur se trouvait, on ne pouvait voir cette attaque, car la forêt nous la masquait : mais je fus envoyé plusieurs fois au maréchal Masséna, qui défendait Aspern, et je pus voir les colonnes autrichiennes, tellement profondes qu'il était clair que les Autrichiens concentraient sur ce point la majeure partie de leurs forces. Ils s'approchèrent plusieurs fois jusqu'à Aspern même, et chaque fois furent repoussés par la fusillade partie des maisons et des jardins.

A l'une de ces missions je trouvai le maréchal Masséna assis et se reposant près d'une maison et je lui remis la dépêche de l'Empereur. Il monta aussitôt à cheval, mais s'apercevant que son étrier droit était trop court, il appela son écuyer pour l'allonger, et lui-même s'assit sur sa selle en amazone, passant la jambe au-dessus du garrot de son cheval. Au même moment un boulet de canon tua net l'écuyer et brisa l'étrier; le cheval se jeta de côté et le maréchal tomba dans mes bras, sans aucune contusion. On remplaça l'étrier, le maréchal remonta le même cheval et partit.

Les obus incendièrent plusieurs maisons; presque tous les toits étaient en feu, mais la plupart des maisons et des écuries étaient bâties en briques et notre infanterie était à l'abri dans ses positions.

Maintes fois les colonnes autrichiennes s'approchèrent tellement qu'il semblait que les balles ne les arrêteraient plus; chaque fois les réserves françaises les attaquèrent à la baïonnette, et pas une seule fois les Autrichiens ne purent résister, ils furent mis en déroute, quoiqu'ils fussent en colonnes, et les nôtres en lignes.

Ils pouvaient sans crainte nous attaquer en colonnes, car ils devaient savoir que nous n'avions que peu d'artillerie : notre infanterie les chargeait en ligne à la baïonnette, au pas de course, car chaque colonne ennemie possédait plusieurs canons qui soutenaient son attaque.

Malgré tout, ce premier jour, l'ennemi ne réussit pas une seule fois à nous enlever Aspern, dont la défense est bien la meilleure preuve de la supériorité sur toutes les autres de l'infanterie française.

Vers 5 heures du soir, l'Empereur fut informé que le pont sur le premier bras du Danube venait d'être rompu pendant le passage de la division de cuirassiers. Il avait été rompu par des radeaux et des bateaux chargés de pierres, abandonnés par les Autrichiens à Stadelau sur le courant rapide du fleuve enflé par la fonte des neiges. On réussit pendant la nuit à réparer le pont; le reste de la division de cuirassiers effectua son passage, ainsi que deux divisions de grenadiers d'Oudinot et la moitié de la garde impériale.

Par suite, nous avions le matin près de 60,000 hommes, mais toujours 60 canons seulement.

A l'aube, l'Empereur monta à cheval et se rendit sur la ligne de bataille; il confia le commandement de tout le centre au maréchal Lannes, et donna l'ordre de former en colonnes toute l'infanterie, excepté le corps du maréchal Masséna à Aspern, et l'infanterie de la garde tenue en réserve.

Les 60 canons furent placés entre les colonnes;

en arrière des colonnes se tenaient deux divisions de cavalerie légère et deux divisions de cuirassiers.

Avant que l'attaque fût commencée, l'Empereur passa devant les colonnes, en saluant avec son chapeau et montrant la direction de l'ennemi. A ce signe de l'Empereur, les troupes répondirent par de vives acclamations, élevant leurs schakos en l'air sur la pointe de leurs baïonnettes.

A un millier de pas devant nous se trouvaient les vedettes et les éclaireurs de la cavalerie autrichienne, derrière eux l'infanterie. A la vue de nos colonnes en marche, toutes ces troupes disparurent.

L'ennemi démasqua alors une nombreuse artillerie qui ouvrit le feu sur nous, et bientôt toute l'armée autrichienne se démasqua. Elle s'avança sur nous en colonnes, qui bientôt se déployèrent, et à quelques centaines de pas de nos troupes, tirèrent sur elles des salves de bataillons, tellement vite qu'on pouvait penser qu'elles tiraient par compagnies.

Les canons firent pleuvoir sur nous une grêle de boulets. Mais rien ne put arrêter l'élan des colonnes françaises, elles se ruèrent baïonnette en avant sur les lignes autrichiennes, qui se débandèrent avant même l'arrivée des Français.

L'artillerie se retira en hâte, tout en s'arrêtant à chaque instant pour couvrir de projectiles notre infanterie. Plusieurs centaines de soldats tombèrent, mais les autres couraient toujours en avant, et les Autrichiens précipitaient leur retraite. Enfin toute la ligne de l'infanterie ennemie fut couverte par leur cavalerie. Nos cuirassiers rompirent plusieurs fois cette ligne formidable; d'autres régiments autrichiens revenaient, soutenus par une nombreuse artillerie qui couvrait nos attaques de mitraille. Les lignes autrichiennes se retiraient de plus en plus loin. Plusieurs fois leur cavalerie se retira derrière leur infanterie reformée et renforcée de ses réserves; dix fois nos cuirassiers fondirent sur elle, détruisant des bataillons; des régiments frais de cavalerie autrichienne reparaissaient, prêts à charger les nôtres, obligés après chaque charge d'aller se reformer en arrière.

Les divisions de cavalerie légère, commandées par les généraux Lassalle et Bruyère, chargèrent aussi plusieurs fois la cavalerie ennemie.

Jusqu'à 11 heures, nos colonnes d'infanterie et notre cavalerie s'avancèrent, gagnant près d'une lieue de terrain. La cavalerie, tantôt devant les colonnes, tantôt derrière elles, s'avançait toujours. Nos troupes atteignirent le village de Breitenlee, où, paraît-il, le reste de l'armée autrichienne était réuni, car on pouvait voir des troupes ennemies derrière l'aile droite en marche. Notre ligne de bataille était plus restreinte que celle de l'ennemi, en s'avançant dans la plaine. L'ennemi recevant sans cesse des renforts, il lui devenait facile de nous envelopper.

Quand j'arrivai près de l'Empereur, venant de Breitenlee avec la nouvelle que le maréchal Lannes apercevait des masses de troupes ennemies qui pouvaient l'envelopper, celui-ci plaça en échelons deux bataillons de la vieille garde devant Aspern, mais assez loin derrière l'aile gauche du maréchal Lannes, pour couvrir son flanc.

Après que les ponts avaient été réparés, nos troupes continuaient à arriver. L'Empereur comptait surtout le corps du maréchal Davoust, avec 60 canons, sur la 3ᵉ division de cavalerie, et sur le parc d'artillerie. Le corps du maréchal Davoust, arrivant à ce moment, eût pu équilibrer les forces du maréchal Lannes et celles des Autrichiens.

Mais vers midi, deux mauvaises nouvelles arrivèrent à l'Empereur. En premier lieu, les deux ponts étaient rompus de nouveau ; puis un peu plus tard, il apprit que le maréchal Lannes était mortellement blessé : il avait une jambe emportée et l'autre brisée. Bientôt arriva le général Oudinot; il avait reçu plusieurs blessures, qui, sans être graves, l'avaient forcé à quitter le champ de bataille. Avec le plus grand calme, l'Empereur ordonna de battre en retraite sur la position primitivement occupée entre Aspern et Essling.

La retraite se fit avec le plus grand ordre : la cavalerie ennemie nous attaqua sur plusieurs points, mais fut toujours repoussée avec beaucoup de pertes par la cavalerie légère de Lassalle, soutenue en seconde ligne par les cuirassiers.

L'ennemi ne réussit nulle part à percer nos lignes, et l'infanterie n'eut jamais à s'arrêter pour faire face à une attaque; pas une seule fois nos cuirassiers ne cherchèrent à s'abriter derrière elle. Vers 3 heures, toute notre armée avait repris sa première position entre Aspern et Essling. Mais l'artillerie était forcée d'économiser beaucoup ses munitions.

Ce fut alors que les deux divisions de cuirassiers destinées à soutenir notre artillerie, qui tirait toujours sur l'ennemi, se retirèrent derrière l'infanterie, en deux lignes, en présence de l'Empereur : les boulets ennemis venaient déjà tomber au milieu de nous, et passaient souvent au-dessus de nos têtes.

Bientôt, il en tomba jusqu'au Danube, derrière nous, qui tuèrent plusieurs de nos blessés, dont un grand nombre se trouvaient couchés près des ponts sur le deuxième bras du Danube. Pendant ces deux jours on les avait amenés à cette place, d'où on les transportait dans l'île de Lobau.

Quand l'infanterie eut repris sa première position entre Aspern et Essling, l'Empereur renvoya les grenadiers de la garde à l'aile droite, en face d'Enzersdorf, car il avait aperçu des colonnes autrichiennes en marche vers ce village. Le corps de Lichtenstein réussit en effet à l'occuper.

A cette heure l'armée autrichienne formait un demi-cercle autour de nous.

Le feld-maréchal Bellegarde s'appuyait au Danube et occupait le terrain devant et derrière Aspern, l'archiduc Charles se tenait au centre avec le gros des forces, et le prince Lichtenstein formait l'aile gauche, vis-à-vis de notre aile droite et presque derrière elle. Celle-ci n'était composée que de quatre bataillons de chasseurs et deux bataillons de grenadiers de la garde, ayant derrière eux deux escadrons de chevau-légers polonais et deux de chasseurs à cheval, aussi de la garde.

Ces six bataillons et ces quatre escadrons en

imposèrent tellement au prince Lichtenstein, qu'il n'osa pas les attaquer avec assez de vigueur. Ces troupes couvrirent la retraite, et la tenue des chevau-légers polonais, malgré les pertes qu'ils avaient subies, mérita l'admiration de tous. Dans cette situation, les boulets et les obus de Bellegarde, passant au-dessus d'Aspern, arrivaient jusqu'à notre aile droite, ceux de Lichtenstein, tirés généralement trop haut, atteignaient presque notre aile gauche.

L'Empereur, placé au centre avec son état-major, était exposé de trois côtés. Heureusement que les projectiles passaient au-dessus de nos têtes. Mais leurs éclats atteignaient nos cuirassiers, placés derrière l'infanterie, à 500 pas en avant de l'Empereur. Pendant ce temps nous ne pouvions répondre aux Autrichiens : nous n'avions que 60 canons avec nous, et presque tous étaient démontés, mais pas un seul ne tomba aux mains de l'ennemi; les munitions étaient complètement épuisées.

L'Empereur restait à sa place comme une statue, laissant les rênes flottantes sur la crinière de son cheval, sa longue-vue à la main, donnant ses ordres et nous envoyant dans différentes directions. Mais presque aucun de nous n'avait plus de cheval, et le mien était si fatigué, qu'envoyé au maréchal Masséna qui n'était pas loin, je préférai y aller à pied en traînant mon cheval derrière moi.

L'Empereur venait justement de s'apercevoir qu'une forte colonne partait de la position de l'archiduc Charles, c'est-à-dire du centre, et marchait sur Aspern. Il m'ordonna d'y aller pour en avertir le maréchal Masséna et le prévenir de se tenir sur ses gardes, en lui conseillant de former sa colonne de réserve pour recevoir l'ennemi.

Le maréchal était assis sous un arbre près des ruines d'une maison brûlée; il restait à peine quelques maisons à moitié intactes. Il monta à cheval sur-le-champ, et forma ses colonnes dans les jardins, juste à temps pour recevoir les Autrichiens qui s'approchaient du village avec des forces très supérieures.

L'infanterie française, postée dans les maisons et dans les jardins, accueillit les Autrichiens par un feu meurtrier tiré de très près, mais cette fois, ceux-ci, avec leurs étendards jaunes déployés sur leur front, ne s'arrêtèrent pas et s'emparèrent des maisons et des jardins. Le maréchal Masséna, tirant son épée, se mit à la tête de la colonne de réserve qu'il venait de former et à laquelle s'étaient joints les soldats chassés des maisons. Cette colonne de réserve tomba sans tirer un coup sur les Autrichiens en désordre dans les jardins, et en tua un grand nombre à la baïonnette.

En revenant auprès de l'Empereur, je vis tant de cadavres jonchant la route du village que mon cheval était obligé de les fouler presque à chaque pas. Il y avait aussi beaucoup de Français, tués auparavant par les boulets ou les balles de l'ennemi.

Je vins dire à l'Empereur de la part du maréchal Masséna qu'Aspern était sauvé, et que le maréchal espérait y tenir jusqu'au soir. Je fus ensuite envoyé encore une fois à Essling, puis encore vis-à-vis d'Enzersdorf; ce n'est que plus tard que j'appris qu'avant le soir, l'infanterie autrichienne avait pris Aspern trois fois et en avait été trois fois chassée par la nôtre.

En même temps l'armée autrichienne du centre formait des colonnes pour attaquer Essling.

Le général Durosnel, aide de camp de l'Empereur, qui commandait sur ce point, monta à cheval et partit en reconnaissance, mais son cheval était si fatigué qu'il ne put échapper à une attaque de cuirassiers autrichiens et fut fait prisonnier.

Une double salve des canons autrichiens dirigée sur Essling nous avertit de l'attaque du village.

Les grenadiers hongrois, drapeaux flottants, avec leurs officiers à cheval devant eux, s'avançaient furieusement en colonnes. La fusillade partie du cimetière et des maisons n'arrêta pas leur élan. Essling fut pris et les Français furent forcés de se retirer.

L'Empereur ordonna au général Mouton, son aide de camp, de prendre à l'aile droite les quatre bataillons de chasseurs de la garde et de reprendre Essling. Ce fut fait sans tirer un coup de fusil. Comme à Aspern, le cimetière d'Essling était jonché de cadavres de Hongrois. Essling resta dans nos mains jusqu'au soir.

Encore une fois vers le soir, l'armée autrichienne lança quatre colonnes d'infanterie sur notre centre, entre Aspern et Essling. Nos soldats fatigués, affamés, étaient couchés dans les fossés des deux côtés de la route entre ces deux villages. Quand les colonnes autrichiennes approchèrent, tous, au signal du tambour, se levèrent comme un seul homme, serrèrent leurs rangs, et se jetèrent si promptement à la baïonnette sur l'ennemi que ses colonnes se débandèrent et se mirent en retraite. Nos cuirassiers passèrent entre nos bataillons au petit trot, car leurs chevaux ne pouvaient plus se traîner, et se mirent en mesure de charger, mais la cavalerie ennemie s'avança aussitôt, se plaça devant son infanterie et s'arrêta à 500 pas de nous sans attaquer. L'obscurité commençait à tomber.

L'Empereur fit d'abord passer les cuirassiers et la cavalerie légère dans l'île de Lobau, par le pont, qui servait toujours au passage des blessés.

Ensuite ce fut le tour des canons et des caissons qui se trouvaient encore sur roues; quelques-uns n'étaient plus attelés que de deux chevaux. Je comptai 40 canons, il devait donc en être resté 20 sur le terrain, faute d'attelages.

L'Empereur se plaça près du pont, qu'il ne traversa qu'à 10 heures du soir avec la garde. C'est dans l'île de Lobau qu'on transporta devant lui le maréchal Lannes. Il l'embrassa à plusieurs reprises, et comme la nuit était claire, je vis distinctement qu'il pleurait.

Vers minuit, passèrent l'infanterie de Masséna, puis les grenadiers et les voltigeurs du général Oudinot; tout de suite après, le pont fut démoli.

A cette grande bataille avaient pris part 60,000 hommes, dont 30,000 restaient sous les armes dans l'île de Lobau. Nous avions donc perdu la moitié de l'effectif, en comptant les morts et les blessés.

Dans l'histoire des guerres françaises, cette bataille se montre comme la plus sanglante, et celle qui fit le plus d'honneur à l'armée française, quoique en réalité elle fût perdue, car nous dûmes nous retirer et l'ennemi resta maître du champ de bataille.

A 2 heures du matin, l'Empereur traversa le Danube en bateau; nous fîmes de même sur deux autres bateaux, mais la violence du courant nous poussa à une demi-lieue d'Ebersdorf, où nous arrivâmes à pied à 5 heures du matin.

Le corps du maréchal Davoust se trouvait dans ce village. L'Empereur lui fit prendre les armes et le mit en marche sur Presbourg, pour en occuper les faubourgs et empêcher l'archiduc Charles d'y passer le Danube. En effet, si celui-ci eût été maître du pont de Presbourg, il pouvait passer sur la rive droite, battre le maréchal Davoust, et s'emparer de l'île de Lobau, en faisant prisonnier le reste de l'armée qui se trouvait dans l'île et tous nos blessés.

Le lendemain, l'Empereur m'envoya auprès du maréchal Davoust. Celui-ci marcha pendant trois jours; le troisième, il attaqua le faubourg qui se trouve près du village d'Engerau, s'en empara et l'occupa. Je revins à Ebersdorf avec cette nouvelle; aussitôt après l'Empereur transféra son quartier général à Schœnbrunn. Pendant plusieurs jours, on fit revenir en bateau de l'île de Lobau la garde impériale, qui prit se cantonnements, l'infanterie à Schœnbrünn, la cavalerie dans les villages voisins.

Après notre arrivée à Schœnbrunn, le 28 mai, un aide de camp du prince Eugène de Beauharnais y vint porter la nouvelle que le prince poursuivait l'archiduc Jean; celui-ci, battu à plusieurs reprises, était en retraite, et le prince se trouvait à 15 lieues de Vienne.

En même temps que son aide de camp, nommé Bataille, le prince Eugène envoyait à Neustadt des détachements de sa cavalerie, pour annoncer son approche à l'Empereur et lui demander ses ordres.

Cet aide de camp fut aussitôt réexpédié au prince Eugène, qui marcha par Odenburg et Steinamanger (en hongrois Szombathely) et poursuivit l'archiduc Jean en Hongrie.

L'archiduc, ayant rejoint les troupes hongroises nouvellement formées en Hongrie, choisit une position très avantageuse à Sabadeggi, à trois heures de Raab. Le prince Eugène l'y attaqua aussitôt et l'obligea de quitter cette position, après une journée entière de bataille. Le soir, l'armée d'Italie s'avança jusqu'à Raab, ville entourée de vieux remparts.

L'archiduc Jean laissa dans la ville une garnison de 3,000 hommes, pour retenir quelques jours l'armée du prince, pendant que lui-même se retirait trois lieues plus loin, et passait le Danube à Komorn.

Avant cette bataille de Raab, l'Empereur m'avait envoyé au maréchal Davoust, qui n'était pas encore à Presbourg, pour lui annoncer la marche du prince Eugène en Hongrie sur Raab, et lui conseiller de se relier au prince par son aile droite. Je devais en outre revenir sur-le-champ par la route la plus directe rapporter des nouvelles à l'Empereur.

J'arrivai près du maréchal Davoust dans une voiturette de poste; il me donna un cheval, avec lequel j'allai retrouver sa cavalerie légère déjà arrivée en territoire hongrois, sur la route de Heinburg à Raab. Je pris avec moi 15 hussards des mieux montés, et je partis de Kitsee sur la droite de la grande route, pensant que je trouverais encore le prince Eugène dans les environs de Papa, comme le croyait l'Empereur sur la carte duquel j'avais relevé la route de Kitsee à Papa.

En arrivant le soir au premier village pour y chercher un guide, combien fus-je surpris et heureux d'entendre les paysans parler la langue slovaque; ils furent aussi contents de m'entendre parler polonais. Ils m'amenèrent un guide qui était venu de Raab le jour même. Avant l'arrivée de cet homme, ils m'avaient déjà annoncé la défaite des Autrichiens à Raab, et l'arrivée des Français dans cette ville. Je leur demandai si l'un d'eux pouvait m'y conduire; plusieurs m'offrirent aussitôt leurs services sans demander aucune rémunération : le caractère slave est partout le même.

Ils me régalèrent ainsi que mes hussards de pain, de vin et de jambon. Ils manifestaient leur contentement de la défaite des Autrichiens, me disant qu'ils avaient appartenu autrefois à la Pologne, que leurs pères le leur avaient dit, et qu'ils seraient très heureux de lui être réunis; ce sentiment se manifesta d'autant plus quand ils apprirent que l'Empereur des Français voulait reconstituer la Pologne.

Les légendes et les traditions subsistent longtemps chez les peuples. A quelle époque remontait cette tradition de leur union avec la Pologne? Pas un seul des vieux paysans ne put me le dire. Était-ce à l'époque du roi de Pologne Louis? Était-ce à une époque encore plus ancienne? En tout cas il est hors de doute que les Slovaques de ce pays étaient très bien disposés en faveur des Polonais. Il n'y avait pas de Magyars parmi eux.

J'écrivis au maréchal Davoust les nouvelles que je venais d'apprendre, en lui demandant d'envoyer aussitôt ce rapport à Schœnbrunn par un de ses officiers; je l'assurai qu'on devait ajouter foi aux nouvelles données par les paysans slovaques, dont toutes les sympathies étaient pour nous; j'ajoutai que j'y avais pleine confiance et que je lui renvoyais ses hussards qui pouvaient témoigner du bon accueil qui nous avait été fait. Quant à moi, pour arriver plus vite à l'armée d'Italie, je partis en voiture pendant la nuit.

J'arrivai à Raab à 10 heures, au moment où le prince Eugène entrait dans la ville, qui s'était rendue après deux heures de canonnade.

Le prince ne s'y arrêta que peu de temps, et partit pour un château en dehors du voisinage où l'on avait préparé son quartier, et où se trouvait déjà la garde italienne : deux bataillons de grenadiers et deux de chasseurs à pied, avec 100 gardes d'honneur à cheval lombards.

Pendant le déjeuner, j'appris par le prince Eugène et par le général Macdonald, et plus en détail par le général Gifflenga, chef d'état-major du prince, les incidents de la bataille de Raab, sur lesquels je pris des notes pour les rapporter à l'Empereur.

J'allai ensuite dans la ville, mais je ne pus trouver à la poste une seule voiture. Je me décidais à partir à cheval, lorsqu'un monsieur assez gros, en costume hongrois, s'approcha de moi et m'offrit de me louer une voiture jusqu'à Vienne.

— Mais comment, lui dis-je, voulez-vous que je vous la renvoie?

— Cela ne fait rien, reprit-il, je suis content de vous rendre service.

En l'entendant prononcer ces mots en assez bon polonais, je lui demandai :

— Êtes-vous Hongrois, monsieur?

— Non, monsieur, je suis Slave. J'ai appris que vous étiez polonais, par conséquent un compatriote; enfin j'ai appris que vous occupez un poste auprès de l'empereur Napoléon, et nous espérons qu'il nous débarrassera bientôt du joug étranger.

— Je vous remercie infiniment, monsieur, mais pouvez-vous m'indiquer quelqu'un à Vienne à qui je puisse rendre votre voiture?

— En vérité, je n'y connais personne. Faites de la voiture tout ce que vous voudrez, quand vous n'en aurez plus besoin.

Pendant que nous échangions ces paroles, le postillon attelait ses chevaux; je dis au revoir à mon compatriote, je lui serrai la main, pris place dans la voiture hongroise et je partis.

A moitié chemin, pendant la nuit, je rencontrai les grand'gardes de la cavalerie d'avant-garde du maréchal Davoust. L'après-midi j'arrivai à Schœnbrunn et fis mon rapport à l'Empereur sur tout ce que j'avais appris.

Bientôt après la bataille d'Essling, l'Empereur fit reconstruire sur pilotis le pont sur le premier bras du Danube, et deux autres ponts aussi sur pilotis sur le bras qui sépare en deux l'île de Lobau. Le troisième bras était le moins large : on prépara sur l'île même les matériaux nécessaires à la construction de six ponts.

Il arrivait toujours de France des colonnes de marche composées de compagnies entières et de bataillons, venant des dépôts des régiments présents à l'armée. Nous reçûmes aussi des recrues de France, ainsi que les blessés et les malades guéris dans les hôpitaux qu'on avait installés dans diverses villes et villages entre Ratisbonne et Vienne. La plus grande partie de ces troupes fut transportée en bateau dans l'île de Lobau, pour compléter les corps qui s'y trouvaient et qui avaient perdu la plus grande partie de leur effectif.

Les trois ponts furent construits dans le courant du mois de juin.

Pendant tout ce temps l'Empereur demeura à Schœnbrunn, mais il sortait à cheval tous les jours, le plus souvent du côté d'Ebersdorf, pour presser la construction des ponts. Il inspecta aussi un par un tous les camps établis autour de Vienne.

Pendant cette période plusieurs officiers appartenant aux armées de nos alliés vinrent à Vienne; il y vint une fois deux officiers russes : le major Gorgoli, un homme comme il faut, et le lieutenant Czerniszeff; puis un officier suédois; mais la plupart des visiteurs étaient allemands.

On vit aussi plusieurs fois à Schœnbrunn des officiers polonais, envoyés par le prince Poniatowsky. Le visiteur qui m'intéressa le plus n'était pas un officier, mais M. Ignace Potocki, qui fut mandé par l'Empereur je ne sais pour quelle raison. C'était un homme fort modeste, très intelligent et très aimable, qui faisait un contraste complet avec son frère Stanislas que j'avais connu à Varsovie et à Paris. Ignace Potocki fut reçu plusieurs fois en audience par l'Empereur, mais sans témoins. Il semblait n'être pas très satisfait de ces entretiens, et retourna en Pologne avec très peu d'espoir.

Nous allâmes souvent à Vienne, mais l'Empereur se contentait quelquefois de la traverser quand c'était son plus court chemin. Les acteurs de l'Opéra de Vienne jouaient plusieurs fois par semaine au théâtre de Schœnbrunn. En dehors des officiers, des personnalités civiles de Vienne venaient assister à ces représentations, avec des billets qu'elles avaient sollicités. J'allai une fois au théâtre à Vienne, il s'y trouvait une foule de femmes ; au Prater, je rencontrai quantité de voitures élégantes, remplies de femmes avec les toilettes les plus recherchées, et d'hommes qui semblaient parfaitement indifférents à l'occupation de leur capitale par les Français.

Il n'en avait pas été de même à Varsovie lors de l'occupation de cette ville par les Autrichiens ; le deuil avait été général, depuis les plus riches jusqu'aux plus pauvres. Mais il ne faut pas perdre de vue que l'aristocratie autrichienne avait quitté Vienne avant l'arrivée de l'armée française, et que les habitants restés dans la ville, que j'avais vus au théâtre et à la promenade, étaient surtout des commerçants, probablement juifs. Cependant on me cita les noms de plusieurs dames de l'aristocratie autrichienne qui étaient restées à Vienne et faisaient aux Français le meilleur accueil. Vienne et les environs présentaient l'apparence d'une paix complète. Les commandes des Français occupaient beaucoup d'ouvriers, en particulier des voituriers, et ceux-ci étaient très contents. J'achetai pour mon compte une petite voiture.

Pendant cette période, je fus envoyé encore une fois à Raab, et j'eus à remplir plusieurs missions auprès du maréchal Davoust et du prince Eugène : les ordres que je leur portais m'étaient dictés par l'Empereur lui-même.

En quittant Davoust pour aller à Raab, je trouvai partout notre cavalerie légère qui vivait dans la meilleure intelligence avec les habitants. En plusieurs endroits je vis les soldats français dansant sous les arbres avec les jeunes filles slovaques, et les employés des fermes voisines, costumés en uniformes français, s'amusant avec eux. Nos cavaliers prêtaient leurs uniformes à ces jeunes gens qui s'amusaient beaucoup à ces changements de costumes.

Je trouvais la gaîté partout, et les postillons slovaques, m'entendant parler polonais, mettaient tout leur zèle à me conduire rapidement d'une station de poste à l'autre.

Le 1er juillet, les ponts, solidement construits sur pilotis, étaient terminés.

Le 2, l'Empereur arriva à l'île de Lobau et s'installa sous la tente.

Le 3, le prince Eugène arriva avec son corps. Pour que les Autrichiens ne s'aperçussent pas de son grand mouvement, trois bataillons seulement partirent dans la journée vers Komorn, en colonnes très allongées; le maréchal Davoust exécuta la même manœuvre; il envoya quelques bataillons vers l'Est, le long du Danube. Mais les uns et les autres revinrent à leurs corps respectifs par une route beaucoup plus longue et plus éloignée.

L'île de Lobau avait un aspect superbe : elle est couverte de grands bois et de vastes prairies, mais ne possède ni une maison ni un seul habitant; on y voyait partout à ce moment de jolis hangars construits par les soldats.

Le 3, un vrai déluge de pluie s'abattit sur l'île. L'Empereur ne sortit pas de la journée.

La tente impériale se composait de trois tentes réunies. La première était destinée à notre service, et c'est là que nous couchions. Dans la tente du milieu couchait l'Empereur sur un lit pliant : elle contenait une table également pliante, quelques chaises, et un support avec des anneaux auxquels on accrochait les cartes. La troisième tente était destinée à un secrétaire et à quelques domestiques de l'Empereur.

La pluie tomba toute la nuit. Le matin, quand l'Empereur sortit, il s'approcha d'un vieux grenadier placé à droite de la porte (il y avait toujours deux grenadiers de garde, qui présentaient les armes quand l'Empereur sortait), et lui dit :

— Mon ami, fichu temps!

— Vaut mieux que pas du tout! répondit le grenadier.

Le beau temps reparut dans la matinée du 4.

Le soir 6,000 grenadiers et voltigeurs, portant au bras gauche des brassards blancs pour qu'ils se reconnussent mieux pendant la nuit, s'embarquèrent sur des bateaux réunis à cet effet, et passèrent à droite de l'île sur la rive opposée du Danube.

Ils débarquèrent à droite d'Enzersdorf, sans aucune résistance de l'ennemi, qui s'était préparé à s'opposer à notre passage au point où nous avions jeté le premier pont en marchant à la bataille d'Aspern.

Vis-à-vis de ce point, à portée de canon, les Autrichiens avaient construit une batterie : c'est pour cela que l'Empereur, qui en était informé, avait décidé le passage à trois quarts de lieue plus loin à droite, sur le dernier bras du fleuve.

Aussitôt après le débarquement de ces 6,000 hommes, on jeta les six ponts qu'on avait préparés et à deux heures après minuit, notre armée commençait à les franchir, l'infanterie sur deux ponts à la fois, la cavalerie sur deux autres et l'artillerie sur les deux derniers.

Le départ des têtes de colonnes avait été réglé de telle sorte que le passage s'effectua dans un ordre parfait, et à six heures du matin, six corps étaient passés de l'autre côté du Danube.

Le corps du maréchal Davoust formait l'aile droite, le général Oudinot compris. Les Saxons, commandés par Bernadotte, et l'armée d'Italie (trois corps, mais assez faibles) formaient le centre. Enfin le maréchal Masséna était à l'aile gauche.

La garde impériale, le corps bavarois, et 10,000 Illyriens commandés par Marmont formaient une très forte réserve.

Dans la même journée Baraguey d'Illiers, qui était resté près de Presbourg, et les trois bataillons laissés à Raab se mirent en marche vers l'Est. Trompé par cette manœuvre, l'archiduc Jean se mit en marche de Presbourg à Komorn, en s'éloignant ainsi de l'armée de l'archiduc Charles; cette manœuvre fut cause également que 50,000 hommes de notre armée n'arrivèrent pas à temps pour prendre part à la bataille de Wagram le 6 juillet.

Après le passage de tous les corps d'armée, l'Empereur, croyant que les Autrichiens allaient l'attendre dans les redoutes qu'ils avaient construites entre Aspern et Essling, déploya deux lignes de troupes à droite d'Enzersdorf, pour attaquer l'aile gauche de l'archiduc Charles. Mais celui-ci, à la suite de notre passage du

Danube sur un autre point que celui où il nous attendait, avait abandonné ses lignes fortifiées et pris position sur les hauteurs en arrière de Wagram, en appuyant sa droite au Danube.

A 8 heures du matin, toutes nos lignes commencèrent leur mouvement en avant. Nous n'aperçûmes que la cavalerie ennemie, qui se retirait lentement devant nous.

Nous avançâmes lentement, toujours déployés, pendant toute la journée, ne sachant pas où nous trouverions l'armée autrichienne. Ce n'est qu'à cinq heures du soir que nous aperçûmes les lignes de l'infanterie ennemie, à droite et à gauche, sur les hauteurs de Wagram.

Les Saxons de Bernadotte marchèrent directement sur ce village et y entrèrent au moment où l'obscurité commençait à tomber. En même temps les grenadiers et les voltigeurs d'Oudinot, qui s'avançaient à droite des Saxons, s'approchèrent de Wagram, et trompés par les uniformes de ces derniers, commencèrent à tirer sur eux. Avant que les chefs se fussent aperçus de leur erreur, plusieurs Saxons, non reconnus par les Français, furent tués, le reste se débanda et commença à s'enfuir, si bien que le corps saxon fut tellement disloqué qu'on ne put le réunir de la nuit.

Avant le soir, le maréchal Davoust s'avança

avec l'aile droite vis-à-vis de la gauche autrichienne et commença aussitôt l'attaque. L'Empereur, voyant maintenant devant lui toute l'armée de l'archiduc Charles, envoya l'ordre à tous les corps d'armée de s'arrêter à leur place et de faire la cuisine.

La tente impériale fut dressée sur une douzaine de tambours placés trois par trois l'un sur l'autre, l'Empereur s'y coucha, et nous tous, autour de lui, couchâmes à la belle étoile.

Le 6 juillet, on nous réveilla à trois heures et demie du matin; les valets de chambre de l'Empereur vinrent nous inviter à déjeuner.

A quelques pas de la tente impériale, nous trouvâmes un repas installé sur des schabraques étendues à terre; c'était un vrai dîner de Paris, un potage, une dizaine de plats et des vins variés. La veille, personne de nous n'avait mangé que ce qu'il avait dans sa poche ou ce que les domestiques de l'Empereur avaient pu lui donner par hasard : nous mangeâmes donc avec le plus grand appétit, en plaisantant entre nous, et nous disant que nous ne mangerions probablement pas tous un dîner pareil le lendemain.

Nous restions encore couchés, à la romaine, autour de ce repas, quand les Autrichiens attaquèrent Davoust, c'est-à-dire que leur aile gauche attaqua notre aile droite, en commençant une canonnade formidable. Aussitôt notre armée prit les armes, à la sonnerie des clairons, répétée de régiment en régiment sur toute la ligne. Bientôt le grondement des canons devint assourdissant.

A l'aube, nous étions tous à cheval, attendant sur place.

Devant nous se développait le plus magnifique tableau que j'aie vu de ma vie.

Sur une lieue de large s'étendait l'armée autrichienne, la droite au Danube, la gauche loin au delà de Wagram : notre gauche s'appuyait au Danube, notre droite loin aussi derrière Wagram. Notre armée conservait le même ordre que la veille : le maréchal Masséna à l'aile gauche; à sa droite l'armée d'Italie; derrière elle une seule brigade saxonne, car le reste avait été renvoyé en arrière; Oudinot était placé à droite de Wagram, et Davoust formait l'aile droite; beaucoup plus loin se trouvait la cavalerie légère; une division de cuirassiers suivait le corps de Davoust. Derrière le centre, toute la garde se tenait avec l'Empereur, et un peu loin à droite, derrière le général Oudinot, deux divisions de cuirassiers. En arrière de la garde se trouvaient deux divisions bavaroises (la troisième était occupée au Tyrol), le corps de Marmont et les Saxons qu'on avait reformés après leur débandade de la veille.

L'Empereur comptait probablement sur ces troupes en cas d'approche de l'archiduc Jean ; aussi les avait-il placées assez loin en arrière du gros de l'armée.

L'attaque des Autrichiens sur l'aile droite et sur Davoust n'était qu'une fausse attaque : la véritable attaque avec la plus grande partie des forces ennemies fut dirigée sur notre aile gauche, commandée par Masséna.

A six heures du matin, sur tout le front d'une lieue d'étendue, les détonations de l'artillerie des deux partis faisaient un vacarme comme je n'en avais jamais entendu.

On pouvait voir les feux des pièces sur deux lignes, la première en plaine, du Danube à la droite de Wagram occupée par Oudinot, la seconde sur les hauteurs venant de l'artillerie du maréchal Davoust.

L'Empereur se plaça au centre, derrière l'armée d'Italie ; il avait son cheval blanc et tenait sa lunette à la main ; à côté de lui seulement le maréchal Berthier ; tout près en arrière, deux d'entre nous, et deux chasseurs à cheval, l'un avec une carte et l'autre avec une lunette plus forte.

Lorsque l'Empereur faisait partir un des deux

officiers d'ordonnance, un autre prenait sa place. Car tous les autres, ainsi que les aides de camp du maréchal Berthier, étaient placés en arrière à 150 pas environ pour que la vue d'un groupe important d'officiers n'attirât pas spécialement les coups, qui passaient au-dessus de nos têtes.

Les deux grandes lignes de combattants se rapprochaient toujours. Vers 8 heures, notre aile droite avec Davoust progressait visiblement, et l'aile gauche autrichienne, commandée par le général Rosenberg, se retirait déjà. L'aile droite autrichienne au contraire gagnait du terrain. C'était là que l'archiduc Charles dirigeait l'attaque la plus importante. Après la plus violente canonnade, des colonnes profondes s'avancèrent contre le maréchal Masséna et se jetèrent si intrépidement sur ses troupes, que celles-ci, inférieures en nombre, furent obligées de se retirer dans la direction d'Enzersdorf.

Les Autrichiens les poursuivirent vivement, couverts sur leur flanc gauche par une nombreuse cavalerie. La tête de cette cavalerie, composée de huit régiments de hussards, de dragons et de cuirassiers (les hulans se déployèrent en face de nous), se précipita sur notre cavalerie légère commandée par le général Lassalle : celle-ci, qui depuis le matin avait perdu beaucoup de monde, fut obligée de se replier.

Le général Lassalle fut tué pendant la charge.

Il était évident que l'ennemi dirigeait la plus grande partie de ses forces contre notre aile gauche dans le but de nous couper la communication avec nos ponts, et par un coup décisif, de détruire notre armée ou de la faire tout entière prisonnière. Mais dans ce grand mouvement tournant de son aile droite, il avait trop étendu sa ligne et affaibli son centre.

Lorsque l'Empereur aperçut le corps du maréchal en retraite et déjà en désordre, il partit au galop à sa rencontre. Nous trouvâmes le maréchal près de sa dernière colonne en retraite, il était assis dans sa voiture, car il était malade; malgré cela il restait au plus fort du feu.

L'Empereur lui donna seulement l'ordre suivant :

« Retirez-vous jusqu'aux ponts si les Autrichiens ne s'arrêtent pas; s'ils avancent plus loin, ils mettront bas les armes. »

Après avoir prononcé ces mots, il repartit au galop et revint à la place où il était auparavant, en longeant les lignes de la cavalerie de Lassalle, qui s'arrêtait à chaque instant pour faire front; il passa au galop entre ces lignes et les éclaireurs. Entre cette cavalerie et le corps italien, la brigade de cavalerie saxonne était aussi en retraite, perdant beaucoup de monde par les obus et la mitraille. L'Empereur arrêta cette brigade et lui fit faire front; il tira sa montre et dit au commandant de cette cavalerie : « Je vous demande de rester encore une demi-heure sous ce feu; cette demi-heure passée, le feu cessera. » Puis il revint à sa place primitive.

De là l'Empereur envoya les ordres suivants : aux chevau-légers polonais et aux chasseurs à cheval de la garde, de se porter au trot devant l'armée d'Italie, à l'artillerie de la garde de les suivre au trot, de se déployer à gauche derrière eux et de canonner le flanc des Autrichiens.

Le général Macdonald reçut l'ordre de former des colonnes et de se porter en avant à gauche de Wagram; deux divisions de cuirassiers s'avancèrent derrière lui; l'ordre fut donné au maréchal Davoust d'envoyer la troisième division à la suite des deux autres.

Au moment où l'Empereur confiait le commandement de cette cavalerie au maréchal Bessières, le cheval de celui-ci fut frappé d'un boulet de canon à l'épaule; on croyait le maréchal tué sur le coup, mais il n'avait que des contusions.

Quand le maréchal Bessières tomba avec son cheval, l'Empereur se tourna, fit appeler le général Nansouty, et lui répéta l'ordre qu'il venait de donner au maréchal Bessières. Cet ordre était, lorsque le maréchal Macdonald aurait rompu le centre de la ligne autrichienne, d'achever la victoire avec deux divisions, et avec la troisième qui allait bientôt arriver, se jeter à gauche sur les lignes ennemies qui poursuivaient Masséna. L'Empereur ajoutait que ces colonnes commenceraient bientôt leur retraite sur la rive du Danube, et qu'il le ferait soutenir par la cavalerie de la garde.

Pendant que l'artillerie de la garde tirait, dans l'espace d'une demi-heure, une quinzaine de salves de ses 60 canons, nous entendions faiblir de plus en plus de ce côté le feu de l'artillerie autrichienne. C'est aussi que rien ne pouvait arrêter l'élan de Macdonald, qui se trouvait déjà bien loin, et que les cuirassiers suivaient.

L'Empereur me fit un signe et m'envoya porter aux chasseurs à cheval de la garde l'ordre de soutenir les chevau-légers polonais, et à ceux-ci l'ordre de charger sur tout ce qu'ils rencontreraient devant eux.

Lorsque l'Empereur m'eut donné cet ordre, et que je soulevais mon chapeau comme c'était l'habitude en recevant un ordre de lui, un boulet de canon vint frapper mon chapeau et le jeta à distance (1).

L'Empereur sourit et dit :

« Il est heureux que ne vous soyez pas plus grand ! » et il ajouta qu'après avoir porté ses ordres à la cavalerie de la garde, j'allasse auprès du général Macdonald l'informer que l'aile droite autrichienne s'arrêtait, et même commençait à se mettre en retraite, qu'il poussât donc tout devant lui. Il termina par ces mots : « Restez avec Macdonald et revenez au triple galop (c'était son expression pour dire très vite) me raconter tout ce que vous verrez. »

Un de mes camarades descendit de cheval pour ramasser mon chapeau, il en essuya la poussière ; il n'y avait aucune marque du boulet, dont la vitesse était probablement trop faible.

Je mentionne ici cet incident, pour montrer le sang-froid de l'Empereur, trouvant le

---

(1) Cet incident est rapporté dans le *Journal du maréchal Castellane*, t. II, p. 437 « — 26 juillet 1831. — Les nouvelles de Pologne sont mauvaises. Le général Chlapowski a été forcé de se réfugier en territoire prussien. Je l'ai beaucoup connu lorsqu'il était officier d'ordonnance de Napoléon ; c'est un petit homme, très spirituel, qui l'échappa belle en ma présence à Wagram, où un boulet rasa le haut de son chapeau. »

temps de plaisanter dans un moment si critique.

J'arrivai auprès des chasseurs de la garde, puis auprès des chevau-légers polonais; je remis au général Krasinski l'ordre de l'Empereur. Aussitôt les Polonais chargèrent les hulans de Schwarzenberg et les dragons de La Tour.

Je n'assistai pas à cette charge, car je galopais déjà du côté du maréchal Macdonald, mais j'appris plus tard qu'elle avait parfaitement réussi.

Pendant cette charge eut lieu un incident qui eût pu avoir un résultat défavorable sans la présence d'esprit du chef d'escadron Kozietulski. Les deux premiers escadrons étaient commandés par le major français Delattre, les deux autres par Kozietulski. Delattre avait la vue basse et portait des lunettes. Voyant que les hulans autrichiens, prêts à nous attaquer et présumant trop de leurs forces, se disposaient à tomber sur les chasseurs de la garde en arrière de nous, il commanda : « Demi-tour à droite », comme officier le plus ancien du régiment. Kozietulski aperçut le danger de ce mouvement qui pouvait permettre aux Autrichiens de tomber par derrière sur les Polonais : il fit tout de suite le même commandement, et comme il avait une voix de stentor et possédait la confiance du régiment, nos chevau-légers exécutèrent deux demi-tours de suite, et présentèrent de nouveau le front à l'ennemi, sur une seule ligne. Kozietulski cria aussitôt : « Garde à vous! Pointez! Marche! Marche! »

La charge réussit, et Delaitre remercia cordialement Kozietulski.

On fit prisonniers 150 hulans, avec quelques officiers, parmi lesquels le prince Auersberg, colonel du régiment. Mais nos officiers affirmèrent que les hulans se laissèrent prendre facilement, après avoir reconnu nos compatriotes. Autrement il eût été impossible à un régiment de prendre 150 cavaliers dans une charge sur le champ de bataille entre deux lignes, c'est-à-dire sur une faible distance; il faudrait, pour y arriver, charger sur une longue distance, ou trouver l'ennemi arrêté par quelque obstacle.

La situation des deux armées était maintenant changée : notre aile gauche était tout à fait en arrière, notre centre à près de trois quarts de lieue en avant; l'artillerie et la cavalerie de la garde dans l'intervalle de l'aile gauche et du centre : enfin l'aile droite avait sensiblement progressé.

L'archiduc Charles, voyant que, quoique l'attaque de son aile droite sur Masséna eût réussi, cette aile pouvait être coupée par notre centre, fut obligé d'ordonner la retraite.

Il ne faut pas oublier que lorsqu'on veut envelopper l'ennemi, on s'expose à être enveloppé soi-même, car on lui présente toujours un de ses flancs, c'est-à-dire qu'on se découvre.

En réalité, l'archiduc possédait derrière son centre une forte réserve, qui gêna beaucoup Macdonald; mais voulut-il ne pas trop exposer cette réserve ou bien les progrès vigoureux de Macdonald firent-ils grande impression sur lui? Toujours est-il que lorsque j'arrivai auprès du général Macdonald, celui-ci me dit que les Autrichiens n'avaient pas une seule fois pu résister à ses charges à la baïonnette, et moi-même je les ai toujours vus en retraite, quoiqu'ils eussent dû à tout prix tenir et conserver leur position au centre, jusqu'à ce que leur aile droite, qu'on voyait déjà en retraite, eût pu se dégager.

Macdonald poussait toujours vigoureusement en avant, quoique l'ennemi s'efforçât de l'arrêter par le feu de ses canons.

Je restai plus d'une heure avec Macdonald, espérant toujours pouvoir apporter à l'Empereur quelque nouvelle décisive; mais, sachant qu'il attendait des nouvelles, quelles qu'elles fussent, je retournai lui annoncer qu'on voyait les colonnes autrichiennes en retraite le long du Danube, ce qu'on ne pouvait voir du point où l'Empereur se trouvait, car notre artillerie, notre cavalerie et celle de l'ennemi masquaient la vue de presque toute la gauche du champ de bataille. Par contre, de cette place, on pouvait entendre le bruit de la fusillade et celui du canon s'avancer d'Enzersdorf vers Stadelau, meilleure preuve que les Autrichiens étaient en retraite.

Un de mes camarades revint d'auprès du maréchal Masséna annoncer que les Autrichiens se retiraient complètement et que Masséna les poursuivait. C'était vers 6 heures. Je crois que l'Empereur n'avait pu s'imaginer que l'archiduc Jean se laisserait tromper par la comédie de quelques bataillons manœuvrant du côté de Komorn. C'est pour cela qu'il avait toujours conservé en réserve 40,000 hommes, c'est-à-dire sa garde, le corps de Marmont et les Bavarois.

A 6 heures, le feu s'éloigna sur toute la ligne, les boulets n'arrivèrent plus jusqu'à nous, ni directement, ni par ricochet, quoique le canon grondât toujours très fort comme avant une heure.

Vers 7 heures, l'Empereur m'ordonna de retourner encore une fois auprès du général Macdonald, mais de ne revenir que quand il commencerait à établir son campement. Il n'y avait pas besoin de me presser pour m'y rendre; tous mes chevaux étaient fatigués; je partis au trot et je pus voir quelle quantité de morts jonchaient la terre dans les champs et dans les blés. Je rencontrai aussi beaucoup de blessés qui ne pouvaient se lever et imploraient du secours.

Par-ci par-là des chirurgiens venaient en aide à ces malheureux, mais ils ne pouvaient les secourir tous.

Lorsque j'avais changé de cheval, un des domestiques de l'Empereur avait rempli ma gourde de vin. Je portais cette gourde dans une de mes fontes, pensant qu'en Allemagne un seul pistolet me suffirait.

Je descendis plusieurs fois de cheval pour donner à boire à quelques malheureux; je partageai aussi entre eux le pain et le jambon que j'avais dans la poche de ma schabraque.

J'arrivai près du général Macdonald, en dépassant les trois divisions de cuirassiers qui marchaient tranquillement derrière son infanterie.

Macdonald me dit qu'il n'était pas content de sa cavalerie, et me demanda de répéter à l'Empereur que, si celle-ci avait fait son devoir, on aurait dû faire 30,000 prisonniers!

Quand la nuit commença à tomber, l'infanterie établit son campement près de Stammersdorf. Je revins auprès de l'Empereur vers 10 heures. Je le trouvai prenant son souper avec le maréchal Berthier, devant sa tente confortablement construite et non sur des tambours comme la veille.

Je fis mon rapport, et je fus obligé de répéter ce que Macdonald m'avait dit de la cavalerie. L'Empereur ne fit aucune réponse.

Mes camarades étaient déjà à souper, et je pus à mon tour prendre quelque chose.

Lorsque nous nous comptâmes, il n'y avait qu'un seul de nous tué, Alfred de Noailles, et un seul blessé. La moitié de nos chevaux avaient été tués.

Le lendemain nous fûmes débarrassés d'un de nos camarades, le prince de Salm-Kyrburg. Sa tante était la princesse de Hohenzollern-Sigmaringen, qui avait élevé le prince Eugène de Beauharnais et sa sœur la reine Hortense à l'époque où leur mère les avait abandonnés. La princesse de Hohenzollern habitait Paris depuis longtemps, et le soin qu'elle avait pris du beau-fils et de la belle-fille de l'Empereur lui avait acquis la faveur de Napoléon et ouvert l'entrée de la cour impériale.

C'est sur ses instances, dit-on, que l'Empereur avait pris comme officier d'ordonnance le jeune de Salm-Kyrburg. Il était âgé de vingt ans, très orgueilleux, et portait une étoile et un grand cordon bavarois : il portait ce grand cordon dans les moindres circonstances, et comme prince allemand s'imaginait avoir le droit de se faire rendre les honneurs par les postes, et expliquait l'importance de sa dignité aux officiers de garde, qui naturellement se moquaient de lui. Pendant la bataille de Wagram, l'Empereur l'envoya porter un ordre. Napoléon avait l'habitude, quand il employait un nouvel officier d'ordonnance, de lui faire répéter ses ordres à haute voix pour s'assurer qu'ils étaient bien compris. Salm s'embrouilla-t-il en le faisant ou rapporta-t-il l'ordre impérial tout de travers à l'un des maréchaux? Il fut obligé de s'en aller le lendemain, soit que l'Empereur l'eût renvoyé, soit qu'il en eût assez de ce service; bref, nous ne le revîmes plus. Il fut remplacé par Watteville, officier déjà expérimenté.

Ce fut la première fois que l'Empereur employa un homme comme Salm, qui n'avait servi dans aucune arme. La plupart de ceux qu'il employait sortaient de l'artillerie ou du génie.

Avant leur nomination les aides de camp des généraux devaient avoir servi deux ans au moins dans un régiment, pour être bien au courant du service, et être capables de bien transmettre les ordres et de rapporter exactement tout ce qu'ils pouvaient voir.

A minuit, nous fûmes réveillés par un grand bruit et de grands cris venant de la droite, en arrière du corps du maréchal Davoust. L'Empereur monta à cheval et nous aussi ; plusieurs d'entre nous furent envoyés de ce côté. Au bout de trois quarts d'heure, nous étions tous de retour, l'un après l'autre, avec la nouvelle que de ce côté une masse de soldats s'enfuyaient sans armes, en criant que l'archiduc Jean s'avançait sur eux.

Mais l'Empereur avait envoyé dès le matin, aussitôt après le passage des ponts, une division de cavalerie légère dans la direction de la March (Morawa), du côté de Presbourg, pour observer si l'archiduc Jean cherchait à s'approcher et à faire sa jonction avec l'archiduc Charles. Il avait, en outre, toute sa garde derrière lui. Il fut donc tranquille et se recoucha. La cause de ce bruit venait de soldats qui s'étaient dispersés pendant la nuit pour chercher des vivres pour eux et pour leurs chevaux ; ils avaient rencontré des Bavarois maraudant comme eux, et les entendant parler allemand, étaient revenus en répandant la panique qui était arrivée jusqu'à nous.

Au bout d'une heure, le calme était rétabli partout.

La leçon à tirer de cet incident est que, pendant la nuit et dans le voisinage de l'ennemi, il ne faut pas permettre aux soldats de se disperser pour aller aux provisions. S'il y a nécessité absolue, c'est-à-dire si le soldat n'a rien à manger dans sa poche, il faut former des détachements commandés par des officiers sûrs.

Sous ce rapport, il régnait toujours un grand désordre dans l'armée de Napoléon. Un seul corps faisait exception, celui de Davoust, qui se distinguait toujours par son ordre et sa discipline.

L'armée avait, certes, besoin de repos après la bataille, je n'en fus pas moins étonné que le 7 au matin, l'Empereur n'ordonnât pas de poursuivre aussitôt l'ennemi, comme il le faisait d'habitude. Il ne monta à cheval qu'à 8 heures, se faisant suivre seulement de Fodoas et de moi, de Roustan naturellement, et de deux chasseurs à cheval. Il alla au pas à travers le champ de bataille, jonché d'une quantité de morts; nous rencontrâmes aussi beaucoup de nos soldats grièvement blessés : l'Empereur s'arrêta plusieurs fois auprès d'eux et leur fit donner du vin, du pain et de l'eau-de-vie par Roustan, qui en portait toujours pour lui.

Les ambulances arrivaient pour enlever les blessés, et nous voyions les chirurgiens porter secours à ces malheureux.

Bientôt Roustan répondit à l'Empereur qu'il n'avait plus aucune provision à distribuer aux blessés. Celui-ci prit alors le galop, et se rendit à une lieue de là, au corps du général Macdonald.

Macdonald, voyant de son bivouac l'Empereur qui arrivait, monta à cheval et se porta à sa rencontre. Napoléon lui prit vivement la main et la pressa contre son cœur, en lui disant :

« Macdonald, vous êtes là maintenant : je vous nomme maréchal ! »

Il y avait depuis longtemps, dit-on, de la mésintelligence entre eux, probablement depuis le procès de Moreau.

Tous deux passèrent à cheval devant le front du 10ᵉ régiment d'infanterie de ligne, si je ne me trompe.

Le maréchal Macdonald présenta ce régiment à l'Empereur, en lui annonçant que la veille ce régiment avait marché si courageusement sur les réserves autrichiennes, que, pendant une heure et demie, il avait renversé à la baïonnette tous les régiments ennemis qui voulaient l'arrêter. En récompense de sa bravoure, l'Empereur autorisa ce régiment à porter sur ses guidons (les petits fanions qui servent à tenir la ligne), les mots suivants : « Un contre dix ! » (1).

En quittant Macdonald, l'Empereur se rendit à Stammersdorf, où se trouvaient nos avant-postes. Ce village est la première station de poste à partir de Vienne sur la route de Prague ; il est placé sur un monticule d'où la vue s'étend sur tous les environs.

L'Empereur descendit de cheval et regarda de tous les côtés avec sa lunette. Au bout de peu de temps, il aperçut un petit détachement de cavalerie et quelques soldats à pied qui se dirigeaient sur nous ; il les avait droit devant lui. Les cavaliers étaient un officier et un peloton de chasseurs à cheval envoyés en reconnaissance dès l'aube, les soldats à pied étaient des Polonais, déserteurs de l'armée autrichienne, qui, ainsi que l'officier l'expliqua, étaient sortis des buissons sans armes et s'étaient avancés vers lui en agitant un mouchoir blanc. Il dit à l'Empereur que c'étaient des Polonais.

L'Empereur me dit de leur demander à quel

(1) D'après le *Journal de Castellane* cette devise aurait été donnée au 84ᵉ régiment et non au 10ᵉ. C'est en effet ce qui est indiqué dans l'historique du 84ᵉ régiment. Le 10ᵉ régiment ne prit d'ailleurs pas part à la bataille de Wagram ; il passa toute l'année 1809 dans le royaume de Naples et dans les Abruzzes.

régiment, à quel corps ils appartenaient, où ce corps se trouvait la veille, car ils s'étaient cachés pendant la nuit dans les bois les plus proches d'eux.

Ils me racontèrent qu'il devait y avoir encore beaucoup d'entre eux cachés aussi, car avec les autres Galliciens d'un autre régiment, ils avaient convenu de s'enfuir et de passer aux Français.

L'Empereur leur fit demander s'ils voulaient reprendre du service : « C'est justement pour cela que nous sommes venus, répondirent-ils, car nous savons qu'il y a des régiments polonais dans l'armée française. » Mais pendant cette campagne, il n'y avait à l'armée que le régiment des chevau-légers polonais, et pas d'autre.

L'Empereur me demanda quel était le plus ancien des officiers polonais qui étaient arrivés de Pologne à Vienne, ou se trouvait au quartier général. Je lui répondis que c'était le général Bronikowski, mais qu'il n'était plus dans le service actif : il avait seulement accompagné en ami le prince Joseph Poniatowski ; il avait servi sous les ordres de Kosciuszko, mais ne connaissait pas, à ce que je croyais, les règlements actuels de l'infanterie. Enfin, je dis à l'Empereur qu'il y avait dans le régiment des chevau-légers polonais de la garde un officier très intelligent, Henri Kaminski, qui avait auparavant servi dans l'infanterie.

Je savais qu'il n'était pas en bonne intelligence avec son chef le général Krasinski, et qu'il désirait quitter le régiment.

Je fis connaître aussi à l'Empereur le nom d'un officier de la garde noble gallicienne, qui avait fait le service près de l'empereur d'Autriche et qu'on avait licenciée depuis peu, probablement parce qu'on n'avait pas grande confiance en elle; je lui dis que je connaissais cet officier, Krasicki, et que je croyais qu'il n'était pas étranger aux détails du service militaire.

L'Empereur fit apporter par les chasseurs une table et quelques chaises; chacun des officiers d'ordonnance avait des plumes et de l'encre dans son porte-manteau.

C'est là, à Stammersdorf, le 7 juillet 1809, que l'Empereur dicta le décret de formation du 4ᵉ régiment d'infanterie de la légion de la Vistule (les trois premiers étaient en Espagne). Il nomma le général Bronikowski chef de ce régiment, le lieutenant-colonel Kaminski colonel, et Krasicki lieutenant, dans la première compagnie. Il désigna Augsbourg comme lieu de formation de ce nouveau régiment.

On eut bientôt réuni 3,000 déserteurs; les officiers leur furent envoyés du dépôt de la légion de la Vistule, qui se trouvait à Sedan.

Après avoir dicté ce décret, l'Empereur envoya l'officier d'ordonnance Fodoas chercher l'état-major général.

Quand furent arrivés les escadrons de service, qui n'étaient pas loin, l'Empereur monta à cheval, et tantôt au pas, tantôt au galop, pour que ceux-ci pussent nous suivre, nous arrivâmes à Wolkersdorf, à deux lieues plus loin sur la route de Brünn.

Un assez grand château s'élève dans ce village, et à l'arrivée de l'état-major général, le quartier général y fut installé. La garde impériale se plaça tout autour, et le corps du maréchal Davoust, qui arriva le même jour, traversa la route de Brünn et s'établit en avant de nous. L'aile gauche du maréchal Masséna se mit en marche pour Stockerau.

L'Empereur avait aussi nommé maréchal de France le général Marmont, qui se mit en marche avec les Bavarois en avant de nous.

L'armée d'Italie fut envoyée sur la March vis-à-vis de Presbourg, pour tenir tête à l'archiduc Jean, qui s'avançait maintenant pour faire sa jonction avec l'archiduc Charles. C'était trois jours trop tard. Il est probable qu'à la nouvelle de la bataille de Wagram, il s'arrêta sur la March.

L'Empereur apprit à Wolkersdorf, par un rapport du maréchal Masséna, qu'il avait devant lui l'armée de l'archiduc Charles, qui se retirait de Stokerau vers Znaïm, c'est-à-dire vers la Bohême, et que le seul corps du général Rosenberg, qui avait formé l'aile gauche pendant la bataille de Wagram, se retirait sur Brünn.

L'Empereur envoya alors le maréchal Davoust vers Nicolsburg contre Rosenberg, et le maréchal Marmont à Znaïm par Laa, par la petite route de gauche. Napoléon suivit lui-même ce dernier corps.

De Laa il m'envoya au maréchal Marmont, que je trouvai déjà installé dans une bonne position en face de Znaïm. Marmont y soutint l'attaque de toute l'armée de l'archiduc Charles, sur le flanc de laquelle il s'était placé, et qu'il canonnait pendant sa retraite sur Znaïm.

L'archiduc Charles déploya à droite une partie de son armée, et essaya de déloger Marmont de sa position. Son plan aurait réussi, si une division française n'était arrivée soutenir Marmont et remplacer les Bavarois déjà hésitants.

Une forte pluie tombée depuis le matin favorisait l'attaque des Autrichiens, car les feux d'infanterie de la défense n'étaient pas bien nourris, mais la division française venue d'Illyrie avec Marmont montra la plus grande bravoure, et ne permit pas à l'ennemi de s'approcher des hauteurs.

Le maréchal Marmont me renvoya à l'Empereur en lui demandant du secours.

Je partis ventre à terre, poussant mon cheval tant qu'il pouvait aller, et bientôt j'arrivai près de l'Empereur, que je trouvai dans son bain chaud, se plaignant de violentes douleurs. Il me dit de lui faire sur le papier un croquis de la position de Marmont : mais, quand je commençai à tracer au crayon devant lui les positions des Français et des Autrichiens, il prit brusquement le crayon, me disant qu'il connaissait bien le terrain, et qu'il voulait seulement que je lui montrasse rapidement sur mon papier, que j'avais appuyé sur un livre, les emplacements des troupes; il commençait à les désigner en sortant toujours son bras de l'eau, si bien qu'il trempa le papier et ne put plus rien faire. Il m'ordonna de me rendre sur-le-champ auprès du maréchal Berthier afin qu'il partît sans retard pour Znaïm avec toute la garde; il me dit de changer de cheval et de retourner dire à Marmont que la garde partait à son aide.

Quand je fus revenu auprès du maréchal, je

le trouvai toujours dans ses mêmes positions, la division française en première ligne, les Bavarois derrière, et une brigade bavaroise sur l'aile gauche, où le danger n'était pas grand. Le feu avait déjà cessé; les Autrichiens abandonnaient leur attaque; on pouvait voir au loin leurs colonnes serrées en marche sur Znaïm, et encore plus loin, à gauche de ces colonnes, un grand convoi de bagages se retirant à travers champs.

La pluie tombait toujours, mais moins fort que le matin, et nous laissait voir davantage tous les mouvements des troupes de l'archiduc.

Une partie de sa cavalerie avait traversé Znaïm et se déployait devant notre aile droite, où notre cavalerie légère se déploya également. Les deux forces de cavalerie se regardaient face à face sans rien faire. La terre était tellement détrempée par la pluie qu'il était difficile de charger.

Vers 4 heures de l'après-midi, nous entendîmes une forte canonnade du côté de la route de Stockerau à Znaïm. C'était l'arrière-garde des Autrichiens qui se battait contre l'avant-garde de Masséna qui s'avançait sur Znaïm.

Le maréchal Marmont fit tirer les canons de la batterie placée le plus haut; ce fut un tir sans résultat sur les Autrichiens qui étaient déjà loin, mais il avait pour but d'annoncer à l'avant-garde de Masséna que nous nous trouvions sur le flanc de l'ennemi.

Vers 6 heures arriva le maréchal Berthier avec la cavalerie légère de la garde. L'Empereur arriva aussi, mais en voiture. Il descendit, examina les environs avec sa longue vue pendant quelques minutes, et s'écria : « En avant! »

Le mouvement de la division illyrienne avait déjà commencé; elle se mit à descendre des hauteurs et à marcher sur Znaïm, quand un officier de cavalerie se précipita avec la nouvelle que le prince Jean de Lichtenstein venait de se présenter à notre cavalerie et demandait qu'on annonçât à l'Empereur que l'empereur d'Autriche l'envoyait à lui.

Un quart d'heure plus tard, l'Empereur le reçut dans sa tente, qu'on avait dressée sur le plus haut monticule, sous de superbes cerisiers.

Au bout d'un quart d'heure, le maréchal Berthier sortit de la tente, et envoya des ordres pour arrêter tous les mouvements.

Lorsque le prince de Lichtenstein sortit de la tente centrale, où il se trouvait seul avec l'Empereur et le maréchal Berthier, et entra dans celle où nous nous tenions, bien serrés, parce qu'il y avait avec nous six généraux français, il les salua en appelant chacun par son nom; il les connaissait sans doute depuis les guerres précédentes, et leur serra cordialement la main.

Le prince, accompagné du maréchal Berthier, se rendit à la tente de ce dernier, qui se trouvait à 100 pas de celle de l'Empereur. De l'autre côté se trouvait une troisième tente de même taille que celle du maréchal Berthier, mais toutes deux plus petites que celle de l'Empereur que j'ai déjà décrite.

Cette tente était celle du général Monthyon, sous-chef d'état-major général, qui y avait son quartier avec beaucoup d'officiers de l'état-major général de l'armée.

Le traité d'armistice fut rédigé dans la tente du maréchal Berthier, et signé seulement par lui et par le prince de Lichtenstein (1). On en fit aussitôt plusieurs copies, signées par les

---

(1) M. Casimir Chłapowski, fils de l'auteur des *Mémoires*, nous communique l'anecdote suivante que son père lui a racontée :

« Quand, après la bataille de Znaïm, on s'occupa de l'armistice avec le général Lichtenstein, on vint à parler des batailles qui venaient d'avoir lieu; Masséna s'adressa au prince Lichtenstein d'une manière peu polie. Celui-ci lui riposta : « Monsieur le Maréchal, vous parlez comme un cocher de fiacre. — C'est que je l'ai été, reprit Masséna. — Eh bien, si vous l'avez été, vous devriez l'être encore! répondit le prince. »

mêmes dignitaires, et des officiers d'ordonnance furent envoyés les porter aux corps éloignés.

L'Empereur m'appela, m'en remit un exemplaire, et m'ordonna de partir pour Iglau, quartier général de l'archiduc Charles, afin que celui-ci donnât l'ordre à ses troupes de me laisser passer par Brünn, Olmütz, Cracovie et Varsovie.

D'après les dernières nouvelles de Pologne arrivées à l'Empereur, les Autrichiens avaient quitté Varsovie et étaient en retraite sur Sandomierz.

L'armistice fut conclu le 12 juillet. Le dernier article était ainsi conçu :

« Quant à l'armée de Pologne et de Saxe, les troupes s'arrêteront pour occuper les positions où elles se trouvent. »

Mais il n'était pas expliqué littéralement si ces troupes devaient conserver les positions qu'elles occupaient le jour de l'armistice, c'est-à-dire le 21 juillet, ou le jour de la réception de la nouvelle de l'armistice.

L'Empereur me recommanda de dire au prince J. Poniatowski que s'il ne faisait pas en ce moment ce qu'il désirait pour la Pologne, c'est parce qu'il ne voulait pas offenser la Russie, mais qu'il n'oublierait jamais l'aide que les Polonais lui donnaient, et, appuyant sur le dernier article de l'armistice, l'Empereur ajoutait :

« Si le prince Joseph Poniatowski s'est avancé depuis le 12, il devra s'appuyer sur l'article de l'armistice, en disant qu'il s'agit de la position occupée le jour de la réception ; si au contraire il a dû se retirer, il demandera à reprendre les positions où il se trouvait le 12 de ce mois. »

Je partis avec mon camarade Septeuil, qui devait porter la nouvelle de l'armistice au corps saxon, et au corps westphalien à Dresde.

Nous arrivâmes à hauteur des vedettes autrichiennes ; des sentinelles à pied étaient placées près d'un bois. On nous cria : « Wer da? », mais Septeuil, très vif de tempérament, mit les éperons au ventre de son cheval en s'écriant : « Il manquera son coup ! » et partit au grand galop. Mon cheval prit aussi le galop. Deux fantassins tirèrent sur nous et nous manquèrent ; nous les dépassâmes, mais la grand'garde avait entendu les détonations et nous dûmes nous arrêter.

A ce moment un général autrichien de l'état-major finissait d'inspecter les grand'gardes ; il s'arrêta, reconnut nos uniformes, et nous laissa passer.

Deux officiers, l'un de hussards, l'autre de hulans, se détachèrent de sa suite, s'approchèrent de nous et nous saluèrent en très bon français; l'un d'eux me demanda des nouvelles du général Krasinski, du lieutenant-colonel Kozietulski et de quelques autres officiers polonais de la garde impériale.

Je demandai qui il était à cet officier que les Polonais intéressaient tant; il me répondit que lui et son frère servaient dans le régiment des hulans, qu'ils se nommaient Wojna et étaient Polonais.

J'étais jeune et vif à cette époque, et les uniformes autrichiens portés par des Polonais faisaient sur moi une impression pénible, de sorte qu'au lieu de lui répondre aimablement, je m'écriai : « Eh bien! messieurs, votre place devrait être chez nous et non pas ici »... J'aperçus des larmes dans les yeux de Wojna, quoiqu'il n'eût rien fait de mal en prenant du service dans l'armée autrichienne, puisque son père habitait l'Autriche. La jeunesse doit servir partout, pour faire preuve d'activité et pour apprendre. Peut-être n'ai-je pas bien compris alors cette nécessité.

Nous arrivâmes au quartier général : j'annonçai au général Wimpfen, chef d'état-major de l'archiduc Charles, le but de ma visite, pourquoi j'étais venu et où je devais aller. Il envoya aussitôt à Rosenberg l'ordre de me laisser passer par Brünn et Olmütz jusqu'à l'armée de l'archiduc Ferdinand d'Este.

Septeuil prit la route de Prague; pour moi, je revins par Znaïm et de là à Brünn. Je pris à Znaïm une voiture de poste et m'arrêtai le lendemain près de Pohobitz.

Non loin de cette place, je rencontrai nos avant-postes, puis plus tard ceux des Autrichiens. Un hussard descendit d'une petite éminence et m'arrêta : un sous-officier vint ensuite, il s'entretint avec moi en allemand et se rendit à la grand'garde, d'où un officier arriva et m'emmena avec lui.

Le capitaine des hussards me donna un sous-officier qui m'accompagna au camp du général Rosenberg, qui se trouvait à Medryce.

Arrivé devant le bureau de poste, j'aperçus plusieurs officiers autrichiens qui se promenaient; je donnai à mon sous-officier quelques pièces de monnaie autrichienne en lui demandant d'être assez aimable pour payer la voiture et les chevaux jusqu'à la station suivante, et de me réveiller quand la voiture serait prête; je lui dis que j'avais sommeil et voulais dormir un peu dans la voiture qui nous avait amenés, pendant que le postillon qui nous avait amenés donnerait à manger à ses chevaux.

Je fis seulement semblant de dormir, car le

trajet était court, mais je voulais éviter d'avoir à raconter à ces officiers les événements de la campagne et les détails sur l'armistice, comme j'avais été obligé de le faire avec l'officier de la grand'garde et son capitaine. Je dus plus tard les raconter encore plus longuement au général Rosenberg ou à son chef d'état-major, je ne sais lequel, car je n'osai pas demander à qui j'avais l'honneur de parler.

J'arrivai enfin à Brünn : un officier me conduisit au gouverneur de la place, qui se nommait Lazanski; à ma demande, il répondit qu'il ne savait pas le polonais. Le dîner était justement servi, il m'invita à y prendre part; il y avait plusieurs officiers et il me fallut encore une fois raconter la bataille de Znaïm et l'armistice.

Peu après le dîner, la voiture de poste arriva devant la maison; j'y pris place accompagné d'un officier que j'avais demandé au gouverneur de me donner, car je perdais beaucoup de temps en explications avec les commandants des divers détachements. C'était un homme poli et très aimable, nommé Bredow. Nous devînmes rapidement de vrais amis, et je lui confiai sans cérémonie l'argent pour payer les frais de poste et les pourboires des postillons.

Nous arrivâmes à Olmütz à minuit; les portes

étaient fermées. M. Bredow partit seul à la grand'garde, mais deux heures se passèrent avant son retour. Il revint enfin avec une nouvelle voiture, un postillon et un attelage nouveaux, qui nous conduisirent par les champs autour de la ville.

Je ne sais si mon officier avait reçu des instructions à Brünn pour agir de la sorte, ou si le commandant d'Olmütz était assez stupide pour m'empêcher de traverser cette place forte pendant la nuit, alors qu'il était impossible d'y rien distinguer.

Enfin le 15, à 11 heures, nous arrivâmes à Wadowice, où se trouvait le quartier général de l'archiduc Ferdinand, qui arriva bientôt pour s'y installer. Il me fit monter au premier, où un de ses officiers lui montrait ses chambres.

L'archiduc lut la copie de l'armistice que je lui remis; il m'invita à déjeuner, me demanda mon nom et me dit qu'il se sentait bien malheureux d'être désigné pour combattre contre des Polonais, car c'est une nation pour la cause de laquelle il aurait voulu combattre; il ajouta :
« Autant j'ai désiré combattre contre les Français qui nous oppriment, autant c'est à contrecœur que j'ai accepté le commandement de troupes contre vous, Polonais, dont je considère la cause comme juste : je n'ai pas de chance

avec votre pays! » Il n'y avait au déjeuner que le colonel Neuperg, qui remplaçait le chef d'état-major, malade ou tué peut-être.

Je fus obligé de raconter à l'archiduc tous les incidents de la bataille de Wagram, qu'il connaissait déjà dans les grandes lignes, mais il ne savait rien encore du combat de Znaïm, aussi m'en demanda-t-il tous les détails. Le colonel Neuperg parlait toujours beaucoup plus que l'archiduc et me parut un grand fanfaron.

L'archiduc Ferdinand d'Este était un homme modeste, simple et très bien élevé.

Après le déjeuner, et après avoir donné toutes les explications qu'on me demandait, je voulus prendre congé de l'archiduc et le priai de me donner une ordonnance, un officier ou un ordre écrit pour que ses patrouilles me laissassent passer dans mon trajet vers Cracovie.

Il me dit lui-même que le prince Poniatowski était entré dans cette ville le même jour que les Russes, ou un peu avant eux, et l'avait occupée. Cependant l'archiduc hésitait, me demandait d'attendre encore; enfin, sur la représentation que je lui fis que l'Empereur des Français ne permettait pas à ses officiers de perdre leur temps, malgré le plaisir que j'aurais eu à rester et la bienveillance dont lui-même m'honorait, il me dit carrément qu'il ne pouvait pas me permettre d'aller plus loin ; quoiqu'il vît la signature du chef d'état-major de l'archiduc Charles, il me garderait jusqu'à ce qu'un officier de l'état-major général autrichien lui apportât l'ordre officiel relatif à l'armistice.

Quatre heures après mon arrivée un officier vint de la part de l'archiduc Charles apporter les mêmes ordres que moi. Alors l'archiduc Ferdinand me donna congé; l'officier qui devait m'accompagner était déjà désigné, la voiture de poste prête depuis deux heures.

L'archiduc me dit en me congédiant : « Vous voyez, monsieur, que je croyais à la vérité des nouvelles que vous m'apportiez, car j'avais donné l'ordre de tout préparer pour votre voyage. Mais je ne pouvais vous laisser partir sans avoir reçu l'ordre de mon supérieur. Venez me voir, s'il vous plaît, quand vous reviendrez. »

Je me mis aussitôt en route avec mon nouveau compagnon. Dans les champs à gauche de la ville, deux régiments de cuirassiers autrichiens installaient juste à ce moment leur camp. Ils me parurent être en très bon état. Derrière eux était un régiment de hussards. Je remarquai que les régiments de cuirassiers étaient moins nombreux que les régiments de hussards. L'infanterie, déjà campée, allumait ses feux.

Le dernier escadron de ces hussards était posté

à Izdebnik; mon compagnon communiqua ses ordres au chef de cet escadron, et bientôt nous dépassions les vedettes autrichiennes. Une demi-heure plus tard, vers Mogilang, à droite de la grande route, nous aperçûmes sur un sentier des paysans polonais emmenant vers le village quelques fantassins autrichiens après leur avoir pris leurs fusils. Je remarquai que ce spectacle faisait une impression pénible sur mon compagnon. Bientôt après un lancier polonais de notre 6ᵉ régiment arriva au grand galop et s'arrêta près de notre voiture. Le soir arrivait déjà; je laissai glisser mon manteau de mes épaules, pour qu'il reconnût un uniforme français.

J'avais eu l'idée de laisser mon compagnon à la dernière grand'garde autrichienne, mais il m'avait demandé de le garder jusqu'à Cracovie et de le remmener avec moi, si cela ne me dérangeait pas. J'y avais consenti, pensant qu'il y était autorisé par l'archiduc. Mais quand nous arrivâmes à Podgorze, faubourg de Cracovie, où commandait le colonel Dziewanowski, celui-ci ne voulut jamais laisser passer mon officier autrichien jusqu'à la ville; je fus obligé de prendre congé de lui et de le laisser.

Il me serait impossible de décrire les sentiments qui s'emparèrent de moi en approchant de Cracovie, débarrassée des étrangers. Du faubourg de Podgorze, on pouvait voir nos soldats se promenant dans les rues bras dessus bras dessous avec les habitants, et tous s'embrassant. Je fus heureux aussi d'y voir Wielopolski, cousin de ma mère.

Quand je m'arrêtai sur la place du marché, aussi bien éclairée que le reste de la ville, j'appris que le prince Poniatowski se trouvait à un bal donné en son honneur par les habitants, dans une grande salle à Sukiennice. Je préférai me rendre à son quartier à Krzysztoporg, et je demandai à un officier qui se trouvait là d'aller prévenir le prince que j'arrivais de la part de l'empereur Napoléon.

Le prince arriva sans délai. Je dus lui raconter pendant deux heures les incidents des batailles de Wagram et de Znaïm; lui, de son côté, me raconta les détails de sa marche sur Cracovie et son entrée, le matin de ce même jour, dans la ville. Le prince me dit que l'archiduc Ferdinand lui avait envoyé un parlementaire, le priant d'attendre deux jours, c'est-à-dire lui demander 48 heures d'armistice, pour qu'il pût enlever de Cracovie ses blessés et ses bagages. Le prince y avait consenti pour éviter à la ville les souffrances d'une occupation de vive force. Il s'arrêta donc pendant deux jours à une demi-lieue de Cracovie, et au bout du deuxième jour, c'est-à-dire le jour même de mon arrivée, l'armée polonaise se forma en bataille en grande tenue, et le prince à la tête de tout son état-major, et sans aucune escorte en avant de lui, s'avança au pas vers la ville. Mais en arrivant à la porte de Saint-Florian, il aperçut des cosaques qui firent mine de lui barrer le passage. L'archiduc, obligé d'abandonner Cracovie, en avait fait part au prince Galitzin, qui était en marche, venant de Tarnow avec 30,000 Russes : il venait soi-disant comme allié de Napoléon, mais il n'était pas sincère, car non seulement les Russes ne se battirent pas contre les Autrichiens, mais ils étaient en réalité leurs alliés. Il est probable que l'archiduc, en annonçant au prince Galitzin sa retraite de Cracovie, lui avait proposé d'occuper la ville. Le général russe y envoya à marches forcées une brigade de cavalerie légère et un régiment de cosaques. Ce même général avait convenu avec le prince Poniatowski que l'armée polonaise avancerait par la rive gauche de la Vistule, et l'armée russe par la rive droite. En raison de cet arrangement, le prince avait fait retirer son détachement qui occupait déjà Lemberg ; par conséquent Galitzin, en entrant à Cracovie, avait rompu ces conventions.

Aussi le prince Joseph somma-t-il le chef des cosaques qui occupaient la porte de se retirer :

sur sa réponse qu'il ne pouvait le faire, ayant reçu l'ordre de l'occuper, le prince tira son sabre du fourreau, partit au galop avec son état-major et se précipita sur la porte au milieu des cosaques, pendant que l'infanterie, doublant le pas, avançait si vite que les cosaques furent pressés contre les murs du passage. Le régiment russe des hussards de Mariampol était placé dans le marché : il n'offrit aucune résistance et notre armée entra dans la ville. Les hussards se serrèrent contre les maisons d'un côté du marché, et un conflit sanglant fut évité.

Après deux heures de conversation, le prince se retira dans sa chambre, et moi, profitant de sa permission, je m'endormis pendant quelques heures sur le canapé de la pièce de réception.

De bon matin, je me rendis chez le général Dombrowski, qui avait son quartier dans la maison de Mme Michalowska, née Wielopolska. J'y trouvai le général Mielzynski, qui me donna une de ses chemises pour que je pusse changer la mienne, car en partant de Znaïm je n'avais pas eu le temps de faire mettre ma garde-robe dans ma voiture. J'y trouvai également le prince Henri Lubomirski, que j'accompagnai chez Mme Wielopolska et chez les margraves Wielopolski.

Un officier envoyé par le prince Poniatowski

vint me chercher pour aller sur-le-champ chez le prince. Je trouvai chez lui les généraux Fiszer, Rozniecki et Sokolnicki, ainsi que des officiers de l'état-major du prince.

Le prince venait de recevoir par les avant-postes une lettre de l'archiduc Ferdinand lui demandant d'évacuer Cracovie en vertu de l'article de l'armistice prescrivant de s'arrêter dans les positions occupées le 12. Le prince et ses généraux étaient fort embarrassés de cette demande et ne savaient quel parti prendre.

Le prince me fit l'honneur de me demander conseil, car, ayant été présent à l'état-major impérial au moment de la rédaction de l'armistice, il pensait que je devais savoir comment cet article devait être interprété. Je répondis que la ville de Cracovie avait une telle importance que l'on n'avait pas le droit de l'abandonner sans un ordre formel de l'Empereur. Je ne voulus pas répéter les instructions que l'Empereur m'avait données au sujet de cet article. Je préférai garder le silence, l'Empereur ne m'ayant pas ordonné de les répéter d'une manière précise au prince Joseph ; je lui fis part seulement de mon appréciation personnelle, surtout après avoir remarqué qu'il était moins hésitant que les généraux présents.

Le prince ordonna d'écrire immédiatement à

l'Empereur pour lui demander ses ordres; mais, jugeant que les Autrichiens ne laisseraient pas passer un de ses officiers par la route directe, par Olmütz et Brünn, il me demanda si je pouvais retourner de suite près de l'Empereur.

J'y consentis volontiers, mais je le priai de garder copie de l'armistice et d'envoyer l'exemplaire que je lui apportais au général Galitzin à Tarnow.

Je n'avais aucun ordre à cet égard, mais j'étais convaincu que si l'Empereur avait su Galitzin et ses Russes aussi près, il lui eût envoyé un officier avec un exemplaire du traité.

Le prince fit immédiatement faire une copie du traité qu'il envoya à Galitzin par un de ses aides de camp.

Le dîner était annoncé, mais je demandai au prince de m'excuser et de me permettre d'aller dîner chez ma cousine Mme Vincent Wielopolska. Grâce aux soins d'un aide de camp du prince, une voiture se trouvait déjà à la porte de la maison de ma cousine.

Je partis à trois heures de l'après-midi et j'arrivai à 8 heures à Wadowice devant le quartier général de l'archiduc Ferdinand. Pendant le trajet, je remarquai que les troupes autrichiennes campées entre Izdebnik et Wadowice étaient déjà plus rapprochées de Cracovie.

Lorsque je me trouvai devant l'archiduc Ferdinand, je lui représentai que s'il voulait entrer à Cracovie, le prince Poniatowski défendrait la place, avec le concours des habitants, dont il avait la confiance et qui le soutiendraient vigoureusement. Les Cracoviens avaient reçu si chaleureusement l'armée polonaise, ajoutai-je, qu'ils se défendraient coûte que coûte. Il ne pouvait être d'ailleurs question que de la défense de Podgorze, car l'archiduc ne pourrait aller plus loin; dans le cas le plus défavorable pour les Polonais, s'ils devaient abandonner le faubourg de Podgorze, ils détruiraient le pont sur la Vistule en se retirant.

Enfin, ajoutai-je encore, il serait très probable que l'engagement aurait lieu de ce côté-ci de la Vistule, car le prince Poniatowski, considérant le traité avec Galitzin comme rompu par suite de l'arrivée des Russes à Cracovie, avait placé son armée sur la rive droite de la Vistule.

En terminant, je dis que je portais à l'Empereur une lettre du prince Poniatowski, qui ne pouvait abandonner Cracovie sans un ordre formel de l'Empereur.

Il me parut que l'archiduc n'était pas mécontent de mes explications, dont Neuperg au contraire me sembla fâché.

Au bout d'une demi-heure, une autre voiture

arriva devant le quartier de l'archiduc : j'y montai et me remis en route.

Je fus obligé d'attendre deux grandes heures devant le glacis d'Olmütz, où se trouvait la grand'garde; enfin l'officier arriva avec la voiture de poste, et je fus encore conduit autour de la place; cette fois c'était pendant le jour. Si l'on voulait avoir en un temps très court une idée de l'état d'une forteresse, ce serait certainement plus facile en la contournant à l'extérieur qu'en la traversant. L'officier qui m'accompagnait était d'accord avec moi sur ce point, et trouva la précaution bien inutile.

Olmütz est une vieille forteresse, et l'Empereur, qui se trouva en 1805 dans les environs, devait en posséder un plan détaillé.

A la dernière station de poste, Stammersdorf, je ne pus trouver de voiture, et je fus vraiment content de n'avoir pas à m'occuper de bagages.

Je montai à cheval, et traversant en hâte les ponts de Vienne, j'arrivai à Schœnbrünn. « Où est l'armée polonaise? me demanda l'Empereur. — A Cracovie, Sire, répondis-je. — Oh! comme la mère patrie se réjouit! me répliqua-t-il en réponse. »

Puis l'Empereur me questionna en détail; mais quand je lui appris que la brigade russe était entrée à Cracovie, il ne pensa plus qu'au corps russe de Galitzin.

Je fus obligé d'avouer que je n'étais pas allé auprès du général Galitzin, mais qu'un officier polonais lui avait porté un exemplaire du traité d'armistice.

L'Empereur, très mécontent, m'envoya prendre les arrêts, répétant à plusieurs reprises :

— Lorsque j'envoie un officier, c'est pour qu'il sache tout. Surtout dans ce cas, vous deviez savoir quel intérêt aurait eu pour moi un rapport sur le corps moscovite.

Je sortis, et rentrai dans ma chambre très déconfit. J'étais tellement fatigué que je m'endormis aussitôt.

Le lendemain, vers 10 heures, un de mes camarades vint me chercher pour déjeuner. Je me rappelai que j'étais aux arrêts, et lui demandai de s'informer auprès du général Savary, qui remplaçait Caulaincourt (de qui nous dépendions au point de vue administratif), si j'étais aux arrêts ordinaires ou forcés.

Le général Savary posa la question à l'Empereur, et bientôt mon ami Talhouët revint me dire que l'Empereur avait levé mes arrêts. Aux arrêts ordinaires, l'officier garde ses armes, mais ne sort que pour déjeuner et dîner; aux arrêts forcés, il rend son sabre et il lui est défendu de sortir.

Pendant mon voyage, j'avais très peu mangé; de retour à Schœnbrünn, je ne pus plus rien prendre du tout, il me semblait que je ne pouvais rien avaler. La vie irrégulière que j'avais menée pendant plusieurs mois, la nourriture toujours froide, surtout pendant mes voyages, avaient débilité mon estomac.

Je fus obligé de demander conseil à Ivan, médecin ordinaire de l'Empereur. Il m'ordonna de boire une tasse de tilleul avant chaque repas, puis, quand la crise d'estomac fut calmée, de faire une cure de lait d'ânesse. Je suivis ce traitement à Paris après la signature de la paix.

Nous séjournâmes à Schœnbrünn encore quatre semaines, pendant la durée des préliminaires du traité de paix. La vie y était peu accidentée. L'événement le plus important de cette période fut l'attentat à la vie de l'Empereur tenté par un étudiant allemand, et non autrichien. Il arrivait de l'Allemagne du Nord pour accomplir son dessein; il s'introduisit au milieu des spectateurs auxquels on permettait l'accès de la cour du château pour voir les revues qui y avaient lieu chaque jour. Un gendarme d'élite l'appréhenda juste au moment où, sortant de la foule, il se dirigeait vers l'Empereur, la main droite cachée dans son manteau, sur sa poitrine; on trouva sur lui un grand couteau. Il avoua qu'il voulait tuer l'Empereur qui était le tyran de l'Allemagne. Après quelques jours consacrés à l'instruction de cette affaire, il fut fusillé ou pendu.

Nous voilà enfin de retour à Paris. Au bout de six semaines ma santé se rétablit et je partis retrouver l'Empereur à Rambouillet.

C'est là qu'il résidait depuis son divorce avec l'impératrice Joséphine; il voulait se remarier dans le but de laisser après lui un héritier au trône de France.

Deux de nous étaient toujours de service à Rambouillet. Un jour l'Empereur nous fit appeler tous deux :

« Je vous envoie en mission à Saint-Pétersbourg, me dit-il, et vous, ajouta-t-il en se tournant vers Fodoas, à Madrid. »

J'étais étonné qu'il m'envoyât en Russie, et j'osai lui faire l'observation suivante :

— Comment! Sire, moi, un Polonais, à Saint-Pétersbourg?

— Vous avez raison, répondit l'Empereur. Allez à Madrid chez mon frère !

Je reçus, pour cette mission, une instruction détaillée, écrite sous la dictée de l'Empereur par son secrétaire Fain. L'Empereur fit seulement changer mon nom; un moment plus tard, il me donna encore d'autres instructions verbales.

Je rentrai à Paris reprendre ma garde-robe, car ma mission n'était pas absolument urgente. Toutefois la nuit même j'étais en route pour l'Espagne.

De Bayonne, Vittoria, Burgos et Madrid, j'envoyai directement à l'Empereur par les estafettes militaires des rapports sur l'état de nos forces.

J'annonçai au roi Joseph que l'Empereur ne viendrait pas en Espagne pour le moment, mais qu'il désirait que l'on donnât des ordres pour se porter en avant, car l'armée espagnole s'approchait de Madrid.

Cette armée fut battue à Occana.

C'est la division polonaise, composée des 2, 4, 7e et 9e régiments d'infanterie du duché de Varsovie, qui décida l'heureuse issue de cette bataille. Les colonels de ces régiments étaient Potocki, Sobolewski, et le prince Sulkowski pour le 9e, dans lequel j'avais servi en 1806 et 1807. Le régiment de lanciers polonais de la légion de la Vistule, avec le colonel Konopka, se jeta sur le flanc de l'infanterie espagnole en retraite. J'ignore si c'est ce régiment qui a fait tant de prisonniers, ou si on a réuni ensemble tous les prisonniers espagnols, toujours est-il qu'un détachement de ce régiment amena à Madrid près de 10,000 Espagnols pris à Occana.

A mon retour, je ne trouvai pas l'Empereur à Paris, mais à Compiègne, où il attendait l'arrivée de l'archiduchesse Marie-Louise; le maréchal Berthier l'avait épousée par procuration au nom de l'Empereur sur la frontière autrichienne, et l'amenait à Compiègne, accompagnée de la reine Caroline Murat.

Je fus constamment de service à Compiègne.

Une semaine après l'arrivée dans cette ville de l'archiduchesse, la cérémonie du mariage eut lieu à Paris dans la plus grande pompe, dans la galerie du Louvre. La traîne de la robe de la jeune impératrice était portée par six princesses couronnées : la reine d'Espagne, la reine de Naples, la reine de Westphalie, fille du roi de Wurtemberg, la reine de Hollande, la vice-reine d'Italie, fille du roi de Bavière, et la princesse Élisa Bacciochi, sœur aînée de l'Empereur.

Les rois et les princes allemands se trouvaient aussi à Paris, y compris le roi de Saxe, en même temps duc de Varsovie, le plus honnête et le meilleur des hommes. Les bals de la cour, les bals chez les grands dignitaires de l'Empire, se succédaient sans interruption. L'ambassadeur d'Autriche, le prince Schwarzenberg, fit élever dans le jardin de son hôtel une salle de bal superbement décorée. Le bal commença à 11 heures. A minuit une tenture de gaze prit feu, et la salle fut en flammes en un instant. Le prince Schwarzenberg et le corps diplomatique entourèrent l'Empereur et l'Impératrice, et réussirent à les faire sortir, mais les invités se précipitèrent vers les portes en désordre, plusieurs furent renversés, de sorte que des femmes et l'ambassadeur de Russie Kurakin furent grièvement brûlés. La princesse Schwarzenberg périt, et plusieurs personnes moururent quelques jours plus tard de leurs blessures.

Le prince Kurakin était un prince extrêmement riche. Il avait été choisi comme ambassadeur à cause de sa fortune qui lui permettait de représenter. Les affaires diplomatiques de l'ambassade étaient conduites par Nesselrode, que je rencontrais presque tous les soirs dans les salons.

L'ambassade russe comprenait en outre Krüdener, le fils de la célèbre Mme Krüdener, et Boutiakin, de l'Ukraine, que je connaissais bien tous deux. Ce n'étaient pas de vrais Russes, aussi jugeaient-ils les affaires avec calme et lucidité. Je connaissais aussi le pope de l'ambassade; je ne sais si c'était un bon théologien, mais il semblait un brave homme; je le priai de me donner des leçons de russe, et il venait chez moi trois fois par semaine. Je voyais alors souvent les Russes, comme je les vis plus tard dans la seconde période de ma vie, et j'étudiai la langue russe, dans la pensée qu'elle pourrait m'être utile pendant la guerre qui ne pouvait tarder.

Un mois après son mariage, l'Empereur nomma ses officiers d'ordonnance lieutenants-colonels, et nous donna à tous des commandements dans des régiments. Je fus nommé au régiment des chevau-légers polonais de la garde impériale.

L'Empereur nous conserva le privilège que nous avions auparavant comme officiers d'ordonnance, de pouvoir entrer chez lui le matin, pendant le temps où l'Empereur donnait les ordres pour la journée.

Après avoir reçu mon brevet pour la garde impériale, je me rendis le lendemain matin près de l'Empereur, et lui demandai de me permettre de servir dans le régiment de lanciers polonais de la Vistule commandé par le colonel Konopka. L'Empereur me demanda pourquoi? Je lui répondis que c'était parce que ce régiment était en campagne, et le régiment de chevau-légers à Chantilly.

Il me répondit :

« La garde aura à se battre, et je veux que vous ne soyez pas loin de moi. »

Je n'avais pas autre chose à faire qu'à remercier l'Empereur et à rentrer à Chantilly.

Le général Krasinski, commandant le régiment, fut très aimable pour moi pendant tout mon séjour dans cette ville.

Nous faisions le service par semaine, à deux seulement, Kozietulski et moi, car à ce moment Thomas Lubienski était à Sedan, à organiser un nouveau régiment de lanciers polonais de la légion de la Vistule, qui prit le n° 8 des lanciers dans l'armée française. Stokowski fut nommé colonel en remplacement de Konopka promu général.

Six régiments de dragons français furent transformés en lanciers ; le régiment de Konopka prit le n° 7, celui de Lubienski le n° 8.

En général je passais une semaine à Chantilly et une autre à Paris : souvent, pendant l'hiver, Kozietulski me remplaça pendant ma semaine, de sorte que je pouvais rester longtemps de suite à Paris.

Je demeurais chez les Caraman, mes bons amis, j'avais chez eux mes chevaux et ma garde-robe, et quand mon régiment vint passer une revue à Paris, j'allai seulement à sa rencontre à la barrière pour entrer en ville avec lui.

C'est ainsi que se passa pour moi l'hiver de 1810 à 1811. Au commencement du printemps les exercices et les manœuvres recommencèrent, et je ne quittai plus Chantilly.

Au mois de septembre 1811, je reçus l'ordre de prendre 150 chevau-légers et 150 chasseurs de la garde et de me rendre avec eux à Boulogne-sur-Mer, où l'Empereur devait venir. Il y arriva.

Une division se trouvait à Boulogne, dans le camp d'où l'armée était partie en 1804. C'est cette armée, prête à s'embarquer pour envahir l'Angleterre, qui changea de destination et partit à Ulm et Austerlitz, et en 1806 se trouva à Iéna. Il y avait toujours à Boulogne quelques centaines de vaisseaux destinés au transport des troupes en Angleterre.

La division manœuvra devant l'Empereur. Puis celui-ci s'embarqua sur un bateau, en m'ordonnant de prendre avec moi 50 chasseurs, et fit prendre la mer à toute la flottille. Depuis le matin la mer était absolument calme ét les transports pouvaient avancer à la rame, mais vers midi le vent d'Ouest se leva; trois navires anglais se montrèrent, une frégate et deux bricks; ils déployèrent leurs voiles, et s'avancèrent sur Boulogne tellement vite qu'ils arrivèrent en arrière de nos derniers transports et en capturèrent deux, chargés chacun de 40 hommes.

Nous étions déjà dans le port avec l'Empereur,

car dès que le vice-amiral français avait aperçu au loin des navires anglais, il avait donné l'ordre à toute la flottille de rentrer au port.

Vingt-cinq cavaliers escortèrent l'Empereur de Boulogne à Flessingue, où se trouvaient quatorze vaisseaux de ligne et quatre frégates. Nous restâmes sur la côte. L'Empereur passa une nuit sur le vaisseau de ligne « la Ville de Varsovie ». Le lendemain il visita tous les vaisseaux, et après dîner, partit pour Anvers, où nous arrivâmes deux jours plus tard! nous y restâmes deux jours, puis nous partîmes pour Amsterdam, en devançant le cortège impérial. Pendant ce temps Kozietulski arrivait avec son détachement; je le rejoignis à Utrecht, et lui remis le commandement, comme officier le plus ancien.

L'Empereur, escorté de notre escadron et de celui des chasseurs à cheval, inspecta le littoral jusqu'à Texel et Helder, d'où il rentra à Amsterdam. Nous continuâmes notre route par Nimègue jusqu'à Düsseldorf où l'Empereur séjourna quelques jours; puis il rentra à Paris. Nous y revînmes aussi par Aix-la-Chapelle et Liège. Pendant tout ce voyage, excepté à Boulogne, l'Empereur était accompagné de l'Impératrice, qui était venue directement de Paris à Anvers.

L'hiver de 1811 à 1812 se passa pour moi

comme le précédent; j'étais presque toujours à Paris.

On parlait beaucoup de la guerre avec la Russie, mais elle ne fut décidée qu'au mois de mai.

Nous reçûmes l'ordre de partir, et nous mîmes en route pour Posen, par Reims, Verdun, Mayence, Dresde et Glogau.

CHAPITRE IV

L'HIVER AVANT LA GUERRE DE 1812

Bals et soirées. — Les membres de l'ambassade russe. — Czernizzew. — La guerre avec la Russie. — En route pour Posen. — Réception du régiment chez mon père à Turwia. — Séjour à Wilna.

Nous passâmes très gaiement à Paris l'hiver de 1811 à 1812.

A son retour de Hollande, l'Empereur voulut donner des distractions à sa femme, beaucoup plus jeune que lui; aussi y eut-il beaucoup de bals, soit aux Tuileries, soit chez les sœurs de Napoléon, soit chez la reine Hortense, qui portait encore le titre de reine de Hollande, quoique ce pays fût déjà réuni à la France. Par un ordre étrange de Napoléon, ce royaume avait été supprimé : c'était en effet un étrange calcul, car comment les habitants pouvaient-ils avoir de l'estime pour des monarques que l'Empereur nommait aujourd'hui, qu'il chassait le lendemain de leurs trônes, ou déplaçait sur d'autres trônes comme de simples fonctionnaires?

CHAPITRE IV

Après les bals chez l'Empereur et chez les membres de la famille impériale, les soirées et les réunions les plus belles étaient données par les ministres français et les ambassadeurs étrangers. C'est ainsi qu'avait eu lieu le grand bal de l'ambassadeur de Russie Kurakin, quoiqu'on parlât déjà de la guerre avec la Russie. L'Empereur Alexandre ne voulait pas ou ne pouvait pas observer les conventions du traité d'Erfurt, dont l'article le plus important était la fermeture des ports russes au commerce anglais. Je connaissais plusieurs des membres de cette ambassade : le prince Kurakin était un riche boyard, chargé seulement, comme je l'ai dit, du côté représentatif : la vraie tête de l'ambassade était Nesselrode, que je rencontrais souvent dans des réunions intimes. C'était un homme intelligent, plein d'esprit, qui représentait à tout le monde que la Russie avait absolument besoin du commerce de l'Angleterre, et qu'il était impossible à l'empereur Alexandre de lui fermer les ports russes.

Un autre membre de l'ambassade, dont j'ai déjà cité le nom, M. Boutiakin, était plus jeune que Nesselrode; il était très aimable pour moi, et m'affirmait qu'il appartenait à une vieille famille lithuanienne, que ses parents possédaient des biens en Ukraine, et qu'il se considérait plutôt comme Polonais que comme Russe. J'avais aussi les meilleures relations avec le jeune Krüdener, de la même ambassade; c'était le fils de la célèbre Mme Krüdener, qui eut plus tard une si grande influence sur l'empereur Alexandre.

Je ne dois pas oublier Czerniszew, car il a fait beaucoup parler de lui à cette époque; il réussit à démoraliser deux pauvres secrétaires du ministère de la guerre, et leur acheta à prix d'argent les états de tous les corps de l'armée française. En possession de ces documents, il s'enfuit si rapidement que les dépêches envoyées pour l'arrêter à la frontière n'arrivèrent que quand il était déjà de l'autre côté. Très habile pour mener une pareille affaire, Czerniszew que nous n'avions vu qu'un moment au feu, à Aspern, en 1809, a laissé parmi nous un bien triste souvenir et bien peu flatteur pour un officier.

Pour en finir avec les Russes que j'ai connus à Paris, j'ai encore à parler du pope qui me donnait des leçons de russe. Certainement son gouvernement, ayant à envoyer un prêtre russe à l'étranger, avait choisi un de ses meilleurs popes. Il possédait de l'esprit naturel, mais n'avait absolument aucune culture, c'était un ignorant.

Au mois de mai, la guerre avec la Russie semblait tout à fait certaine.

Nous quittâmes notre garnison de Chantilly dans les premiers jours de mai, et nous rendîmes à Reims, puis à Verdun, où les Anglais en résidence dans la ville avaient contracté une telle amitié avec nos officiers, qu'ils souhaitaient la victoire aux Français et non aux Russes, pour que notre patrie fût reconstituée.

Je fis connaissance avec lord Blanche, lord Bogle, et plusieurs autres Anglais.

De Verdun nous allâmes par Longwy à Luxembourg, place forte très importante, qui demande une nombreuse garnison. C'est là que le général Konopka se joignit à nous. A partir de là le pays devient très beau, surtout aux environs de Trèves.

A Mayence je pris la poste. J'allai à Dresde où se trouvait ma sœur et nous partîmes tous deux pour Turwia où je restai dix jours. Je rejoignis mon régiment à Glogau, et nous allâmes à Wschowa.

L'état-major et tous les officiers du régiment descendirent à Turwia chez mon père, et nous dansâmes toute la nuit.

Nous arrivâmes à Posen dans les premiers jours de juin.

Je pensais qu'il était déjà bien tard pour

entamer une campagne contre les Russes cette même année; en effet les corps commençaient seulement à se rassembler. Le corps prussien marchait du côté de la Baltique, par conséquent à l'aile gauche de l'armée, et le corps autrichien formait l'aile droite.

Une expédition commencée si tard en saison, et les emplacements des différents corps de l'armée, tout cela montrait que l'Empereur voulait seulement effrayer l'empereur Alexandre, en lui présentant ces 400,000 hommes, en face de ses 200,000 Russes.

C'est aussi pour cela qu'il avait placé les Prussiens et les Autrichiens aux ailes de l'armée, car il devait savoir qu'il ne pouvait pas compter sur leur sincère concours pendant cette campagne. S'il avait réellement voulu la guerre, et s'il y avait cru, il aurait gardé ces alliés douteux au centre, encadrés dans des corps français et polonais.

Lorsque nous arrivâmes à Wilna, nous eûmes la preuve que Napoléon ne désirait pas la guerre, car il ne cessait de négocier avec Alexandre.

Nous restâmes deux semaines à Wilna, sans entreprendre aucun mouvement. Ce n'est que quand Napoléon fut convaincu que l'empereur de Russie ne voulait pas faire la paix aux conditions qu'il lui proposait, qu'il se vit obligé de faire la guerre, et se trouva entraîné à entrer en plein cœur de la Russie à une époque aussi avancée de l'année.

CHAPITRE V

CAMPAGNE DE 1812

Incident avec un détachement wurtembergeois à Kaczkow. — Mmes Dambska. — La cavalerie de la garde en marche. — Visite de la forteresse de Graudenz. — Passage de la Wilja. — Ostrowno. — Witebsk. — Les cosaques. — Smolensk. — L'infanterie polonaise dans la ville. — Bataille de la Moskowa. — Les paysans des environs de Moscou. — Incendie de Moscou. — Retraite. — A l'arrière-garde. — Le maréchal Ney. — Passage de la Bérésina. — Retour sur le Niémen. — Nos pertes. — Le général de Wrède à Wilna. — Le régiment de chevau-légers pendant la retraite. — Départ de Posen. — Reconstitution du régiment à Friedberg.

Toute la garde impériale fut cantonnée aux environs de Posen. Dans notre brigade, les chasseurs à cheval campèrent à Oswinski, et nous à Murowana Goslina.

Des bals furent donnés aux environs; l'un eut lieu chez ma tante à Lopuchow.

C'est là que je reçus l'ordre de prendre 150 chasseurs à cheval et 150 chevau-légers lanciers, et d'aller à marches forcées placer des piquets depuis Thorn jusqu'à Dantzig.

Je me mis en route sur-le-champ.

Le premier jour j'arrivai à Gnesen, le deuxième au delà de la Mogilna, le troisième, je m'arrêtai à deux lieues au delà d'Inowroclaw.

Presque tout mon détachement fut logé dans des villages voisins de la route.

Pour moi, avec le capitaine, deux officiers et un peloton de chevau-légers, le village de Kaczkow nous fut désigné : il était formé d'un château et de quelques maisons.

A mon arrivée au château, je trouvai devant la porte un de nos fourriers qui m'annonça qu'un major wurtembergeois avec cinq de ses officiers étaient logés au château, qu'une compagnie wurtembergeoise entière était cantonnée dans les hangars et que le major lui avait dit qu'il ne nous y laisserait pas établir nos quartiers.

J'entrai dans la cour, malgré deux Wurtembergeois placés en faction devant la porte.

Je descendis de cheval, mon peloton fit de même. J'entrai dans le château et m'introduisis dans la pièce où se trouvaient les officiers wurtembergeois.

Les officiers de cette armée portaient des épaulettes du grade supérieur à celui qu'ils avaient en réalité, par exemple un capitaine portait des épaulettes de major : je le savais, aussi en m'adressant à celui qui avait des épaulettes de major, je l'appelai : « Capitaine », et je lui expliquai avec politesse que nous arrivions à marches forcées pour placer des grand'gardes pour le service de l'Empereur, et que nous devions repartir le lendemain à 3 heures du matin ; qu'en conséquence nos chevaux avaient besoin d'un abri pour se reposer, et je le priai de nous céder les écuries et les hangars pour nos chevaux : j'ajoutai que nous n'avions besoin de rien pour nous et que nous ne les dérangerions d'aucune manière. Non seulement le capitaine wurtembergeois ne se leva pas quand je lui adressai la parole, mais il me répondit qu'il ne ferait rien de ce que je demandais. « Alors, m'écriai-je, envoyez vos hommes chercher vos chevaux, car je vais les faire sortir des écuries et lâcher au dehors ! »

Je sortis, j'ordonnai à quelques-uns de mes hommes de faire sortir les chevaux wurtembergeois, et ayant appris que la châtelaine, Mme Dambska, se trouvait dans le château à l'étage supérieur, je me rendis auprès d'elle, et la trouvai avec sa fille dans une petite chambre. Elle me salua avec amabilité en me disant :
« Comment pourrais-je vous recevoir ? Les Wurtembergeois ont pris possession de mon garde-manger, leurs soldats font la cuisine pour

eux en bas, et ce n'est qu'en cachette que mon domestique peut m'apporter du pain. J'ai encore un peu de café et de thé, avec lequel nous vivons depuis cinq jours, et nous sommes dans une crainte constante d'incendie, car ils font leurs feux sur les parquets de la cuisine et des chambres. »

Je rassurai ces dames comme je pus. J'avais avec moi un jeune cuisinier à cheval, qui menait en main un second cheval chargé de tout ce qu'il faut pour manger. Il avait acheté à Inowroclaw du pain et de la viande pour nous. Je m'adressai à ces dames en leur disant : « Mesdames, je vous invite à souper. »

Bientôt entra le lieutenant Lubanski, qui m'annonça que les chevaux des Wurtembergeois étaient dehors, et les nôtres installés dans les écuries. Quelques soldats wurtembergeois étaient montés sur les toits de chaume des écuries et avaient commencé à les démolir. Ce que voyant, un de nos chevau-légers monta à l'échelle derrière eux, et en jeta un par terre; celui-ci se blessa en tombant et se mit à crier. Son capitaine sortit alors du château, sabre à la main, et se jeta sur le chevau-léger; mais le maréchal des logis Smolski, occupé à la distribution des fourrages, vint à la rencontre du capitaine, lui arracha son sabre qu'il brisa sur son genou, en lui disant en allemand : « Apprenez, monsieur, à vous servir de votre sabre pour un meilleur usage ! » Le capitaine wurtembergeois, humilié, rentra dans sa chambre et on ne le vit plus.

En apprenant cet incident, j'eus peur qu'après notre départ les Wurtembergeois ne voulussent se venger sur les dames polonaises restées au château et ne brûlassent la ferme.

En traversant Inowroclaw, j'avais remarqué que le village était occupé par des cuirassiers français, et je savais que leur chef était le général Sébastiani. Je lui envoyai un rapport sur la conduite des Wurtembergeois et sur notre affaire avec eux, et lui demandai d'envoyer au château, avant 3 heures du matin, un escadron français, pour empêcher les Wurtembergeois de se livrer à aucune vengeance contre les habitants.

Mme Dambska et sa fille n'étaient pas sorties de leur chambre depuis cinq jours. Elle consentit à laisser sa fille se promener un peu avec nous dans le jardin. Partout les Wurtembergeois avaient construit des huttes sous les arbres, ils avaient allumé des feux sur lesquels ils faisaient cuire leurs mets favoris, dont s'échappait une odeur pénétrante.

Dans la chambre où étaient leurs officiers,

l'odeur n'était pas moins horrible; on sentait bien qu'ils cuisaient ou grillaient quelque chose de gras.

Le cuisinier de Mme Dambska se joignit au mien, et ils nous préparèrent à eux deux un assez bon repas. Nous étions à table et il pouvait être 9 heures du soir, quand Lawœstine, aide de camp du général Sébastiani, entra dans la salle à manger, quatre heures après le départ de ma lettre pour le général.

Lawœstine était un jeune et bel officier, très gai, qui m'avait connu à Paris; c'est pour cela qu'il s'était tant dépêché pour arriver à nous; il avait fait en une heure les deux lieues qui nous séparaient d'Inowroclaw. Il m'annonça de la part du général Sébastiani qu'un escadron de cuirassiers serait à Kaczkow avant 3 heures du matin pour que les Wurtembergeois n'y pussent rien faire de mal : le général avait déjà envoyé un rapport sur cette affaire au maréchal Ney, de qui dépendaient les Wurtembergeois.

Lawœstine passa la nuit avec nous, car son cheval était trop fatigué pour repartir de suite. Nous restâmes jusqu'à minuit avec les dames Dambska, que la gaîté de Lawœstine réussit à débarrasser de leurs frayeurs.

Quand je fus certain de l'arrivée des cuirassiers, je fis réunir les paysans au nombre d'une quinzaine, qui se trouvaient à Kaczkow. Les uns n'avaient pas voulu se séparer de leurs charrettes et de leurs chevaux réquisitionnés par les Wurtembergeois, espérant que ceux-ci les leur rendraient, les autres avaient été obligés de couper du bois pour le feu, et de faire différentes corvées pour ces étrangers. Je leur ordonnai d'aller dans les villages où les Wurtembergeois avaient pris des chevaux ou du bétail et de faire venir à Kaczkow les propriétaires de ces animaux, en leur faisant dire que tout ce qu'on leur avait pris leur serait rendu.

A minuit, après avoir fait nos adieux à ces dames, nous quittâmes la salle à manger et nous nous couchâmes pour dormir deux heures, mais bien avant l'aube nos trompettes nous signalèrent l'approche de nos détachements cantonnés plus loin et celle des cuirassiers français. Les paysans des environs arrivèrent aussi pendant la nuit; chacun se plaça près de ce qui lui appartenait, et avant que j'eusse donné le signal de monter à cheval, ils s'enfuirent avec leur bien dans toutes les directions.

Le capitaine de cuirassiers arriva le premier et me dit en me saluant : « Soyez certain, mon colonel, que je ne permettrai aucun abus », et il prodigua aux Wurtembergeois des épithètes qu'il n'est pas nécessaire de répéter.

Nous partîmes pour Thorn et ce n'est qu'à Chelmno que nous donnâmes à manger à nos chevaux; le soir nous arrivâmes à Graudenz. Le pays est absolument plat et nous le traversâmes presque entièrement au trot. La cavalerie de la garde allait toujours au trot, si la route était bonne, même s'il y avait des côtes pas trop raides : mais en descendant les côtes, nous prenions toujours le pas; nous mettions même souvent pied à terre en conduisant nos chevaux en main.

En général, nous partions au pas et conservions cette allure pendant une heure. Après cette première heure nous faisions une halte de 10 minutes; nous mettions pied à terre pour laisser nos chevaux se soulager, et pour les ressangler, car après une heure de marche, les chevaux se dégonflent, les sangles deviennent trop lâches et il faut les resserrer.

Ensuite, nous remontions à cheval, nous repartions au pas pendant quelques centaines de pas, puis nous prenions le trot quand la route était bonne et nous gardions le trot pendant deux heures. C'est ainsi que nous exécutions nos marches forcées.

Quand plusieurs escadrons marchent ensemble, il faut, pendant la marche au trot, qu'ils prennent entre eux au moins 100 pas d'intervalle, pour que chacun marche comme s'il était isolé et puisse trotter sans être jamais arrêté.

En faisant la route au trot, on gagne du temps d'abord, puis on a l'avantage d'empêcher les cavaliers de s'endormir comme ils le feraient au pas; en dormant, le cavalier penche à droite et à gauche, échauffe et blesse son cheval.

A l'endroit où nous devions nous arrêter, nos fourriers venaient à notre rencontre et nous distribuaient tout en marchant nos billets de logement. Les cavaliers pouvaient ainsi se rendre directement à leur gîte avec leurs chevaux et personne ne restait en arrière.

On se servait du même procédé pour le départ. Tout le monde se réunissait sur la route à la sortie du cantonnement du côté où l'on devait marcher, pour que personne ne restât en arrière.

On ne peut faire de même avec de jeunes soldats; il faut arriver avec eux sur une place désignée, leur y distribuer les billets de logement, et le lendemain les réunir sur la même place.

Dans la garde, presque tous les hommes étaient de vieux soldats qu'on pouvait laisser aller isolément, et toujours on les trouvait au point de rassemblement indiqué.

En marchant ainsi que je viens de le dire, les hommes et les chevaux se fatiguaient peu, chacun ne faisait rien de plus que le trajet qu'il aurait eu à faire en voyageant isolément.

C'est le soir que nous arrivâmes à Graudenz pour y faire halte. Je quittai mon kurtka, et ne gardant que mon surtout et mon bonnet de police, j'allai du côté de la forteresse. Le capitaine de chasseurs à cheval était logé près de moi; nous nous rencontrâmes et allâmes ensemble pour visiter la forteresse située tout près et en arrière de la porte de gauche de la ville, sur le bord de la Vistule.

En approchant du glacis, nous trouvâmes deux factionnaires qui nous barrèrent le passage. L'un d'eux appela le sergent, qui arriva sur-le-champ, et nous dit qu'il fallait une permission spéciale pour visiter la forteresse. Je me fis connaître, et le priai de m'annoncer et de demander cette permission pour moi et pour le capitaine qui m'accompagnait. Au bout de cinq minutes, nous entendîmes battre le tambour, et le commandant, avec un autre officier, s'approcha de nous. Je remarquai qu'il était un peu étonné de nous voir en surtout et en bonnet de police; lui-même avait son frac avec les épaulettes et l'épée au côté; néanmoins il nous fit entrer et nous promit de nous montrer tout ce que nous voudrions voir.

Lorsque nous traversâmes la porte du rempart, la garde prit les armes, et j'aperçus la garnison qui se rassemblait sur la place. Sur ma demande du motif de tous ces mouvements de troupes, le commandant me répondit qu'il avait reçu l'ordre de faire toujours mettre la garnison sous les armes quand un officier supérieur entrerait dans la forteresse et qu'il se conformait à cet ordre.

Je m'excusai auprès de lui de notre tenue en surtout et sans armes, car j'avais eu l'intention de lui rendre visite le lendemain seulement, pensant qu'en temps de paix l'accès de la forteresse nous était ouvert sans permission spéciale.

Le lendemain, dès le matin, je me mis en grande tenue, avec tous mes officiers, et me rendis avec eux près du commandant; il fut visiblement flatté de cette démarche et nous fit le plus aimable accueil.

La forteresse de Graudenz forme un demi-cercle sur la Vistule; elle est composée de trois bastions et de deux demi-bastions appuyés à des remparts formant une enceinte du système de Montalembert. Il y a aussi un rempart du côté de la ville. Ces fortifications sont très bien construites et les casemates excellentes. L'ensemble constitue une place très forte et fait de Graudenz une forteresse de premier ordre commandant parfaitement la Vistule.

Le 3, j'étais à Kwidzyn, où je retrouvai quelques Prussiens que j'avais connus auparavant. Le 6, j'escortais l'Empereur jusqu'à Sztum.

Nous rattrapâmes notre détachement à Kwidzyn; un seul peloton y resta, les quatre autres, que je commandais, partirent pour Malborg, Dirschau (Tczw), Pruszcza et Dantsig. Ils reçurent l'ordre de revenir à Kwidzyn après le passage de l'Empereur.

Notre régiment partit de Thorn directement pour Heilsberg et Gumbinnen, et nous ne le rejoignîmes que quelques lieues avant Kowno, au même moment où l'Empereur venant de Kœnigsberg arrivait dans cette ville pour se rendre au pont sur le Niémen.

Le lendemain, il traversa le Niémen et nous après lui.

Kozietulski était de service ce jour-là. L'Empereur lui ordonna de traverser la Wilja à la nage avec un escadron, car on apercevait des Cosaques sur l'autre rive. Nos hommes se jetèrent dans la rivière, où quelques-uns furent noyés; les Cosaques s'enfuirent. Il restait trois escadrons de chevau-légers commandés par le général Konopka; l'Empereur leur ordonna de traverser aussi la Wilja derrière Kozietulski, et d'aller faire une reconnaissance jusqu'à Czerwonidwor, village situé sur les bords de la Niewiaz.

Le propriétaire de ce village, M. Zabiello, nous reçut avec sa fille, et vint passer la soirée avec nous dans notre bivouac.

Nous avions traversé la Wilja à gué, à peine à quinze pas de l'endroit où Kozietulski l'avait passée à la nage; nos chevaux n'avaient de l'eau que jusqu'au ventre et nous mouillâmes à peine nos schabraques.

Le lendemain soir nous étions de retour à Kowno : pendant notre absence, l'Empereur était parti aux avant-postes à Wilna. Nous partîmes aussi après lui, et deux jours de marche nous y amenèrent. Je fus de service dans cette ville pendant une semaine.

Chaque jour l'Empereur sortait à cheval pour visiter les jolis environs de la ville : les corps français marchaient toujours vers la Dwina, car on disait que l'ennemi se retirait en arrière de cette rivière, qu'on organisait un camp fortifié à Drissa, et que c'était là que l'empereur de Russie voulait défendre les anciennes frontières de son empire. La seconde armée russe, commandée par le général Bagration, se retirait par Minsk sur le Borysthènes (Dniéper).

Cette armée russe était suivie par le corps du roi de Westphalie; mais comme ce prince, malgré les ordres de l'Empereur, s'arrêta souvent dans sa poursuite, celui-ci le renvoya à Cassel, et donna le commandement de ses troupes au maréchal Davoust.

Le comte Pac donna en l'honneur de l'Empereur un grand bal dans son palais de Wilna, où habitait aussi le comte Tyzenhaus.

Quoique la gaîté régnât à Wilna, il nous arrivait toujours des nouvelles sur les horreurs de la guerre causées par l'indiscipline et le désordre de l'armée française, et nos cœurs se serraient en voyant notre patrie dans une si malheureuse situation. Pendant mon séjour à Wilna, j'allais souvent rendre visite à la princesse Gedroïc, chez laquelle je rencontrais Mlle Sophie Tyzenhaus que je connaissais déjà; j'allais également chez Mme Kossakowska, née Potocka.

Je n'aurais jamais cru que nous resterions si longtemps à Wilna. Les manœuvres de cette campagne furent une énigme pour moi, aussi bien de notre côté que de celui des Russes.

Une députation de la diète de Varsovie vint trouver l'Empereur à Wilna pour le prier de proclamer la réunion de la Lithuanie au duché de Varsovie. L'Empereur lui fit une réponse ambiguë, qui produisit sur plusieurs d'entre nous une pénible impression.

Il ne nous restait qu'un espoir, celui que les événements prochains de la campagne obligeraient Napoléon à se décider nettement en faveur de notre cause. Il était bien certain que l'Empereur voulait forcer la Russie à la paix, en s'unissant avec lui contre l'Angleterre. S'il reconstituait dès maintenant la Pologne, il allait contre son but, car la Russie, en perdant ses provinces polonaises, ne pouvait perdre davantage; aidée par l'Angleterre elle n'aurait jamais conclu la paix avec Napoléon, et au contraire se serait battue contre lui jusqu'à ses dernières ressources. L'Empereur aurait donc dû continuer à lutter aux deux extrémités de l'Europe, en Espagne et en Pologne, et n'aurait jamais pu arriver à son but, qui était l'abaissement de l'Angleterre. Les Polonais n'ont jamais été pour lui qu'un instrument commode.

C'est à Wilna, pendant que se passaient ces événements, que je me souvenais des paroles de notre célèbre Kosciuszko, et de ses conseils : « Apprends ton métier, pendant que tu te trouves auprès du plus grand capitaine de notre temps ! »

Nous partîmes de Wilna avec l'Empereur pour Witebsk, par Glebkie.

Quelques lieues avant Witebsk, un combat sanglant s'engagea au village d'Ostrowno, entre notre avant-garde sous les ordres de Murat, et l'arrière-garde russe. Un de nos escadrons qui se trouvait près de Murat, perdit quelques hommes : il était de notoriété que Murat n'économisait le danger à personne, pas plus qu'à lui-même.

L'Empereur arriva sur le champ de bataille quand les canons qu'on entendait depuis quelques heures cessèrent de gronder.

La cavalerie de Murat devait être bien fatiguée, car l'Empereur fit avancer notre brigade.

Mais la cavalerie russe avait aussi beaucoup souffert, car en approchant de Witebsk nous rencontrâmes à l'arrière-garde russe les cosaques et les hussards de la garde, qui ne s'arrêtèrent jamais pour nous charger et se retirèrent en se dispersant, leurs éclaireurs derrière eux.

Quelques cosaques, habillés de rouge, tombèrent. C'étaient des gens grands et vigoureux.

Lorsque nous entrâmes à Witebsk, on n'en put trouver un seul. Ils avaient fait leur retraite sur la Dwina par la route de Wielkieluki, c'est-à-dire par la route de Pétersbourg. Le pont sur la Dwina n'était pas détruit.

On pouvait d'ailleurs passer cette rivière à gué, et il eût été bien facile de construire un pont en raison de l'abondance du bois, dont toutes les maisons sont construites.

Nous apprîmes dans le premier village que l'armée russe ne s'était pas dirigée sur Pétersbourg, mais avait tourné à droite vers Smolensk.

Le corps russe du général Bagration, se retirant toujours devant le maréchal Davoust, traversa le Dniéper à Rogaczew. L'arrière-garde russe se battit intrépidement contre Davoust sur ce point, et y arrêta l'avant-garde assez longtemps pour permettre au corps russe entier d'effectuer son passage.

L'Empereur, en se portant rapidement de Kowno à Wilna et de Wilna à Witebsk, réussit à couper l'armée russe en deux tronçons dont l'un, sous les ordres du général Barclay de Tolly, et dans lequel était l'empereur Alexandre, se retira sur Drissa en passant la Dwina, et l'autre, commandé par le général Bagration, se retira par Minsk sur le Dniéper.

Napoléon vit bientôt qu'après avoir partagé l'armée russe en deux, aucune des deux parties ne s'arrêtait pour lui livrer bataille. Il décida de leur donner le temps de se réunir, car il se rendit compte que Barclay de Tolly, en marchant de Witebsk sur Smolensk, et Bagration en marchant de Rogaczew sur Mscislaw, ne cherchaient qu'à se rejoindre; Napoléon favorisa leur jonction. L'armée française campée à Witebsk et aux alentours se reposa dans les villages et dans ses cantonnements.

L'Empereur reçut enfin la nouvelle de la jonction des deux généraux russes : nous nous mîmes en marche vers le Dniéper pour rejoindre le maréchal Davoust, qui avait sous ses ordres l'armée polonaise.

Nous traversâmes le fleuve à Dombrowna. Le Dniéper présente des sinuosités avant d'arriver à Smolensk; la plus grande boucle se trouve à Katany.

Le quartier-général apprit qu'un corps russe se trouvait à Katany, de l'autre côté du fleuve, du côté de notre aile gauche.

L'Empereur envoya quatre escadrons de notre régiment, sur six que nous avions, en reconnaissance de ce côté, sous le commandement de Kozietulski.

Nous nous mîmes en marche après minuit, et arrivâmes à une demi-lieue de Katany, sous la conduite de deux vieux paysans qui parlaient encore polonais. Nous aperçûmes bientôt les cosaques. Nous nous arrêtâmes derrière le dernier village, et les poursuivîmes avec un seul escadron; ils se retirèrent à gauche vers le Dniéper. Le soleil commençait à se lever et nous pouvions bien voir autour de nous. Nous aperçûmes sur la hauteur une ligne de cavalerie russe, précédée de quelques centaines de cosaques.

Kozietulski ordonna au premier peloton de nos chevau-légers, déjà aux prises avec les cosaques, de se retirer, et l'escadron entier se mit en ligne. De la hauteur où ils étaient placés, les Russes avaient certainement vu nos trois autres escadrons, et se tinrent tranquilles, mais les cosaques qui s'étaient dispersés devant nous s'approchaient à chaque instant pour décharger leurs fusils sur nous, et comme nous n'avions pas envoyé nos tirailleurs à leur rencontre, ils s'approchaient de plus en plus, en nous criant : « Lachy! (1) », car ils avaient reconnu notre nationalité.

Un officier cosaque, monté sur un cheval gris, s'approcha à 100 pas et même moins, et nous provoqua en polonais à nous battre avec lui; mais Kozietulski ne permit à personne de bouger. Ce même cosaque descendit de cheval en criant : « Maintenant, vous pouvez me prendre! », puis il commença à enlever la selle de son cheval : enfin, voyant qu'il ne pouvait nous exciter à quitter les rangs, il remonta à cheval et retourna près des siens. Ils tirèrent sur nous plus de cent coups de feu sans tuer personne.

(1) Lachy — mot employé par les cosaques pour désigner les Polonais.

Les cosaques ne se lancent pas sur un escadron en ligne, fût-il seul; ils ne veulent se battre que contre des soldats dispersés, ils cherchent à les attirer, tendent un piège à ceux qui s'avancent trop, et les font prisonniers.

Aussi ne faut-il jamais laisser nos soldats, sanguins et courageux, mais imprudents, s'engager en tirailleurs contre les cosaques.

Bientôt après, quand le jour fut tout à fait clair, nous vîmes de l'autre côté du Dniéper une forte colonne de cavalerie en marche sur Smolensk : les cosaques et les hussards qui se trouvaient sur la même rive que nous ne tardèrent pas à suivre cette colonne.

Nous retournâmes à Dombrowna.

L'Empereur, qui s'imaginait que la réunion des armées russes s'effectuerait à cet endroit, et que ces armées s'arrêteraient pour lui livrer bataille à Dombrowna, Lady ou Krasnoé, fut alors convaincu que ce ne serait qu'à Smolensk que les généraux Barclay de Tolly et Bagration se rejoindraient.

C'était le 15 août, jour de la fête de l'Empereur, qui désirait que la bataille eût lieu ce jour-là. Nous avançâmes par Lady et Krasnoé et nous arrêtâmes devant Smolensk.

A une lieue et demie de cette ville, du côté de Mscislaw, l'armée polonaise (V⁰ corps), commandée par le prince Joseph Poniatowski, se joignit à la grande armée: elle faisait l'avant-garde du corps du maréchal Davoust. La division de cavalerie, commandée par le prince Sulkowski, me fit très bonne impression. Les hommes étaient beaux, leur tenue très militaire, les chevaux excellents. Je ne vis ce jour-là que la première brigade de cette division polonaise, elle était composée du régiment de hussards *d'argent* n° 13, colonel Tulinski (ainsi nommés pour les distinguer du régiment de hussards polonais n° 10, colonel Uminski, qui avaient le même uniforme avec passementeries d'or), et du 5° régiment de chasseurs à cheval, colonel Kurnatowski, régiment superbe et supérieurement monté.

Smolensk est situé sur la rive gauche du Dniéper. L'armée polonaise se plaça de ce côté, le V° corps, polonais, forma l'aile droite de l'armée.

La tente impériale fut élevée sur la ligne même; la garde impériale campa derrière.

De la tente de l'Empereur, la vue s'étendait sur toute la ville de Smolensk, entourée de tours et de murailles sur lesquelles on pouvait distinguer l'infanterie et les canons russes; des patrouilles de cosaques circulaient devant les murailles.

Entre la ligne française et les remparts se trouvait un ravin dans lequel étaient embusqués les cosaques.

J'étais de service ce jour-là : je reçus l'ordre de l'Empereur de prendre un escadron de chevau-légers lanciers polonais et de chasser les cosaques de l'autre côté du ravin, car l'Empereur voulait s'approcher de la ville et en examiner les remparts; il monta à cheval et nous suivit.

Quand nous descendîmes dans le ravin, les cosaques s'enfuirent; en sortant du ravin du côté de la ville, je déployai mon escadron, car je prévoyais que les Russes allaient tirer sur nous du haut des remparts.

En effet, plusieurs obus tombèrent sur nous, l'un d'eux éclata au milieu de l'escadron; quelques cavaliers furent renversés, quelques chevaux s'enfuirent. C'était une bonne occasion pour les cosaques de se précipiter sur nous, et ils le firent si rapidement, que je dus écarter d'un coup de sabre la lance pointée sur moi d'un cosaque qui se trouvait en avant des autres; je ne coupai pas la lance, elle glissa sur la tête de mon cheval en lui faisant une éraflure du haut des oreilles aux narines. Le capitaine Skarzynski sabra plusieurs de ces cosaques.

Les cosaques ont des lances trop longues, aussi ne peuvent-ils pas les manier aussi bien que nos lanciers.

L'escadron se porta en avant et obligea les cosaques à chercher un abri jusque sous les remparts de la ville.

L'Empereur, derrière nous, reconnut la position et vit tout ce qu'il voulait voir; il s'en retourna et prit aussitôt les dispositions pour l'attaque de Smolensk.

L'infanterie polonaise, avec une grande intrépidité, s'avança jusqu'aux remparts malgré un terrible carnage; mais ne trouvant aucune brèche, elle ne put pénétrer dans la ville et perdit beaucoup de monde. Le général Chlopicki fut blessé à la jambe.

L'infanterie française fit plusieurs attaques contre les remparts, du côté gauche; mais elle aussi ne put pénétrer dans la ville.

Je ne comprends pas pourquoi l'Empereur n'avait pas fait réunir les canons de position, et ne s'en était pas servi pour faire une brèche avant ces attaques sans résultat qui durèrent jusqu'au soir.

Le lendemain, dès l'aube, on devait placer des batteries pour faire brèche; mais avant le jour, on apprit que l'infanterie polonaise était déjà dans la ville où elle cherchait en vain l'ennemi: les Russes s'étaient retirés par les ponts pendant la nuit.

La brigade polonaise d'infanterie, formée des 15ᵉ et 17ᵉ régiments de ligne, s'était introduite dans la ville par un trou dans la muraille qu'elle avait découvert, et qui n'était barricadé que par de grands morceaux de bois : c'est par là que les Polonais étaient entrés. Ils firent entrer par la même brèche deux canons de leur artillerie commandés par le lieutenant Chrzanowski.

Dans l'ordre du jour, ou comme, on l'appelait, dans le « bulletin », on annonçait que les Français du corps du maréchal Ney avaient été les premiers à s'emparer des remparts et à entrer dans Smolensk. C'était un mensonge, mais l'Empereur voulait flatter leur amour-propre.

Le corps du maréchal Davoust traversa la ville sur-le-champ, passa les ponts et poursuivit les Russes sur la route de Moscou. L'Empereur, accompagné de la garde, fit son entrée dans Smolensk.

Nous y restâmes deux jours.

Pendant la seconde nuit l'Empereur fut informé qu'une masse de cosaques, formant l'avant-garde de toute la cavalerie russe, avait fait son apparition du côté de Mscislaw, dans l'intention de se jeter sur la partie de notre armée qui était campée sur la rive gauche du

Dniéper. L'armée polonaise n'avait pas été déplacée, car elle avait perdu énormément de monde ; tous les autres corps, à l'exception de la garde restée dans la ville, se trouvaient déjà sur la rive droite du fleuve.

L'Empereur me fit appeler et m'ordonna d'aller avec un escadron de chevau-légers lanciers en reconnaissance du côté de Mscislaw, pour m'assurer de l'exactitude de l'information qu'il avait reçue, de l'approche de ce côté du corps de cavalerie russe.

Je sortis de la ville avec mon escadron ; nous avions fait manger, dans la rue, à nos chevaux du seigle nouvellement fauché ; les hommes couchaient sur le pavé, car la paille manquait.

A une demi-lieue, le prince Poniatowski bivouaquait. Il dormait dans une hutte, et je fus obligé de prier un de ses aides de camp de le réveiller, de lui dire que je devais traverser ses grand'gardes et de lui demander s'il ne possédait pas quelque renseignement sur l'ennemi.

Le prince dormait tout habillé dans une hutte obscure ; il en sortit et me donna un officier pour m'accompagner à travers les grand'gardes et les vedettes polonaises. La nuit était claire. Nous arrivâmes au camp de la cavalerie polonaise, à la division du prince Sulkowski.

Celui-ci dormait aussi dans une hutte, mais il se leva aussitôt, et quand je lui annonçai le but de ma mission, il m'assura que peu d'instants auparavant une patrouille venait de rentrer de la route de Mscislaw, et que l'officier qui la commandait, après avoir causé avec des paysans des environs qui parlaient un langage moitié russe, moitié polonais, et qui apportaient des provisions et des fourrages à la cavalerie polonaise, avait rapporté qu'on n'avait pas entendu parler des Russes de ce côté.

Les chevaux de mon escadron et le mien étaient affamés; je profitai donc des fourrages qu'on m'offrait, et pensant qu'on pouvait avoir toute confiance dans l'officier qui avait dirigé cette patrouille, je donnai l'ordre de faire manger les chevaux, et je rentrai à Smolensk le matin.

Ce n'est qu'à 8 heures du matin que je fis mon rapport à l'Empereur, ne jugeant pas nécessaire de le réveiller pour lui apprendre qu'il n'y avait rien d'inquiétant, et que la nouvelle qu'il avait reçue était fausse.

Nous quittâmes Smolensk à midi.

Le maréchal Davoust envoya prévenir que les Russes étaient en position sur la route de Moscou et que son avant-garde, formée de la division Gudin, était déjà engagée.

Quand nous arrivâmes vers 4 heures sur le

champ de bataille, les Russes se retiraient déjà. Nous vîmes une masse de cadavres jonchant la terre, parmi lesquels plusieurs officiers russes. Le général Gudin avait les deux jambes emportées et mourut bientôt après.

Nous apprîmes que les Russes se battaient avec beaucoup de courage et d'opiniâtreté, en s'abritant derrière les bouquets de sapins. Cette bataille fut appelée par les Français le combat de la 10ᵉ verste, car telle était la distance de Smolensk; on l'appela plus tard le combat de Valoutyna.

Trois jours après ce combat nous nous arrêtâmes devant Drohobuz (Dorogobouje).

Tout le pays, depuis Smolensk, est triste et désert, couvert seulement de broussailles de sapin et de loin en loin de bois des mêmes arbres. Tout à fait différente est la Lithuanie, où l'on voit des villages simples, mais propres, un terrain bien cultivé, où l'on aperçoit partout des traits de charrue et la trace de la main humaine. Entre Smolensk et Drohobuz, il y a deux lieues d'un village à l'autre.

Les Russes brûlaient presque toujours les villages en se retirant, et obligeaient les habitants à monter sur leurs kibitkas (voitures), avec le peu qu'ils possédaient, à emmener leurs bestiaux, temps en temps quelques paysans russes revenaient. Jusqu'à Mojaisk, nous rencontrâmes des paysans, de langue russe, mais comprenant le polonais.

Le pays triste et désert s'étend jusqu'à Wiazma. Autour de cette ville la terre est un peu meilleure, et devant la ville on peut voir quelques arbres et quelques jardins, comme il s'en trouve dans les plus pauvres villages polonais.

Il n'y a à Wiazma, sur le marché, qu'une douzaine de maisons en briques à un étage; il en est de même à Gracz (Gjat).

Le 5 septembre, nous arrivâmes enfin devant une position russe fortifiée par des retranchements; nous comprîmes que les Russes acceptaient la bataille.

Le jour même le 5ᵉ corps (polonais) prit d'assaut une grande redoute qui se trouvait sur le front de la position russe comme une grande vedette. L'infanterie polonaise se couvrit de gloire dans cette affaire, mais perdit beaucoup de ses braves.

La tente impériale fut élevée tout près de cette redoute conquise. La cavalerie de la garde s'était déjà placée à gauche dans un creux; l'infanterie et l'artillerie de la garde prirent position en arrière. Il faisait déjà sombre quand les cavaliers enfoncèrent en terre les piquets d'attache des chevaux.

Depuis Smolensk nous ne nourrissions plus nos chevaux que de seigle vert. En Lithuanie et dans la Russie blanche nous leurs donnions encore de l'avoine que nous trouvions dans les villages chez les paysans. Mais, à partir de Smolensk, les troupes russes s'emparèrent de tout, et forcèrent les paysans à s'enfuir devant nous; ce pays dévasté ne changea d'aspect que quelques lieues avant Moscou.

Je ne comprends pas comment quelques écrivains ont pu dire que la vieille province de Moscou est très peuplée et que les paysans qui l'habitent sont à leur aise. C'est une erreur. Le paysan moscovite porte une chemise grossière, sale, serrée à la taille avec de la paille ou par une corde. Il a quelquefois un chapeau de paille, mais est le plus souvent tête nue ; sa chevelure est épaisse, il porte la barbe : tous ces paysans sont pieds nus et sans pantalons, on voit du premier coup d'œil que c'est un peuple de misérables. Je puis certifier ces détails pour les avoir vus en personne, car nous avons fait des reconnaissances dans plusieurs directions, à plusieurs lieues de distance, et nous avons trouvé des paysans dans les villages, en dehors de la zone de deux lieues environ autour de la route, dans laquelle les Russes forçaient les paysans à partir.

Après avoir installé notre camp, Kozietulski et moi, nous nous couchâmes sur deux schabraques étendues par terre, et nous nous endormîmes enveloppés dans nos manteaux. Une légère pluie se mit à tomber pendant la nuit, et comme nous étions au pied d'un monticule, un petit ruisseau se fraya un chemin entre nous, me mouillant tout le côté gauche, et nous réveilla. C'est une sensation bien désagréable quand on tombe de sommeil. Il fallut nous lever, renoncer à dormir, et aller nous sécher auprès des feux que nos hommes avaient allumés pour leur cuisine.

Nous restâmes dans cette position toute la journée du 6. L'Empereur parcourut à cheval toute sa ligne, faisant la reconnaissance des positions de l'ennemi.

Avant l'aube du 7, les clairons de l'infanterie sonnèrent le réveil, régiment par régiment, en partant de l'aile droite. On avait choisi les plus jolis morceaux du répertoire, car la musique fait grande impression sur les cœurs avant la bataille. Personne ne doutait plus alors de l'imminence d'une grande bataille.

Quand le jour fut suffisamment clair, on commença par lire devant chaque bataillon une courte proclamation de l'Empereur, puis les canons de notre aile gauche commencèrent à se faire entendre. C'était le corps du prince Eugène de Beauharnais qui commençait l'attaque.

Je n'ai pas l'intention de décrire cette bataille, appelée par les Français la bataille de la Moskowa, du nom de la rivière qui traversait le terrain, et que les Russes appellent la bataille de Borodino : elle a été racontée plusieurs fois, d'abord par Ségur d'une façon un peu romanesque, puis par Chambray au point de vue militaire, et aussi par Boutourlin d'une manière assez exacte, pour un officier du parti vaincu ; d'autre part je n'ai pu voir moi-même ce qui se passait sur toute la ligne aussi bien que dans les batailles précédentes où j'étais placé près de la personne de l'Empereur, qui choisissait toujours la position d'où l'on pouvait voir le mieux.

Nous étions placés dans un ravin, et nous ne voyions que la fumée des canons sur toute la ligne.

Une fois seulement on nous fit placer pendant une heure sur une hauteur, pendant que les cuirassiers s'avançaient pour charger l'infanterie ennemie qui se défendait dans la grande redoute du centre. L'Empereur avait donné l'ordre au régiment de chevau-légers lanciers polonais de se porter en avant, et de charger sans retard si les cuirassiers échouaient et étaient repoussés.

Cet ordre est la meilleure preuve de la parfaite confiance que l'Empereur avait en nous.

Cette grande redoute du centre était tellement criblée et bouleversée par les obus que l'Empereur avait jugé avec raison qu'il était possible à la cavalerie de s'en emparer. Nous fûmes témoins de ce magnifique spectacle de l'attaque des cuirassiers, exécutée par quatre régiments de cuirassiers français, un régiment de cuirassiers polonais, le seul de l'armée polonaise, commandé par le colonel Malachowski, et un régiment de cuirassiers saxons commandés par Leizer. Malachowski et Leizer, couverts de blessures, tombèrent de leurs chevaux.

Après la prise de la redoute, nous revînmes à notre ancienne place, où les boulets ennemis ne nous atteignaient pas.

Pendant le temps où nous attendions devant la grande redoute, plusieurs boulets russes passèrent en sifflant au-dessus de nos têtes.

Nous vîmes constamment l'Empereur se promener devant sa tente, sur la hauteur, sa longue-vue à la main; mais il ne pouvait voir toute la ligne, car l'aile droite avec le maréchal Davoust et le 5ᵉ corps avec le prince Poniatowski étaient dans la forêt et derrière elle sur la vieille route de Moscou, et l'aile gauche avec le prince Eugène était derrière les hauteurs : il ne pouvait voir que le corps du maréchal Ney et presque toute la cavalerie réunie sous les ordres de Murat.

A chaque moment des généraux arrivaient du champ de bataille près de l'Empereur, et, comme nous l'apprîmes, le suppliaient d'envoyer une partie de sa garde pour décider du sort de la bataille et profiter des résultats favorables. Mais Napoléon refusa obstinément, et à l'exception de 60 canons de l'artillerie de la garde, aucune troupe de la garde ne prit part à la bataille. Napoléon, à 400 lieues de la France, voulut probablement conserver la garde intacte : comme son but principal était d'effrayer l'Empereur Alexandre de Russie pour le forcer à la paix, il voulut que celui-ci sût bien qu'il avait gagné la bataille sans engager la garde, et il fit mentionner après la bataille dans son bulletin : « la garde n'a pas pris part à la bataille de la Moskowa ».

Vers 4 heures du soir, un officier d'ordonnance vint auprès de l'Empereur nous rendre compte que les Russes étaient en pleine retraite.

Ils se retiraient dans le plus grand ordre au delà de Mojaïsk, en conservant cette ville toute la nuit en leur pouvoir.

Contrairement à ses habitudes, l'Empereur n'ordonna pas la poursuite.

D'après les mouvements et l'attitude de l'Empereur que nous apercevions de loin, on pouvait se rendre compte qu'il était souffrant. Tantôt il se promenait, tantôt il s'asseyait sur sa chaise de camp; à aucun instant il ne monta à cheval.

Le lendemain de la bataille de la Moskowa notre régiment et celui des lanciers rouges hollandais, également de la garde, se mirent en marche, sous le commandement du général Édouard Colbert, à droite de la route de Moscou, avec l'ordre de couper la route de Moscou à Kaluga.

A une lieue de distance du camp, nous commençâmes à rencontrer des paysans dans les villages. Il y avait dans notre régiment plusieurs chevau-légers et quelques officiers venant des provinces de Podolie, de Volhynie et de l'Ukraine, qui parlaient tous la langue russe. Notre avant-garde avait toujours un de ces officiers et quelques-uns de ces cavaliers; quand ils rencontraient des paysans, ils s'adressaient à eux, en langue russe naturellement, de sorte que ceux-ci nous prenaient pour des cavaliers russes. Ils savaient en effet qu'il y avait aussi dans l'armée russe des lanciers, provenant des provinces conquises par les Russes; ils nous prenaient donc pour des soldats de leur armée.

Dans les petites villes devant lesquelles nous

étions souvent placés, les habitants formaient plusieurs classes, dont quelques-unes étaient plus cultivées que les paysans.

Au commencement on nous prenait, comme je l'ai dit, pour des troupes russes; mais plus tard, quand on nous entendit employer entre nous la langue polonaise et avec les lanciers hollandais la langue française, on vit bien qui nous étions. Il y avait dans ces villages assez de provisions et de fourrages, et comme nos soldats avaient une excellente discipline, les habitants, loin de s'enfuir, nous firent bon accueil. Plusieurs d'entre eux se plaignaient de leur gouvernement. Ces mêmes paysans nous avertirent plusieurs fois de l'apparition de cosaques aux environs.

Cependant nous nous gardions toujours soigneusement, en plaçant des grand'gardes et des vedettes autour de nous : les avant-postes étaient fournis par les lanciers polonais, les arrière-gardes par des lanciers hollandais auxquels on adjoignait un ou deux des nôtres comme interprètes.

Pendant notre séjour dans le grand village de Fominskoïe, où nous passâmes deux jours, les cosaques, s'avançant à travers les broussailles avec leur silence et leur précaution habituels, réussirent à enlever entièrement une grand'-

garde formée de lanciers hollandais; un seul put s'échapper au grand galop et nous apporter la nouvelle au camp.

Le général Colbert avec deux escadrons se mit à leur poursuite, mais les cosaques s'étaient enfuis si vite avec les Hollandais, auxquels ils avaient laissé leurs chevaux, que nous n'aperçûmes que leurs traces sur le sol, dans les bois et dans la campagne. Nos cavaliers, après une poursuite d'une heure et demie, ne purent les rattraper et durent rentrer au camp.

Depuis cet accident, le général Colbert fit composer les grand'gardes moitié de Polonais, moitié de Hollandais; les vedettes furent doublées et formées d'un Polonais à côté d'un Hollandais.

Le général Colbert couchait toujours dans une tente, qu'il faisait porter par un cheval pendant les marches, et qui était assez spacieuse pour que douze personnes pussent y trouver place.

Ses deux aides de camp, Bro et Bragues, chantaient extrêmement bien, et possédaient tout le répertoire de Martin et d'Elleviou, du théâtre du Vaudeville de Paris. Chaque jour quelques-uns d'entre nous passaient la soirée chez le général.

Étant en marche de Fominskoïe à Wereia,

nous trouvâmes un village bien bâti, au milieu duquel se trouvait une raffinerie de sucre, contenant une grande quantité de sucre en pains. Tous nos cavaliers en firent une bonne provision et en mangèrent pendant plusieurs jours. Une forte dysenterie régnait dans l'armée, par suite de la mauvaise nourriture et probablement aussi de la mauvaise qualité de l'eau. Plusieurs de nos chevau-légers souffraient de cette maladie : deux jours de « cure au sucre » les en débarrassèrent presque tous.

C'est aussi pendant cette route qu'une de nos patrouilles s'empara d'une voiture de poste sur la grande route entre Kijow et Moscou. Dans cette voiture se trouvaient le ministre russe Gouriew et son secrétaire; le général Colbert les envoya sous escorte à l'Empereur.

Nous arrivâmes enfin au village de Podol sur la route de Moscou à Kaluga. J'en partis pour Moscou, pour remplacer le chef d'escadrons Jerzmanowski qui y était de service depuis Mojaïsk.

Pendant cette marche isolée de notre brigade, nous eûmes de fréquentes relations avec les paysans russes, et nous fûmes convaincus que rien ne pouvait être plus facile que d'insurger ce peuple, qui souffrait du joug de son gouvernement : mais il est probable que Napoléon ne voulut pas employer ce moyen d'action. Pendant cette marche également, je vis partout que les habitants de la vieille province de Moscou sont loin d'être aussi riches que les Russes le disent à l'étranger. Ils possèdent certainement beaucoup de bétail, car les pâturages y sont sans limites, mais on n'aperçoit de traces de labourage qu'aux abords immédiats des villages. Peut-être y a-t-il des régions plus favorisées; mais j'ai toujours entendu dire que c'est justement aux environs de Moscou que les paysans sont le plus riches, et j'avoue que je ne m'en suis aperçu nulle part.

Cependant, dans quelques villages très voisins de Moscou, nous vîmes des maisons de paysans bien construites et peintes : c'étaient des maisons construites pour leurs paysans par de riches seigneurs, qui possédaient des palais. Nous avons vu en passant des palais de différents styles et des jardins pleins de goût et très bien tenus; là où se trouvaient ces palais, là aussi les maisons de paysans étaient assez jolies; mais très souvent, près du même village on voyait des chaumières pauvres et misérables, avec une très petite cour, entourées de huttes pour le bétail, et presque jamais un hangar.

Dans les maisons des paysans russes il n'y a pas de cheminées; les fenêtres sont remplacées par des trous par lesquels la fumée s'échappe ainsi que par la porte; il est impossible de se tenir debout dans la chambre, il faut s'asseoir ou se coucher. Il n'y a pas de lits non plus, on dort sur des bancs, et les enfants sur la cheminée. Nous entrions souvent dans ces maisons, mais nous passions toujours la nuit dans notre camp près du village, ce qui était bien naturel dans une expédition comme la nôtre.

Nous étions à 7 lieues de Moscou quand la ville fut incendiée. Toute la nuit, malgré la distance, nous aperçûmes la lueur des flammes; le feu dura plusieurs nuits. Les paysans regardaient avec nous ces lueurs et disaient que c'était Moscou qui brûlait.

En arrivant dans la ville, je relevai l'escadron de service. Je reçus l'ordre de ne laisser que 25 hommes et un officier au Kremlin, où l'Empereur avait son quartier, et d'aller avec le reste de l'escadron dans la rue de Twer, par Bialogorod et Kitajgorod. Je fus logé dans le palais du prince Labanow.

Vis-à-vis du mien était le quartier du général Krasinski, dans la maison du banquier Barisznikow. Ces deux maisons étaient bien meublées, tout y était parfaitement installé au rez-de-chaussée comme au premier; les chambres étaient pourvues de grands lits avec des matelas couverts en maroquin. Derrière le palais se trouvaient les écuries, les hangars, les jardins avec une orangerie, enfin le potager avec d'assez grands champs. La façade du palais était dans la ville : du côté opposé on semblait être à la campagne. Des bâtiments en arrière du palais contenaient environ cent moscovites, domestiques, ouvriers, paysans, qui vinrent en aide à tous nos besoins. Il y avait parmi eux des cordonniers et des tailleurs, ce qui se trouvait fort à propos pour nous. Nos soldats leur firent faire tout ce qui leur était nécessaire.

On disait que les trois quarts de Moscou étaient brûlés et qu'il n'en restait qu'un quart d'intact. Cela semble exagéré, car le Kremlin entier était intact, Bialogorod et Kitajgorod aussi, ainsi que la rue de Twer, la plus grande partie du faubourg du côté de Mojaïsk et presque tout le faubourg de Kaluga. Le colonel Morawski, qui était souffrant, vint nous voir dans notre quartier et passa quelques jours avec nous.

Caraman commandait alors une batterie d'artillerie à cheval dans le corps du maréchal Davoust : il venait souvent me voir, quoique son quartier se trouvât dans le faubourg de Kaluga, à une lieue au moins du mien.

J'avais comme ordonnance un de mes chevau-légers, nommé Marcin, qui parlait bien le russe, et se procurait tout ce qu'il nous fallait en le payant.

Quand j'arrivai à Moscou, le feu était éteint; nos troupes étaient logées dans les maisons intactes; il n'y avait pas de bivouacs. On me raconta ce qui s'était passé pendant l'incendie, qui avait duré six jours; il y avait partout un grand désordre. Tous les officiers étaient d'accord que si, à ce moment, les Russes s'étaient jetés sur nous même en petit nombre, ils eussent remporté la victoire. Mais maintenant l'ordre était rétabli. Dans les maisons qui n'étaient pas brûlées, comme dans les magasins et les caves de celles qui avaient été détruites par le feu, on trouvait du blé et des provisions en telle abondance, que ces approvisionnements en vivres et en fourrages auraient pu, dit-on, suffire à l'armée entière pendant tout l'hiver.

J'eus pourtant une pénible impression en voyant des soldats français vendre toutes sortes d'objets pillés dans les boutiques. Nos chevau-légers leur achetèrent du vin et des provisions. Il y avait suffisamment de légumes en ville et dans les jardins environnants. On trouvait aussi de grands magasins de fourrures et de peaux de mouton.

Avant de quitter Moscou, nous fîmes pourvoir tout notre régiment de pelisses en peau de mouton. Le foin et la paille nous furent procurés par des détachements envoyés dans les villages environnants, en commençant par les plus proches pour finir par les plus éloignés.

On créa pour la cavalerie de la garde des magasins de fourrages pour tout l'hiver.

La cavalerie française, sous les ordres du roi Murat, campait à quelque distance de Moscou, autour du village de Woronowo, où campait aussi le 5ᵉ corps (polonais) du prince Poniatowski.

Au bout de quelques semaines, les cosaques commencèrent à attaquer nos détachements envoyés pour fourrager.

Je fus quelquefois envoyé en reconnaissance, mais dès que nos escadrons se montraient, les cosaques disparaissaient.

Les officiers français trouvèrent à Moscou les acteurs français, et des représentations théâtrales avaient lieu tous les soirs; naturellement les officiers seuls y assistaient.

Je visitai quelques églises russes. Pendant un service, j'entendis un sermon, dans lequel le pope s'élevait violemment contre son gouvernement. Je pense que c'était à l'instigation d'officiers français, et à l'insu de l'Empereur, qui ne l'aurait certainement pas toléré, car il avait repoussé l'idée de faire insurger les paysans.

L'armée française, entrée à Moscou le 14 septembre, y séjourna jusqu'au 20 octobre.

Le 20 octobre, l'armée se mit en marche sur Kaluga en prenant, après avoir traversé Malo-Jaroslawetz, la route à droite qui mène vers Mojaïsk.

Nous n'étions entrés en campagne que dans les premiers jours du mois de juin; si l'on était parti deux mois plus tôt, la retraite eût pu s'effectuer sur les frontières de la Lithuanie pendant la bonne saison. Et même avec cette entrée tardive en campagne, entrés à Moscou le 14 septembre, si nous en étions sortis le 1ᵉʳ octobre après deux semaines de repos, nous pouvions arriver sur le Dniéper quand l'automne était encore doux. Mais l'Empereur se laissa abuser par les Russes, dans l'espoir de la paix qu'il désirait ardemment, comme je l'ai dit plus haut.

Une sorte d'armistice fut conclu pendant la durée de notre séjour à Moscou entre le généralissime russe Kutusow et le roi Murat, car l'Empereur avait envoyé le général Lauriston, son aide de camp, auprès de l'empereur Alexandre pour traiter de la paix. Cet armistice pouvait être rompu en se prévenant trois heures avant la reprise des hostilités. Pendant que nous occupions Moscou, le général Kutusow réunissait le plus qu'il pouvait de réserves, et faisait instruire les conscrits qu'il recevait du fond de la Russie. On dit aussi que 12,000 vieux cosaques du Don, qui avaient déjà fait leur service militaire, vinrent se joindre aux Russes et en portèrent le nombre à 120,000 hommes, tandis que l'armée française à Moscou en comptait à peine 86.000, à la suite de ses pertes à Mojaïsk et pendant les marches.

Le 18 octobre, l'Empereur avait appris que Murat, impatienté de voir que les cosaques attaquaient sur ses flancs ses détachements de fourrageurs malgré l'armistice, avait dénoncé l'armistice; trois heures après, Kutusow attaquait Murat, avec des forces tellement supérieures que le roi de Naples aurait été complètement battu si le prince Poniatowski ne l'eût sauvé avec le 5ᵉ corps polonais. Encore une fois ce 5ᵉ corps se couvrit de gloire!

L'ordre de quitter Moscou fut donné le 19 octobre. Le 20, toute l'armée quitta la ville, à l'exception de la jeune garde, qui y resta avec le maréchal Mortier. Celui-ci avait reçu de l'Empereur l'ordre de faire sauter le Kremlin et l'arsenal, dans lequel les Russes avaient laissé des fusils pour au moins 60,000 hommes. Les Russes, en abandonnant Moscou, savaient bien que nous n'aurions pas besoin de ces armes;

mais cela prouve qu'ils n'avaient pas osé les distribuer à leur milice, qui n'était armée que de piques. Cette milice, appelée « Druzyma », était employée à la garde des magasins de vivres et de munitions, et pendant le combat à l'enlèvement des blessés.

Quatre jours après le départ de l'armée de Moscou, le maréchal Mortier quitta aussi la ville, couvrant le grand convoi de blessés dirigé sur Mojaïsk, par la traverse de Wereia.

De Moscou à Malo-Jaroslawetz notre brigade fit le service d'arrière-garde, mais pendant les trois premiers jours nous ne vîmes pas l'ennemi. Même quand l'armée d'Italie livra la bataille de Malo-Jaroslawetz, les cosaques ne s'attaquèrent pas à nous, mais ils se jetèrent subitement du côté droit sur le quartier général de l'Empereur, entre Borowsk et Malo-Jaroslawetz. Il n'y avait là comme escadron de service qu'un escadron de chevau-légers lanciers polonais sous les ordres du lieutenant-colonel Kozietulski; en un clin d'œil il se précipita sur cette bande de cosaques. D'après les rapports, ils étaient quelques milliers de vieux cosaques du Don, nouvellement arrivés à l'armée, et que l'hetman Platow commandait en personne.

Kozietulski reçut un coup de lance qui lui traversa le bras jusqu'à la poitrine. (Il continua la retraite en voiture, puis en traîneau.)

Les grenadiers à cheval de la garde impériale ne tardèrent pas à arriver. Cette ligne noire et élevée des bonnets à poil fit une telle impression sur les cosaques qu'ils s'enfuirent dans la forêt, mais bientôt, à une demi-lieue plus loin, ils se précipitèrent du côté de notre brigade.

Le général Colbert m'envoya à leur rencontre avec deux escadrons. Je m'avançai à 500 pas, et, voyant des soldats français (qui suivaient isolément leurs régiments) fuyant au pas de course de notre côté devant l'ennemi, j'en ramassai une centaine que j'établis dans des chaumières à notre gauche. Mes éclaireurs amenèrent adroitement les cosaques sous le feu de ces fantassins : ils se dispersèrent et se retirèrent, laissant à notre brigade le temps de monter à cheval.

Le général Colbert m'envoya l'ordre de rejoindre la brigade, et laissa seulement un escadron de lanciers hollandais commandé par un capitaine. Les cosaques s'aperçurent bientôt que c'étaient des Hollandais et les attaquèrent vigoureusement, en les entourant de trois côtés. A cette vue, le général Colbert les chargea avec toute la brigade. Ils se retirèrent du côté de la forêt, mais de là dix fois autant de cosaques se jetèrent sur nous. Nos chevaux étaient fatigués de leur longue charge, nous étions attaqués à la fois sur notre front et sur nos deux flancs; nous perdîmes environ 20 hommes et les Hollandais une centaine.

Ce fut la faute du général Colbert, qui, voyant devant lui un de ses escadrons en danger, chargea l'ennemi sans réfléchir avec tout ce qu'il avait sous la main. Il aurait évité la perte de ses cavaliers s'il avait fait charger par quelques escadrons, en gardant en réserve les autres et les faisant avancer tranquillement.

Il ne faut jamais engager toutes ses forces; cette règle doit être appliquée encore plus strictement quand on a affaire à des cosaques. Pendant toute la campagne, dans la marche sur Moscou et pendant la retraite, il ne nous est pas arrivé un malheur pareil à celui-ci. Nous aurions certainement perdu encore plus d'hommes dans cette affaire si nos chevau-légers n'avaient pas été de vieux soldats expérimentés dont chacun se défendait avec la plus grande bravoure. Les Hollandais, moins adroits, ne savaient pas se défendre aussi bien contre les cosaques. Pendant la retraite, chaque fois qu'ils étaient à l'arrière-garde, ils perdaient quelques hommes et les cosaques les attaquaient toujours avec audace.

Le général Colbert ordonna une fois à un escadron de chevau-légers polonais de donner leurs manteaux blancs à des lanciers hollandais, de prendre les manteaux bleus de ceux-ci, et de rester en arrière avant que le jour commençât à se lever. Nous attendîmes ce qui allait arriver. Lorsque les cosaques arrivèrent, ils aperçurent les manteaux bleus, et croyant avoir affaire aux lanciers hollandais, ils les attaquèrent courageusement et se jetèrent sur eux avec entrain. Mais à peine les nôtres s'avancèrent-ils au-devant d'eux avec leur attitude habituelle que les coques reconnurent leur erreur et s'enfuirent en criant : « Lachy ! Lachy ! » (1)

Après la bataille de Malo-Iaroslawetz, l'Empereur, convaincu que l'armée de Kutusow avait doublé pendant l'armistice, se décida à la retraite : au lieu de prendre la route la plus courte et sur un territoire non encore dévasté, par Medym, Mncislaw et Orsza, il décida de prendre par Borowsk, Wereia et Mojaïsk, c'est-à-dire de suivre la grande route par laquelle nous étions venus à Moscou, en traversant un pays complètement dévasté.

Cette résolution de l'Empereur est très difficile à comprendre, car la route de Medym était plus courte et abondait en ressources. En raison de ce changement, le généralissime russe prit cette

---

(1) Voir la note p. 255.

dernière route, et s'arrêta devant Wiazma quand l'Empereur passa par cette ville avec sa garde.

Les corps de la grande armée restés en arrière, comme le corps italien, celui du maréchal Ney et celui de Davoust furent forcés de se frayer un passage par les armes pour traverser Wiazma, et perdirent beaucoup de monde. Ils réussirent à nous rejoindre à Smolensk, où l'Empereur séjourna 48 heures, et nous repartîmes de cette ville dans le même ordre pour Orsza.

Le maréchal Ney, formant l'arrière-garde, marchait à un jour de distance de nous. Nous arrivâmes à Krasnoïé en deux jours. Les Russes attaquèrent la jeune garde près de ce village et coupèrent nos communications avec les corps du vice-roi d'Italie, de Davoust et de Ney. L'Empereur ordonna au général Durosnel, son aide de camp, de prendre un bataillon de la vieille garde et deux de mes escadrons, et d'ouvrir un chemin jusqu'à Davoust.

La nuit était claire. Les cosaques se retirèrent tout de suite devant nous, mais à une lieue à peine nous aperçûmes les feux du camp russe. Le général Durosnel jugea l'ennemi trop fort pour l'attaquer dans son camp. Il m'ordonna de choisir un maréchal des logis adroit et intelligent, pour l'envoyer avec deux chevau-légers aux deux corps séparés de nous, pour annoncer aux deux maréchaux que l'Empereur ne bougerait pas de Krasnoïé jusqu'à ce que ces deux corps nous rejoignissent. Nous étions de retour à Krasnoïé à 3 heures du matin.

Le lendemain à l'aube, l'Empereur, à la tête de sa garde, prit la route de Smolensk, mais à une demi-lieue, il s'arrêta, car nous entendions le bruit du canon et de la fusillade, qui s'approchait de plus en plus.

L'Empereur jugea avec raison que c'étaient nos corps qui s'ouvraient un passage à travers l'armée russe. Effectivement nous aperçûmes de loin des détachements de cavalerie peu nombreux, et bientôt après le maréchal Davoust avec son corps, mais bien réduit.

Vers midi arriva aussi le corps italien du prince Eugène, également bien réduit, et sans artillerie; tous les canons avaient dû être abandonnés.

L'Empereur ordonna au 5° corps polonais, qui, jusqu'à présent, n'avait pas perdu un seul canon, de donner 30 pièces, la moitié de ce qu'il avait, au corps italien. Le corps polonais, qui avait perdu beaucoup d'hommes au combat de Woronowo, avait en effet bien assez des 30 canons qui lui restaient, et il les ramena tous heureusement jusqu'à la fin, quoique, comme nous le verrons plus tard, il eût à se battre encore une fois avec courage et dévouement à la bataille de la Bérésina.

L'Empereur attendit encore un jour l'arrivée du maréchal Ney, et se rendit encore une fois avec nous au même point, mais au lieu de voir arriver le maréchal, nous aperçûmes du côté de de Smolensk les colonnes profondes de l'armée russe qui commençaient à nous entourer du côté sud, tandis que la cavalerie russe se montrait déjà à côté de nous et derrière nous.

Les tirailleurs russes s'avançaient en grand nombre vers le ravin où nous nous trouvions, et avaient déjà emporté un petit village sur notre flanc droit.

Je me trouvais avec quatre escadrons de chevau-légers polonais en arrière et à droite de l'Empereur. Le roi Murat se précipita vers moi et m'ordonna de le suivre au trot avec un escadron. Aller au trot était bien difficile pour nos chevaux, car la neige était profonde. Le roi de Naples s'arrêta avec nous devant le petit village occupé par les Russes en me disant : « Entrez dedans ! »

C'était un ordre extraordinaire pour de la cavalerie, mais il fallait obéir. Ce fait montre bien pourquoi Murat a perdu dans cette campagne presque toute la cavalerie qui était sous ses ordres. Suivant son ordre, je me lançai dans le village par la rue qui le traversait. Des cours des maisons, les chasseurs russes tiraient sur nous à bout portant; 4 chevau-légers tombèrent : Murat les a sur la conscience; nous avions en outre 6 blessés, ainsi que je l'appris plus tard. Les Russes ne s'enfuirent pas, ils ne pouvaient d'ailleurs pas quitter si vite les cours pour se sauver derrière les haies. On peut bien croire que je n'allais pas au pas en traversant le village, mais la neige, qui arrivait presque au ventre des chevaux, ne leur permettait pas de galoper.

Je sortis du village par l'autre côté et revins former mon escadron entre lui et l'Empereur, qui était à 600 pas de nous environ. A ce moment j'aperçus une compagnie de grenadiers de la garde que l'Empereur, voyant probablement l'ordre extravagant que nous avait donné Murat, envoyait s'emparer du village.

Les grenadiers l'occupèrent sans tirer un coup de fusil; les Russes eurent à peine le temps de tirer une fois; une partie d'entre eux put se retirer en traversant le ravin, les autres furent faits prisonniers.

L'Empereur était à pied devant sa garde. Je retournai prendre ma place près de lui, il était furieux contre Murat. S'adressant à moi, il me dit : « Comment as-tu pu écouter ce fou ? »

Les obus russes commençaient à tomber plus

nombreux à chaque moment et jetaient à terre plusieurs de nos hommes. La garde restait immobile comme une muraille.

Nos canons en position sur le bord du ravin répondaient à peine. L'Empereur ne permettait pas de tirer, disant que les Russes tiraient de trop loin. Mais leurs *unicornes* (1) nous atteignaient.

Un obus tomba tout près de l'Empereur. Napoléon le frappa de sa cravache en disant : « Ah! il y a longtemps que je n'en avais pas reçu entre les jambes! » L'obus éclata en couvrant l'Empereur de neige, sans blesser personne.

Remarquant que de nouvelles troupes russes ne cessaient d'arriver, Napoléon en conclut que le maréchal Ney avait été fait prisonnier ou qu'il faisait un grand détour autour de l'armée russe pour le rejoindre, et il ordonna la retraite.

Nous marchâmes en colonnes serrées, les escadrons de service en tête, l'infanterie de la garde en deux colonnes, l'artillerie de la garde sur la route, ensuite l'infanterie, et enfin toute la cavalerie de la garde. Nous arrivâmes avant

---

(1) Les « unicornes » étaient des obusiers ou canons à chambre, dont les anses figuraient des unicornes ou licornes. — On les appelait aussi canons à la Schouvalow, du nom du feld-maréchal qui avait inventé ce système d'artillerie pendant la guerre de Sept Ans.

la nuit à la petite ville de Lady, escortés au sud par les cosaques, derrière lesquels nous pouvions distinguer la cavalerie régulière russe. Ces cosaques tiraient sans cesse sur nous avec leurs petits canons, dont les boulets arrivaient jusqu'à l'Empereur, qui marchait à pied au milieu des grenadiers de la garde.

Nos escadrons furent très souvent obligés de chasser les cosaques pendant cette marche pénible.

Le lendemain nous continuâmes notre marche dans le même ordre jusqu'à Dombrowna. Les cosaques nous y causèrent une alarme pendant la nuit : nos grand'gardes et nos vedettes avaient bien été placés, mais trop près des chaumières qui se trouvent en dehors de la ville, qui était déjà tout à fait une ville polonaise. Les habitants étaient chez eux, et nous distribuaient toutes les provisions qu'ils possédaient. C'était la fin de notre grande misère.

De Dombrowna à Orsza notre marche fut beaucoup plus tranquille, nous ne voyions presque plus l'ennemi.

Quand nous fûmes arrivés à Orsza, peu de temps après notre installation dans la ville, l'Empereur m'ordonna le soir de partir avec un escadron sur la route de Witebsk, comme s'il eût prévu que le maréchal Ney arriverait de ce côté. Nous nous mîmes en marche. Bientôt nous apercûmes au loin des cavaliers, que le clair de lune me permit de reconnaître pour des cosaques : en nous apercevant ils se dispersèrent. Deux lieues plus loin, nous entendîmes des coups de fusil. Vers l'aube, nous vîmes s'approcher de nous d'abord quelques cavaliers, puis de l'infanterie. Nous reconnûmes bientôt des cavaliers polonais en tête.

Le maréchal Ney, ne pouvant percer la ligne des Russes sur la grande route, s'était jeté vers le Nord, conduit par un paysan de la Russie blanche qui parlait polonais. Il avait traversé le Dniéper, en sacrifiant les canons et les chevaux qui ne purent passer sur la glace trop mince du fleuve, et en marchant constamment sur la rive droite, il avait fini par nous rejoindre. Nous apercûmes le brave maréchal monté sur un misérable cheval, suivi de quelques centaines d'hommes en armes, et d'une troupe presque aussi nombreuse de soldats désarmés, auxquels l'épuisement et la fatigue avaient fait jeter leurs fusils.

Le maréchal fut très content de nous rencontrer et d'apprendre que l'Empereur l'attendait à 3 lieues de là, à Orsza. Les officiers du maréchal nous racontèrent ce qui s'était passé pendant leur marche si pénible.

Près du maréchal Ney se trouvaient quelques officiers polonais, dont le maréchal dit lui-même qu'il leur devait son salut.

Après notre retour à Orsza, un de mes chevau-légers qui se trouvait de patrouille la nuit, de l'autre côté de la ville, reconnut dans un officier d'artillerie, qui se chauffait avec quelques canonniers autour d'un feu, mon ami Caraman, dans un état pitoyable. Tous nos chevau-légers connaissaient très bien Caraman, car il venait nous voir très souvent, quand son quartier n'était pas trop éloigné du nôtre. Lorsque j'appris cette nouvelle, j'allai aussitôt le rejoindre ; je le trouvai très affaibli : ne pouvant rester longtemps éloigné de mon escadron, je rentrai à Orsza et je lui envoyai immédiatement un de mes chevaux par un de mes ordonnances qui le connaissait bien. Ils revinrent tous deux près de nous, au moment où nous quittions Orsza. Depuis ce moment Caraman resta avec nous, et nous fîmes ensemble toute la retraite jusqu'à Posen. Au début de la campagne, Caraman commandait une batterie à cheval dans le corps du maréchal Davoust ; il perdit sa batterie à Wiazma, le cheval qu'il montait fut tué sous lui, son domestique et son autre cheval furent pris par l'ennemi, et depuis lors Caraman faisait la route à pied.

C'est aussi à Orsza que je rencontrai mon vieux camarade Tascher, cousin de l'impératrice Joséphine, qui avait perdu son cheval et était aussi forcé de suivre l'armée à pied.

Je lui donnai aussi un cheval avec tout son harnachement, c'était celui qui avait reçu une balafre à Smolensk. J'avais 9 chevaux : il m'en restait encore 7, tous en bon état, car nos chevau-légers montaient toujours de petits chevaux de paysans que nous gardions avec nous pendant la retraite pour ne pas fatiguer les nôtres; les officiers commandés pour chercher du fourrage dans les villages voisins revenaient rarement les mains vides : ils nous amenèrent un jour des « kibitkas » russes remplies d'avoine et de provisions : ils s'étaient lancés sur un petit village où se trouvaient des cavaliers russes, qui, ne craignant aucune attaque de notre part, dormaient tranquillement dans les maisons, après avoir mis leurs chevaux dans les écuries; les « kibitkas » étaient tout attelées : les Russes se croyaient tellement en sécurité qu'ils n'avaient placé ni gardes, ni vedettes, et à cause du grand froid, ils s'étaient réfugiés dans les maisons sans prendre la moindre précaution.

D'Orsza, nous prîmes la route de Boryssow, qui passe à travers de grandes forêts; en plusieurs endroits elle est construite en gros rondins de bois qu'on pouvait distinguer sous la neige qui les couvrait.

Nous ne souffrions plus de la famine : les habitants des environs, les *Lètes*, nous faisaient bon accueil.

L'Empereur voulait poursuivre sa retraite par la grande route de Boryssow à Minsk où se trouvaient de grands magasins, mais il reçut le jour même de notre départ d'Orsza de très tristes nouvelles. Le général Dombrowski, pressé par l'armée de l'amiral Tchitchagow, avait été obligé d'abandonner les environs de Bobrujsk et de se retirer sur Boryssow : il s'était battu bravement pour défendre et sauver le pont de la Bérésina; mais accablé par des forces très supérieures, il avait dû traverser la rivière et brûler le pont. D'autres nouvelles non moins fâcheuses arrivèrent. La brigade lithuanienne nouvellement formée sous le commandement du général Kossecki était détruite et la ville de Minsk occupée par les Russes. Ensuite le général autrichien Schwarzenberg et le général Reynier se retiraient sur Varsovie devant le général Tormansow; à Slonim le général polonais Konopka avait eu l'imprudence de se laisser engager dans un combat inégal avec un seul régiment, le 3ᵉ lanciers lithuaniens de la garde impériale, et avait été fait prisonnier avec une grande partie du régiment par la division de cavalerie russe du général Czaplic. Enfin, pour comble de malheur, les maréchaux Victor et Oudinot, battus par le corps de Wittgenstein, se retiraient de Polock, et le général bavarois de Wrède battait en retraite devant le général russe Steindel, arrivé avec le corps finlandais pour soutenir Wittgenstein.

Il semblait impossible que la grande armée pût s'échapper en traversant la Bérésina, car le plan russe était visiblement de réunir les corps russes du Nord et du Sud pour nous en barrer le passage.

Le plan aurait certainement réussi si le généralissime Kutusow s'était précipité tout droit sur nous avec l'armée qui nous suivait, et si le corps polonais, réuni aux troupes du général Dombrowski, n'avait, à force de bravoure et d'intrépidité, réussi à repousser l'amiral Tchitchagow.

L'Empereur, en arrivant à Boryssow, était convaincu que le passage était impossible sur ce point. Il envoya des officiers du génie à 2 lieues au-dessus de la ville et ordonna de jeter des ponts à Zembin.

Le 8ᵉ lanciers de la Vistule, commandé par le colonel Thomas Lubienski, fut le premier régiment qui passa la Bérésina à gué, et chassa les cosaques de Tchitchagow qui se trouvaient sur la rive opposée. Après eux, le corps de Dombrowski, les divisions polonaises des généraux Kniaziewicz et Zajonczek, la légion de la Vistule et la brigade de cuirassiers français du général de Berckheim passèrent sur le pont qui venait d'être construit et se mirent en marche de suite sur la gauche au-devant des troupes de Tchitchagow qui se trouvaient vis-à-vis de Boryssow, et qui, à la nouvelle du passage des Français et de la construction des ponts, s'avançaient vers nous. A une demi-lieue de Boryssow, l'amiral russe fut battu par nos troupes, de sorte que le reste de la grande armée et la garde impériale purent traverser tranquillement les ponts (le deuxième pont avait été terminé pendant ce temps).

Le général polonais Turno se joignit à nous pendant le passage.

La bataille de la Bérésina, la dernière de cette campagne, fut gagnée par les seuls Polonais; il ne s'y trouvait avec nos troupes qu'une seule brigade de cuirassiers français. Les généraux Dombrowski, Kniaziewicz et Zajonczek furent blessés tous trois pendant la bataille : le général Zajonczek dut subir en plein air l'amputation d'une jambe.

Le prince Poniatowski s'était foulé le pied au

combat de Woronowo; l'Empereur avait confié le commandement des troupes polonaises au maréchal Ney.

Les débris de l'armée française, suivis d'une multitude de blessés et de malades, traversaient les ponts quand le maréchal Victor, qui se retirait en se défendant contre les attaques de Wittgenstein, arriva auprès d'eux. Les boulets russes atteignaient déjà, en passant par-dessus les ponts, les blessés de l'autre côté de la Bérésina.

L'Empereur continua sa retraite en s'avançant avec la garde sur une route étroite, à travers des marais incomplètement gelés, traversant plusieurs ponts sur lesquels il fallut passer pour arriver à Malodeczno. Derrière nous marchaient les troupes polonaises qui avaient battu Tchitchagow. Enfin le maréchal Victor formait l'arrière-garde.

Nous arrivâmes au bout de trois jours à Malodeczno sans être inquiétés. C'est là que l'Empereur décida son départ pour la France, afin de presser la formation d'une nouvelle armée; mais il ne partit que le lendemain, de Smorgoni, en confiant à Murat le commandement de toute l'armée. Le convoi de l'Empereur se composait de deux voitures : lui dans la première avec Caulaincourt; dans la seconde, Duroc et l'aide de camp de l'empereur Mouton. L'officier polonais Wasowicz et le mameluck Roustan les précédaient dans un petit traîneau.

Nous poursuivîmes notre retraite jusqu'à Wilna, où nous ne restâmes que deux jours; puis après Wilna, nous mîmes trois jours pour arriver à Kowno. A la sortie de Wilna, un affreux désordre se mit dans les fourgons et les chariots qui ne pouvaient à cause du verglas gravir la côte de Ponary. Grâce à ma connaissance des environs, je tournai à droite avec mes cavaliers, nous passâmes la Wilja sur la glace et nous évitâmes cette côte dangereuse. Après nous, sur l'assurance que je lui donnai qu'on pouvait traverser cette rivière, le régiment de cavalerie de Savoie du prince Carignan nous suivit et passa sans accident.

Au début de la campagne, en partant pour Moscou, le régiment de chevau-légers lanciers polonais de la garde impériale avait traversé le Niémen avec 915 chevaux. Nous avions fourni des cadres pour un régiment de volontaires en formation à Dantzig : trois capitaines avaient été envoyés à Moscou avec des cadres pour organiser trois régiments de cavalerie polonaise, qu'on n'eut pas le temps de former.

Malgré ces diminutions, notre régiment repassa le Niémen après la retraite avec encore

422 hommes, et il se trouvait plus fort que l'ensemble des trois autres régiments de cavalerie de la garde ; je ne parle pas du régiment de lanciers rouges hollandais, car à l'exception du capitaine Colqhoun et du maréchal des logis son frère, qui s'étaient attachés à nous depuis Smolensk, je n'ai plus vu personne de ce régiment. Pourtant nous n'avions été ménagés nulle part! Quand arrivait au quartier général un rapport disant que les cosaques se montraient quelque part à proximité de l'armée, toujours on entendait le même ordre : « Polonais, allez voir! » Il était bien rare pour nous de passer une nuit tranquille.

La démoralisation la plus complète régnait dans les troupes de la Confédération du Rhin ; la meilleure preuve en est ma rencontre avec le général de Wrède chef des troupes bavaroises, le lendemain de notre arrivée à Wilna. Le froid dépassait 20 degrés, c'était la journée la plus glaciale de la campagne. J'allais le matin au quartier général du roi Murat, qui se trouvait dans le château. Je rencontrai un homme couvert d'un manteau civil, une sorte de turban sur la tête, l'épée à la main, sans gants, et courant, suivi d'une quinzaine de soldats armés de fusils, croisant la baïonnette comme pour charger. En m'apercevant et reconnaissant mon

czapka et mon uniforme, il me cria vivement :
« Où est le quartier général ? Les cosaques sont
en ville!! Ils arrêtent nos hommes dans la rue
et la garde impériale ne sort pas de ses quartiers!!! » En examinant attentivement le visage
de mon interlocuteur enveloppé de mouchoirs,
et au son de sa voix, je reconnus le général de
Wrède que j'avais vu souvent en 1809, et je lui
répondis tranquillement : « Je vais justement
au quartier général du roi Murat et si le général
me le permet, je vais le guider. Mais nous pouvons y aller tranquillement, car les portes de la
ville sont gardées par l'infanterie, il y a des
grand'gardes partout, et j'affirme qu'il n'y a pas
encore de cosaques en ville. » J'ajoutai : « Mon
général, remettez votre épée au fourreau, pour
ne pas effrayer le roi Murat. »

En général les officiers supérieurs français
ont supporté les grands froids et leurs inconvénients beaucoup mieux que leurs alliés, et je
suis convaincu que si l'Empereur avait fait luimême dresser sa tente au milieu du terrain
choisi pour camper, les généraux n'auraient pu
s'écarter pour aller dans des maisons, leurs
subordonnés officiers et soldats auraient suivi
leur exemple, et l'ordre aurait pu être établi.
Les approvisionnements préparés dans les
magasins auraient pu être distribués avec ordre

au lieu d'être gaspillés. Quant aux batailles livrées pendant la retraite, les Français se défendirent toujours victorieusement contre les Russes, malgré leur infériorité numérique. Mon régiment se tenait toujours bien : les officiers couchaient toujours au bivouac au milieu des chevau-légers. Les provisions étaient suffisantes, car nous étions près du quartier général et nous rencontrions les convois de bétail qui suivaient l'armée.

Quand nous arrivions quelque part pour passer la nuit, nos chevau-légers occupaient un bâtiment quelconque et veillaient à ce que les Français n'y missent pas le feu pour se chauffer. C'est là que mon cuisinier Garolinski, aidé d'une douzaine de cavaliers, s'occupait à préparer le mieux possible notre nourriture. Nos soldats se chargeaient de trouver de la viande et de la farine : il faisait cuire la viande, et faisait avec la farine des sortes de grandes galettes qu'il grillait un peu ; malheureusement le sel manquait beaucoup. Presque chaque matin, avant le départ, chaque cavalier recevait une de ces galettes chaudes et un morceau de viande, qui devaient lui suffire pour la journée. Il n'est pas étonnant que notre cuisinier Garolinski fût gardé par ses camarades comme la prunelle de leurs yeux.

Un jour, quelques officiers et moi, nous nous installâmes dans une chambre pour nous chauffer un peu, en attendant qu'un morceau de viande fût cuit pour nous. La chambre s'échauffait un peu quand une odeur épouvantable se répandit dans la pièce... Nous trouvâmes sous des bottes de paille le cadavre d'un général hollandais.

Toute la brigade napolitaine mourut gelée en une seule nuit, un peu avant Wilna. Ils imploraient le secours de leur roi Joachim Murat en tendant vers lui leurs mains gelées... Personne ne s'occupa d'eux pendant la nuit.

Après avoir repassé le Niémen près de Kowno, nous ne campâmes plus nulle part : nous nous arrêtions toujours dans de petits villages. Nous nous reposâmes quelques jours à Elbling, et en prenant par Thorn arrivâmes à Posen.

C'est dans cette ville que le roi Murat remit au prince Eugène le commandement des débris de la grande armée. Celui-ci se mit sur-le-champ à la réorganisation des troupes, et renvoya en arrière tous les hommes qui ne pouvaient plus servir dans les rangs. Il s'aperçut qu'il ne restait plus que 10,000 hommes encore en bon état, la plus grande partie de la vieille garde, quelques compagnies italiennes, et 60 Bavarois à cheval, qu'on joignit à mes escadrons. Ces

Bavarois nous gênèrent beaucoup par leur mollesse.

Le vice-roi Eugène reçut la nouvelle que l'armée russe s'était mise en marche de Plock sur Kalisz, et fut alors obligé d'abandonner Posen.

J'étais fâché de quitter cette ville, en pensant que je ne reverrais peut-être pas avant longtemps le sol natal.

A quatre heures du matin, nos dernières grand'gardes et vedettes se retirèrent devant l'ennemi et rentrèrent à Posen, d'où le vice-roi et ses troupes étaient sortis la veille; avant l'aube j'avais envoyé à sa suite les escadrons de l'arrière-garde. Pour moi, je restai avec un trompette et quelques chevau-légers sur la place du Marché, en laissant douze cavaliers bavarois de l'autre côté du pont, pour que les cosaques les attaquassent avec audace, mais en petit nombre.

Je vis bientôt les Bavarois rentrer par le pont, suivis dans la grande rue par des cosaques et de la cavalerie régulière ennemie. C'est à ce moment que, le cœur serré, je battis en retraite, en passant devant le tribunal de Posen : les Russes s'arrêtèrent en apercevant sur la place du Marché les lances et les fanions polonais.

Je quittai enfin Posen, avec douze cavaliers

bavarois, six chevau-légers et un trompette, et rejoignis mes escadrons.

C'était à 8 heures du matin, le 12 février 1813.

Nous ne vîmes plus l'ennemi jusqu'à Magdebourg, où prit fin la retraite de Russie.

Le maréchal Bessières, qui commandait toute la cavalerie de la garde, m'envoya à Francfort-sur-le-Mein pour recevoir 2,000 chevaux offerts à l'Empereur pour remonter la cavalerie de la garde par les princes allemands de la Confédération du Rhin. Le maréchal m'adjoignit un officier et quelques vieux maréchaux des logis chefs des régiments de cavalerie de la garde.

L'accomplissement de cette mission m'occupa plusieurs semaines, mais cette besogne me permit de me reposer un peu, car j'habitais la même maison que mon vieux camarade et ami Tascher, que son mauvais état de santé avait fait nommer gouverneur de Francfort.

Le prince Dominique Radziwill, qui avait commandé comme colonel pendant toute la campagne de Russie le 8ᵉ régiment de lanciers polonais du duché de Varsovie, fut nommé par l'Empereur major au régiment de chevau-légers lanciers polonais de la garde. Il prit son commandement au régiment après la bataille de Leipzig.

Le régiment reçut comme cantonnement la

ville de Grima, mais il arriva bientôt à Friedberg, auprès de Francfort; c'est là qu'il fut complété par 500 hommes choisis parmi les meilleurs de la division du général Dombrowski, et par le reste des lanciers lithuaniens de la garde, qui avaient perdu tant d'hommes à la bataille de Slonim, y compris leur chef, le général Konopka.

De cette manière, le régiment de chevau-légers lanciers de la garde comprit dix escadrons au lieu de cinq : six escadrons restèrent à Friedberg, les quatre autres, qui étaient ceux qui étaient revenus de Moscou, étaient déjà partis au mois d'avril par Fulde et Weimar pour la ligne de bataille, sous le commandement du prince Dominique Radziwill.

Je commandais les deux premiers escadrons et Jerzmanowski les deux autres.

CHAPITRE VI

CAMPAGNE DE SAXE EN 1813

Combat de Weissenfels. — Combat de Kaja. — Attaque de nuit de cavalerie. — Marche sur Dresde et Bautzen. — Réflexions sur l'emploi de l'infanterie et de la cavalerie à l'avant-garde. — Bataille de Bautzen. — Combat de Reichenbach. — Mort de Duroc. — Mission à Pleiswitz. — Le projet de traité de paix : abandon de la Pologne. — Ma démission. — Séjour à Londres. — Le débarquement de l'île d'Elbe. — Le maréchal Oudinot à Metz. — Rentrée à Posen.

La campagne de Saxe commença le 1ᵉʳ mai 1813. L'Empereur était venu nous retrouver à Naunbourg; c'est le lendemain 1ᵉʳ mai qu'eut lieu à Weissenfels le premier combat.

La ligne de la cavalerie ennemie se montra sur les hauteurs avec de l'artillerie. L'Empereur envoya en reconnaissance le maréchal Bessières avec notre premier escadron. Les Russes ne tirèrent que quelques coups de canon sur nous.

Un boulet frappa à la tête le maréchal Bessières, qui se trouvait à 30 pas en avant de mon escadron; le même boulet tua également mon maréchal des logis chef Jordan, qui se trouvait sur le flanc droit.

L'Empereur confia au maréchal Soult le commandement de la garde. Il se porta en avant le jour même, accompagné par nous. La cavalerie et l'artillerie ennemies se retiraient devant nous du côté de Lützen, où le quartier général de l'Empereur fut installé. Nous campâmes près de la ville.

Le 2 mai, la marche fut continuée vers Leipsig.

Le prince Eugène et son corps formaient la tête; derrière lui marchait la garde impériale; à notre droite, le corps du maréchal Ney, qui occupait le village de Kaja. Derrière la garde suivait le corps du maréchal Marmont, et enfin le corps du général Bertrand, aide de camp de l'Empereur.

Vers 10 heures du matin nous entendîmes une très forte canonnade, et des feux de mousqueterie derrière le village de Kaja. Toute l'armée prussienne et russe attaquait subitement le corps du maréchal Ney, composé seulement de jeunes soldats du premier ban. Ils ne purent soutenir cette attaque vigoureuse de l'infanterie ennemie, appuyée par une nombreuse artillerie, et abandonnèrent Kaja. Tout le corps de Ney fut mis en déroute, les jeunes soldats jetaient à terre leurs armes, qui jonchaient le terrain sur lequel nous arrivions justement. L'instant était des plus critiques. L'Empereur se trouvait à cheval à la tête de la garde en marche; il envoya l'ordre au prince Eugène de se déployer à droite; de la sorte il se rapprochait de l'Empereur. Celui-ci, tournant son cheval, nous donna l'ordre de le suivre au trot, et ordonna à l'infanterie de la garde qui se trouvait derrière (c'était de la jeune garde) et à l'artillerie de la garde de nous suivre.

Au bout d'une demi-heure nous nous arrêtâmes entre la route et le village de Kaja, et nous déployâmes sur une ligne, vis-à-vis de ce village, sur les champs où les débris des jeunes soldats de Ney s'enfuyaient encore.

L'armée française entière, avec ses cent vingt mille hommes, marchait en colonne vers Leipsig, où l'Empereur espérait trouver l'ennemi; il s'était préparé en conséquence à la déployer en avant, il lui fut encore plus facile de manœuvrer pour la déployer sur la droite.

Tous les corps français, par un mouvement de flanc, se portèrent sur la droite, tandis que la garde seule fit en une demi-heure un mouvement rétrograde pour se porter sur le point menacé, c'est-à-dire vis-à-vis du village de Kaja déjà occupé par l'ennemi.

Lorsque nous arrivâmes devant Kaja, nous fûmes reçus par des salves d'artillerie et par une fusillade venant des jardins.

L'Empereur donna l'ordre de ne pas laisser passer les fuyards de Ney entre nos escadrons : ils furent obligés de se retirer derrière notre aile gauche, c'est-à-dire entre nous et la jeune garde qui s'avançait. Par suite, au lieu de se disperser dans la plaine, ils furent forcés de se masser pour échapper par cet intervalle aux boulets de l'ennemi. C'étaient les derniers, qui avaient résisté le plus longtemps dans le village; la plupart étaient des officiers et des sous-officiers, tous vieux soldats : il fut donc assez facile de les reformer derrière nous, car ils n'avaient pas jeté leurs armes comme les plus jeunes soldats, mais ils étaient peu nombreux.

L'artillerie arriva enfin : l'Empereur fit mettre de suite deux batteries en position, et fit former derrière nous la jeune garde en colonnes.

L'ennemi ne déboucha pas du village, dont il avait mis toutes les maisons en état de défense, et l'épaisse colonne de sa cavalerie se plaça à gauche de Kaja, si près de nous que nous pouvions reconnaître en première ligne un régiment de cuirassiers et un régiment de hussards noirs à côté. Nous entendions distinctement les commandements qu'on leur faisait pendant les très courts intervalles où le canon cessait de gronder. Nous pouvions aussi remarquer différents mouvements dans les colonnes placées en arrière de ces régiments.

Nous étions sûrs que l'ennemi allait se jeter sur nous, et nous attaquer avec une cavalerie assez nombreuse pour envelopper notre droite. Nous étions bien préparés à les recevoir, mais ils avaient perdu trop de temps en mouvements préparatoires, et le moment décisif pour eux passa bien vite.

A la guerre, un commandant d'armée doit avoir la décision prompte, car un mouvement avantageux à un moment donné devient inexécutable cinq minutes plus tard. La décision et la présence d'esprit sont les qualités *sine qua non* d'un chef.

Les batteries françaises se succédaient, à chaque instant sur la ligne de bataille. L'Empereur ordonna à toute l'artillerie de diriger ses feux sur le village, et fit aussi avancer mes deux escadrons par pelotons à droite. Les deux autres escadrons commandés pas Jerzmanowski firent la même manœuvre à gauche, laissant un intervalle entre nous deux. L'Empereur tira son épée, se plaça entre les deux colonnes de la jeune garde, se lança avec elles sur le village et y pénétra sans qu'un coup de fusil fût tiré; la fusillade des jardins avait cessé. La cavalerie ennemie ne bougea pas. La situation avait changé : de la défensive nous passions à l'offensive. Le corps du maréchal Marmont se montrait au loin sur notre aile droite.

Il est probable qu'à la vue du corps de Marmont en marche, la cavalerie ennemie si nombreuse s'arrêta pour préparer quelque manœuvre; l'attaque de l'ennemi pour envelopper l'aile droite française aurait eu plus de chances de succès s'il eût employé utilement cette cavalerie au lieu de défendre avec toutes ses forces les villages de Kaja, Rahna et Görschen, qui devinrent son tombeau. Quelques moments plus tard, l'Empereur nous envoya l'ordre de le suivre, et nous traversâmes le village rempli de morts et de blessés : à plusieurs endroits ces malheureux, Français ou ennemis, étaient couchés pêle-mêle les uns sur les autres. Nous vîmes en particulier un gigantesque soldat de la garde prussienne et un petit soldat français tout jeune placés comme s'ils s'embrassaient : on eût dit un père et son fils, comme le remarqua à leur vue le général Lefebvre-Desnouettes qui se trouvait à la tête de mon escadron. C'est lui qui avait été fait prisonnier en Espagne par les Anglais. Il me raconta que, pendant sa captivité dans une petite ville du centre de l'Angleterre, il avait trouvé un négociant qui avait préparé son évasion pour 100 guinées : on l'avait transporté au bord de la mer, d'où un contrebandier l'avait amené sur la côte française.

Après avoir traversé Kaja, nous nous formâmes derrière la jeune garde qui poursuivait l'ennemi en retraite de toutes parts.

Le prince Eugène avait eu plus de difficultés sur notre aile gauche. Il avait en face de lui un corps russe commandé par Wittgenstein, qui ne commença à se retirer qu'en voyant la jeune garde poursuivre vivement les corps prussiens, et quand l'artillerie l'attaqua de flanc.

Toute la ligne ennemie était alors en retraite devant nous; la cavalerie ennemie, à notre aile droite, se retirait aussi, poursuivie par les marins de Marmont, et plus loin à droite par le corps du général Bertrand.

Nous n'avions plus que 2,400 cavaliers; l'Empereur ne voulut pas les employer, pour ne pas en diminuer le nombre; mais il est bien étrange que la cavalerie ennemie, si nombreuse, n'ait rien osé entreprendre !

A la chute du jour, Napoléon ordonna à tous les corps de s'arrêter, mais de rester sous les armes. Avant qu'il fît tout à fait sombre, nous vîmes la cavalerie ennemie s'arrêter, tandis que l'infanterie continuait sa retraite.

La nuit devenait sombre et noire, l'artillerie cessait de tirer. Le général Lefebvre-Desnouettes s'approcha de moi et me dit de le suivre avec un escadron. Nous passâmes devant notre infanterie qui était à 1,000 pas de l'ennemi; j'accompagnais le général à quelques pas en avant de l'escadron, quand nous aperçûmes à notre droite quelque chose qui ressemblait à une ligne de troupes. Une bande de ciel un peu plus claire sur l'horizon nous permettait de la distinguer malgré l'obscurité.

Le général commanda de s'arrêter, et j'allai dans cette direction avec le lieutenant Leski du premier peloton, pour voir mieux. En avançant de 200 à 250 pas, nous aperçûmes distinctement cette ligne, et nous entendîmes le bruit de cavalerie en marche, et les commandements « Halte!... poste!... »

Nous étant ainsi assurés que cette ligne était de la cavalerie ennemie, nous retournâmes au pas vers l'escadron, et nous aperçûmes sur la gauche un cavalier auprès de son cheval.

En arrivant près de lui, je le reconnus à son casque pour un Russe ou un Prussien (les deux avaient les mêmes casques). Je saisis les rênes du cheval, et le soldat, qui me parut un peu ivre, me cria : « Werda? » Ces deux mots me suffirent pour reconnaître sa nationalité, et je lui ordonnai de monter à cheval. Je tenais en main la bride du cheval du Prussien, Leski se tenait de l'autre côté. Cet homme ne résista pas, mais il voulut expliquer pourquoi il avait quitté les rangs et avait mis pied à terre. Je lui imposai silence, et quoique ivre, il parut comprendre qu'il lui fallait se taire.

Quand nous arrivâmes près du général Lefebvre, qui se tenait avec son aide de camp à 10 ou 15 pas en avant de l'escadron, j'interrogeai mon prisonnier : je lui demandai quel était son régiment. Il me répondit qu'il appartenait au 1er régiment de cuirassiers de Brandebourg. « Où est votre régiment? — Il ne doit pas être à plus de cent pas, car il n'y a qu'un moment que je l'ai quitté. » Quand je traduisis ces questions et ces réponses au général Lefebvre, il tira son sabre en disant assez haut :

« Ah! ah! ils veulent se jeter sur nous à l'improviste. Allons! attaquons-les! Ils ne pourront pas nous compter dans l'obscurité! » Mais au même instant, l'Empereur, qui avait suivi l'escadron avec quelques officiers à notre insu, se montra devant le général Lefebvre, l'entendit parler, et l'appela en lui disant :

« Lefebvre, tu es toujours le même, toujours fou! Que l'escadron reste où il est! »

Puis il m'ordonna de questionner encore le

cuirassier prussien. Celui-ci, qui nous avait enfin reconnus, prit peur malgré son ivresse et nous répondit assez clairement « que vers minuit, 20 régiments de cavalerie (on l'avait probablement dit aux troupes) devaient se jeter sur le camp français. »

L'Empereur nous fit retirer, et nous rentrâmes en l'accompagnant derrière la ligne d'infanterie qui était toujours l'arme au bras. L'Empereur envoya aussitôt l'ordre sur toute la ligne que chaque division envoyât à 100 pas en avant, dans le plus grand silence, un bataillon, qui se formerait en carré et resterait en place.

Avant minuit nous entendîmes devant nous le bruit de la cavalerie ennemie; cela ne dura pas plus de cinq minutes, lorsqu'un de nos carrés à droite fit feu. Le bruit des cavaliers grandit en face de nous, mais le carré d'infanterie qui se trouvait juste devant nous ne tira pas.

Le feu du premier carré effraya tellement nos chevaux qu'il fallut reformer les escadrons.

Une attaque de cavalerie pendant la nuit ne réussit presque jamais, car la moindre ligne d'infanterie suffit à l'arrêter, et force la cavalerie à se retirer en désordre. C'est probablement ce qui est arrivé à la cavalerie russo-prussienne. Une pareille attaque ne devrait être exécutée qu'une heure avant le jour, pour profiter du désordre de l'ennemi si elle réussit.

Ce jour-là, l'Empereur, n'ayant pas assez de cavalerie sous la main, n'avait pu placer de grand'gardes et de vedettes, ni envoyer de patrouilles en avant de toute la ligne d'infanterie ; c'est pourquoi il avait fait rester sous les armes toute la première ligne d'infanterie ; peut-être avait-il été informé par un espion des intentions de l'ennemi.

A deux heures du matin, il fit remplacer la première ligne d'infanterie, car la deuxième ligne et la réserve avaient déjà pris quelques heures de repos. La deuxième ligne resta sous les armes depuis deux heures jusqu'au matin.

Nous quittâmes aussi notre position à deux heures du matin et suivîmes l'Empereur à Lützen : nous campâmes près de la ville, au même endroit où nous avions passé la nuit précédente. Mais nous n'y restâmes pas longtemps, car au point du jour nous accompagnâmes l'Empereur qui quittait Lützen.

Nous traversâmes de nouveau Kaja, et rejoignîmes l'infanterie déjà en marche sur Pegau par la grande route, plus courte pour aller à Dresde que la route de Leipsig.

Notre marche sur Dresde fut signalée presque

chaque jour par de petits combats entre notre avant-garde et l'arrière-garde ennemie.

Nous nous trouvâmes quelquefois en position sur des hauteurs d'où nous vîmes très bien de ces engagements. Ces combats étaient vraiment extraordinaires : de notre côté il n'y avait que de l'infanterie à se battre, du côté ennemi que de la cavalerie. L'infanterie s'avançait en colonnes précédée de ses tirailleurs, qu'on n'envoyait jamais trop en avant, en raison de la nombreuse cavalerie ennemie et de la nuée de cosaques qui s'y trouvaient.

L'infanterie française marchait toujours dans cet ordre sans presque s'arrêter, et lorsque l'ennemi montrait sa nombreuse artillerie, la colonne se déployait sans cesser d'avancer. Entre les bataillons se trouvaient des canons, que l'on mettait en batterie quand l'occasion était favorable, pour tirer sur l'ennemi qui semblait changer sa retraite en offensive.

Il eût certainement beaucoup mieux valu placer de la cavalerie en avant-garde; cependant cette marche de Lützen à Dresde, puis à Bautzen, prouve qu'il n'est pas nécessaire de mettre tant de cavalerie à l'avant-garde qu'on ne le fait d'habitude, et où souvent on la perd en l'employant trop. Il faut en effet que la cavalerie soit toujours sur le qui-vive, les chevaux toujours sellés : de la sorte on l'abîme bien vite, comme l'a bien montré l'emploi exagéré qu'on en a fait pendant la campagne de Russie.

Le roi Murat avait toujours sous la main comme avant-garde une cavalerie nombreuse, et souvent, elle était toute entière obligée de s'arrêter pour la simple traversée d'un bois, quand celui-ci était occupé par quelques centaines de tireurs à pied ennemis; il fallait attendre l'arrivée d'un bataillon d'infanterie française pour dégager le passage. Pendant la marche sur Bautzen, l'infanterie ne souffrit pas beaucoup, à ce qu'on m'a appris, quoiqu'elle formât l'avant-garde sans cavalerie; elle perdit pourtant quelques hommes par le feu de l'artillerie; les attaques que fit sur elle la cavalerie ennemie n'eurent de succès nulle part.

Pour terminer ces réflexions sur le service d'avant-garde de l'infanterie, il faut que je me permette d'anticiper sur les événements ultérieurs. Après les batailles de Bautzen et de Haynau, l'infanterie ne fut pas employée à propos comme avant-garde. La division du général Maison s'arrêta devant Haynau, au lieu de se placer derrière la ville, se couvrit par quelques faibles grand'gardes et sentinelles, forma les fusils en faisceaux et se dispersa pour chercher des provisions dans la ville. La cavalerie ennemie, couverte par une forêt voisine, se jeta subitement sur les sentinelles et les grand'gardes, les sabra, arriva jusqu'aux faisceaux, sabra leurs gardes et se retira. La perte en hommes ne fut pas grande, mais cette surprise eut une influence morale fâcheuse sur l'infanterie.

Cet accident ne se fût jamais produit si la division s'était arrêtée derrière la ville, avait envoyé en avant d'elle un bataillon occuper les maisons extérieures, en le couvrant naturellement par des grand'gardes et des sentinelles. Lorsque l'avant-garde ne peut s'installer à côté d'une ville ou d'un village, et que les circonstances l'obligent à les traverser et à prendre position en avant, il faut bien se garder et n'envoyer les hommes que par détachements chercher des vivres, du bois et de la paille. Mais l'armée française n'a jamais su se bien garder.

Je répète ici qu'on ne doit pas poser en principe qu'une avant-garde n'a pas besoin de cavalerie; pendant ces marches ce fut la nécessité qui obligea l'infanterie à assurer seule le service d'avant-garde. Il est beaucoup mieux d'avoir de la cavalerie pour l'employer en grand'gardes, vedettes, et surtout en patrouilles et reconnaissances; mais pour ce service, il n'y a pas besoin d'en avoir beaucoup.

A mon avis, on devrait garder en réserve la plus grande partie de la cavalerie, pour l'employer pendant la bataille et pour la charger de la poursuite après la victoire.

Je ne demande pas d'épargner la cavalerie; au contraire, je conseille de s'en servir avec vigueur, mais seulement quand la situation du combat et le moment sont propices. Je ne demande pas que pendant la bataille on la tienne loin en arrière, elle doit être derrière l'infanterie, tout auprès ou à côté si le terrain est découvert, pour qu'elle soit toujours prête à se jeter sur l'ennemi et à le détruire à chaque instant, aussitôt que l'occasion favorable se présente.

Il est vrai que le canon et le fusil lui font perdre plus d'hommes si elle est sur la ligne que si elle est loin en arrière. Mais l'expérience a montré qu'une cavalerie qui est restée plusieurs heures exposée au feu charge l'ennemi avec beaucoup plus de vigueur, malgré les pertes qu'elle a subies.

Je ne veux donc pas placer la cavalerie à l'abri du feu, mais l'envoyer à l'attaque et à la charge quand la nécessité y oblige.

Les Français n'ont jamais su ménager leur cavalerie. A l'exception de la campagne de Saxe, ils en mettaient toujours trop à l'avant-garde et envoyaient des patrouilles et des reconnaissances trop nombreuses; ils abîmaient ainsi leurs chevaux et perdaient trop de monde, surtout avec les cosaques, habitués à dresser des embuscades et très habiles à la guerre d'avant-garde.

Nous fîmes notre entrée à Dresde, dans la vieille ville, le 8 mai, sans rencontrer d'obstacles. Le pont sur l'Elbe était à moitié détruit; de l'autre côté du pont, dans la ville neuve, les Russes avaient placé des canons et tiraient sur tout ce qui se montrait en face d'eux.

L'Empereur ordonna à son officier d'ordonnance Caraman d'amener une batterie de la garde sur le bord de l'Elbe. C'était vraiment un plaisir de le voir enlever officiers et canonniers et prendre ses dispositions. A peine la batterie avait-elle tiré trois ou quatre salves de ses six pièces qu'on aperçut un grand désordre parmi les Russes de l'autre côté de la rivière. En une demi-heure leurs canons et leurs troupes avaient disparu.

Du côté gauche de Dresde se trouvaient les troupes du génie françaises; elles jetèrent un autre pont sous la protection de 60 canons que le général Drouot fit mettre en batterie sur les hauteurs de Prüsnitz. Le même jour on répara le pont en partie détruit (une seule arche avait sauté), au moyen de poutres en bois.

Le 10, le corps du prince Eugène traversa le pont et se mit en marche sur Bautzen; il fut suivi par le corps du maréchal Marmont.

L'Empereur suivit la même route avec la garde le 18 seulement, après le retour du roi de Saxe de Prague, où il était allé se cacher à l'arrivée des Russes.

Nous fîmes la route de Dresde à Bautzen dans la même journée. Le jour même, le 18, l'Empereur montait à cheval et passait presque toute la nuit à parcourir la ligne des grand'gardes et des vedettes, pour reconnaître les positions de l'ennemi d'après ses feux de bivouacs.

L'Empereur pensait que l'ennemi défendrait les positions avantageuses qu'il occupait près de Bautzen, car la ville était facile à mettre en état de défense. A gauche, se trouvent des hauteurs assez importantes, et à droite commencent les petites montagnes qui séparent la Saxe de la Bohême.

L'Empereur ordonna toutes les dispositions pour la bataille du lendemain, et les corps exécutèrent tous ensemble un mouvement en avant.

Le maréchal Oudinot avança à droite, Marmont au centre vis-à-vis de Bautzen, et le maréchal Ney se porta sur Hoyerswerda avec l'ordre de déboucher sur notre aile gauche du côté de Bautzen.

Tous les corps se mirent en marche, la garde impériale au milieu, mais nous ne voyions pas l'ennemi, sauf de petits détachements de hulans et une nuée de cosaques qui se retiraient; l'artillerie et l'infanterie restaient invisibles.

Nous dépassâmes Bautzen par la gauche, traversâmes la Sprée alors presque à sec, et ce n'est qu'à une demi-lieue au delà de Bautzen que nous aperçûmes les lignes ennemies près de Hochkirch.

Le soir arriva; au coucher du soleil l'Empereur rentra à Bautzen où son quartier était établi dans l'évêché. Dès notre entrée dans la ville à sa suite, on nous distribua des billets de logement; nous installâmes nos chevaux dans leurs écuries, dessellés, à l'exception de l'escadron de service, comme en pleine paix. Les habitants nous préparaient à souper dans leurs maisons. C'était la première fois que nous jouissions d'un si agréable confort aussi près de l'ennemi; mais nous étions gardés par l'infanterie en position à une demi-lieue de la ville. En ce moment on ménageait, on choyait presque la poignée de cavalerie qui restait à l'armée française après la campagne de Russie.

Nous reçûmes l'ordre de seller nos chevaux et de les tenir prêts à 4 heures du matin. Mais nous ne sortîmes de Bautzen pour escorter l'Empereur que vers 7 heures. Toute la cavalerie de la garde, c'est-à-dire quatre régiments en tout, fut placée sur une hauteur dominante, de sorte que l'ennemi pouvait nous voir d'Hochkirch.

Nous formions le centre et mettions en communication l'aile gauche et l'aile droite, car l'Empereur portait du centre sur la gauche le corps du maréchal Marmont et la cavalerie du général Latour-Maubourg; le maréchal Ney avait en effet envoyé prévenir d'Hoyerswerda qu'il avait rencontré de mauvaises routes et ne pourrait arriver en ligne que vers midi.

Au reçu de cette nouvelle, l'Empereur ordonna de suspendre l'attaque de l'infanterie, mais la canonnade ne cessa pas, et sur notre aile droite, dans la montagne et au milieu des broussailles, le feu des tirailleurs continua sans interruption d'un côté comme de l'autre.

C'est au son de cette musique d'artillerie et de mousqueterie que l'Empereur se coucha sur un manteau déplié à terre et donna l'ordre qu'on ne le réveillât que dans deux heures; il s'endormit le plus tranquillement du monde devant nous.

Pendant ces deux heures, on entendit continuellement à notre aile droite, dans les montagnes, les sifflements des balles des tirailleurs et des boulets d'une douzaine de canons que les Français y avaient amenés. L'ennemi avait sur ce point plus de canons que nous, car il avait eu tout le temps de se préparer à nous recevoir. Sur le centre, il n'y avait que les canons devant nous qui tiraient, et on entendait un feu assez faible des tirailleurs dans les ravins.

De temps en temps nous recevions des boulets ennemis, une quinzaine à peu près nous arrivèrent en ricochant, mais roulèrent jusqu'à nous sans vitesse, et sans nous faire aucun mal. Un obus tomba près de l'Empereur.

Vers une heure arriva le 7e régiment de lanciers de la légion de la Vistule. C'était un vieux régiment polonais, qui avait fait toutes les campagnes d'Italie, et revenait alors d'Espagne après s'être complété à Sedan au moyen de cadres et de cavaliers envoyés du corps polonais qui se trouvait au bord du Rhin. Le chef de ce régiment était le général Stokowski, ancien chef d'escadrons des chevau-légers de la garde.

Il était resté à Sedan pour former encore deux escadrons, et à ce moment le régiment était commandé par le colonel Tanski. On le plaça sur notre aile gauche, prolongeant la ligne de la cavalerie de la garde.

Napoléon dormait encore tranquillement

quand l'officier d'ordonnance Bérenger arriva d'auprès le maréchal Ney, apportant la nouvelle que le corps du maréchal, après avoir parcouru des routes sablonneuses, débouchait sur l'aile droite de l'ennemi, qui était placé sur une hauteur qu'il avait fortifiée de retranchements, ainsi qu'on le voyait bien.

Le maréchal Duroc, qui se promenait auprès de l'Empereur, ne voulait pas le réveiller avant les deux heures écoulées, tellement tout le monde était habitué à exécuter minutieusement ses ordres. Il regarda sa montre et dit : « Encore vingt minutes ! »

Ces vingt minutes n'étaient pas encore passées, quand de fortes détonations d'artillerie se firent entendre sur les positions russes à notre aile gauche; on pouvait voir non seulement la fumée, mais même les éclairs des salves.

Cette canonnade commença si subitement que l'Empereur se réveilla en criant : « C'est Ney qui attaque ! » Il monta à cheval, envoya ses officiers d'ordonnance à tous les maréchaux avec l'ordre d'avancer, et ajouta : « Dans une heure, la victoire sera à nous. »

Mais il se trompait dans sa prévision de temps, car une heure était passée que l'aile droite de l'ennemi tenait encore en place, le feu ne cessait pas et semblait au contraire augmenter; on entendait des salves de compagnies.

L'Empereur envoyait presque toutes les dix minutes ses officiers l'un après l'autre; aucun ne revenait. Il se plaça à peu près à 50 pas en avant de nous. Je m'avançai un peu plus près, car de ce point on pouvait mieux voir la situation.

L'Empereur regarda autour de lui, et ne voyant plus aucun officier d'ordonnance et m'apercevant, il m'appela en me disant : « Vite, Klaposki! (c'est ainsi que l'Empereur et tous les Français prononçaient mon nom), partez près de Ney, et dites-lui qu'il se dépêche, qu'il attaque avec toutes ses forces! Marmont s'approche déjà de son aile droite pour le soutenir. » Je trouvai le maréchal Ney au plus fort du feu, au milieu de colonnes d'infanterie repoussées et se formant de nouveau. Les premières colonnes que je rencontrai étaient des Wurtembergeois, se retirant dans un grand désordre, ensuite des colonnes françaises également en retraite, mais avec plus d'ordre.

Je répétai au maréchal les paroles de l'Empereur; le maréchal Ney me répondit en jurant : « Dites donc à l'Empereur que j'ai des Russes devant moi. Si j'avais eu des Prussiens, il y a longtemps que j'aurais enlevé la position. Maintenant je ne veux employer que des Français ; je vais renvoyer en arrière les troupes alliées, elles ne valent rien contre les Russes. »

A ce moment s'avançaient déjà les quatre colonnes de réserve, composées seulement d'infanterie française, et elles dépassaient celles qui avaient été repoussées. Le maréchal se porta au-devant de chacun, les saluant de son chapeau et les animant avec des paroles chaleureuses.

Les compagnies de grenadiers placés en tête des colonnes, la baïonnette croisée, sans tirer un coup, s'avançaient aussi vite qu'elles pouvaient sur les hauteurs. Beaucoup d'entre eux tombèrent, mais cela ne dura pas longtemps. Ils se trouvaient à environ 200 pas du sommet et des batteries russes quand le feu cessa ; en arrivant au faîte, ils trouvèrent les tranchées vides. Nous nous rendîmes aussitôt, sur le sommet, d'où l'on avait une vue superbe. Nous n'eûmes affaire derrière le village de Weissenberg qu'aux derniers hommes des colonnes russes ; elles avaient quitté leurs positions depuis déjà une demi-heure. Leurs canons les suivaient au trot, et dans la plaine qui s'étendait entre nous et Weissenberg, la cavalerie ennemie forte d'à peu près 6,000 chevaux, placée sur deux lignes, couvrait la retraite de l'artillerie.

Les Russes se retiraient donc à temps pour ne

perdre que peu d'hommes; leur chef, le général Wittgenstein, avait jugé en temps opportun que les Français allaient s'emparer de ses positions, et que le corps du maréchal Marmont, qui s'avançait vers le village de Boschwitz, allait tomber sur son flanc gauche.

Dans l'attaque d'une position, il y a deux périodes. Pendant la première, l'assaillant perd beaucoup de monde par le feu de la défense, auquel il aurait tort de répondre. Dans la seconde, le défenseur, s'il défend opiniâtrément sa position, perd encore plus de monde, car les soldats qui l'attaquent, après s'être emparés de la position, ont une telle supériorité morale malgré les pertes subies qu'ils renversent tout ce qui se trouve sur leur chemin. Les Russes exécutaient bien la première partie de la défense, et évitaient prudemment la seconde. Ils se retiraient à temps, dans un ordre parfait, en déployant derrière eux une cavalerie nombreuse, à laquelle nous n'avions pas de quoi riposter.

Je revins à mon régiment, que je trouvai en marche suivant l'Empereur vers Hochkirch. Je ne vis pas la nécessité de lui faire mon rapport; de la place où je l'avais laissé, il avait vu parfaitement tout ce qui s'était passé du côté du maréchal Ney.

Il commençait déjà à faire sombre lorsque

nous arrivâmes à Hochkirch. Nous ne pouvions donc pas bien distinguer les tranchées que l'ennemi avait construites en avant de ce village, et qu'il avait abandonnées au moment où son aile droite se retirait.

Nous nous arrêtâmes pour camper à gauche de Hochkirch, près d'un village où était préparé le quartier impérial.

Le lendemain nous nous remîmes en marche pour accompagner l'Empereur vers Görlitz. Au bout de deux heures de route, nous entendîmes devant nous des coups de fusil et des coups de canon. Bientôt arriva près de nous le maréchal Soult, qui avait le commandement de la cavalerie de la garde depuis la mort du maréchal Bessières; il donna l'ordre au général Walther de marcher vers la droite avec la cavalerie de la garde, et de s'avancer sur les hauteurs où se trouvait l'arrière-garde russe, défendant le passage du petit village de Reichenbach. L'ordre du maréchal Soult portait en outre qu'une fois arrivés sur la hauteur, nous devions faire demi-tour à gauche et nous jeter sur le flanc de l'ennemi pour l'obliger à se retirer.

Nous partîmes aussitôt par pelotons à droite à travers champs, au trot tant qu'il fut possible; à une demi-lieue nous arrivâmes à un fossé profond bordé d'arbres sur les deux côtés : nous fûmes obligés de nous arrêter pour le traverser deux par deux.

Lorsque mes deux escadrons furent passés, le général Lefebvre-Desnouettes qui marchait à notre tête me donna l'ordre d'avancer au loin et de chasser les cosaques, dont une nuée se présentait devant nous. Je déployai mes deux escadrons, et m'avançai sur eux au pas : les cosaques se retirèrent en déchargeant leurs fusils sur nous. Nous avançâmes ainsi de 300 pas, pendant que les deux escadrons de Jerzmanowski passaient le fossé.

Nous arrivâmes près d'un autre fossé, mais moins profond. Les cosaques s'y étaient arrêtés et, abrités par les arbres, dirigeaient sur nous un feu plus nourri, en nous laissant arriver près d'eux ; mais ils se retirèrent encore en nous voyant traverser le fossé en deux endroits. Après l'avoir traversé, nous aperçûmes derrière les cosaques une ligne de cavalerie ennemie. Je me portai à 50 pas en avant, et reconnus quatre escadrons, deux de dragons au milieu, deux de hulans aux deux ailes. Quand mes deux escadrons après leur passage se furent reformés en ligne, je me portai en avant avec eux, au pas. Le général Lefebvre se précipita vers moi en me disant de charger sur-le-champ ; ce ne fut pas un ordre formel, car il ajouta qu'il avait confiance en moi. Sur un ordre formel de mon chef, j'aurais commandé : « Au trot! » puis « Au galop! » sans ajouter le commandement « Marche! » car on sait par expérience que les mouvements ne s'exécutent pas sur le champ de bataille comme pendant une revue où, après le commandement préparatoire : « Au galop », on fait le commandement d'exécution : « Marche!»

Nous étions environ à 500 pas de l'ennemi. Je dis au général : « Permettez-moi, mon général, de m'avancer encore au pas pendant 150 pas, et ne pas faire immédiatement le commandement : « Marche! » et je vous réponds que j'enfoncerai leur centre. » Il y consentit et retourna vers les escadrons de Jerzmanowski qui achevaient de traverser le fossé.

Nous marchâmes au pas encore pendant 300 pas, mais je prévins mes escadrons que lorsque je leur crierais : « Marche! Marche! » ils auraient à partir ventre à terre mais n'abaisseraient leurs lances que sur la figure des dragons.

Nous avançâmes toujours au pas, et arrivâmes si près des cavaliers ennemis que nous entendîmes des voix, de leurs officiers probablement s'adressant à leurs hommes, leur disant : « Szutka (1). »

---

(1) C'est une plaisanterie!

Nous n'étions pas à 200 pas d'eux quand je criai : « Marche ! Marche ! » et en un clin d'œil nous tombions sur leur ligne. Le capitaine Jankowski** se trouvait à ma droite, le lieutenant Gielgud*** à ma gauche ; le cheval de ce dernier se cabra en arrivant sur les dragons, et au même instant un officier de dragons lui porta un tel coup dans le ventre qu'il tomba de cheval ; il mourut quelques semaines plus tard.

Cette affaire ne dura que quelques secondes. Les dragons avaient bien tenu au premier moment, mais ils se troublèrent et commencèrent à fuir; les hulans en firent autant, sans avoir encore eu personne devant eux. Je ne pus voir combien d'ennemis étaient couchés par terre, car je passai trop vite; mes deux escadrons ne poursuivirent pas l'ennemi avec ordre, car les chevau-légers les mieux montés avaient dépassé les cavaliers ennemis qui avaient les plus mauvais chevaux, et les faisaient descendre à terre. J'aperçus bientôt une seconde ligne de hulans ennemis s'avançant sur nous : je m'arrêtai, et je venais à peine de donner à mes hommes l'ordre de se reformer, quand ces hulans nous chargèrent, avant que les chevau-légers fussent

---

** Devenu plus tard général en 1830.
*** Frère aîné du général du même nom en 1830.

en ligne. Ils se formèrent rapidement et je pus commander : « En avant, marche ! » ; autrement les hulans tombaient sur nos escadrons arrêtés sur place. C'est une situation dans laquelle on ne doit jamais se trouver; nous venions de voir tout le mal que nous venions de faire aux dragons arrêtés tranquillement pour nous recevoir, et pourtant ils étaient deux fois plus nombreux que nous. Ils avaient tiré sur nous : nous nous en étions à peine aperçus, car un feu pareil, tiré à cheval, n'a aucune action sur de vieux soldats. Je partis donc au pas, et commandai aussitôt : « Marche ! Marche ! »

Les hulans russes, dans leur charge au galop, se désunirent un peu, mais cette fois leur attaque se confondit avec la nôtre; ils étaient plus nombreux que nous, et l'action allait tourner à leur avantage, si Jerzmanowski n'était arrivé avec ses deux escadrons. C'était certainement l'officier le plus expérimenté du régiment, plein de courage et de sang-froid. Il arriva juste à temps pour charger l'ennemi sur notre gauche, en s'approchant d'abord au pas, pour le charger de près plus vigoureusement. Les hulans s'enfuirent plus vite qu'ils n'étaient venus. Une quinzaine d'entre eux restèrent entre nos mains. Quelques-uns, grièvement blessés, gémissaient et s'adressaient à nous en polonais. Cela me fit une pénible impression.

L'un d'eux se défendait avec son sabre, sans vouloir se rendre, mais un de mes chevau-légers lui cria : « Frère! nous sommes des Polonais comme toi! » Il jeta alors son sabre. On leur avait dit probablement que nous étions des Français habillés comme les lanciers polonais. Au milieu de la mêlée, un cosaque sortit je ne sais d'où, il était vieux avec une grande barbe et était à pied; il saisit d'une main les rênes de mon cheval, et cherchait de l'autre à me frapper avec la crosse de son fusil. En même temps, un officier de hulans se jetait sur moi avec son sabre pour me tuer. Je parai le coup avec le mien, et le cosaque n'avait pas eu le temps d'achever son geste qu'il tombait, percé par la lance du chevau-léger Jaworski, qui reçut la croix de la Légion d'honneur pour m'avoir sauvé la vie. Je rencontrai plus tard ce brave à Maluszyn.

Nous ne revîmes plus nos hulans. Nos quatre escadrons se remirent en ligne. Nous étions bien loin des chasseurs à cheval de la garde qui traversaient les fossés en nous suivant; le général Lefebvre nous fit arrêter. Tout à coup nous aperçûmes un autre régiment de hulans russes qui remplaçait celui que nous avions repoussé, et s'avançait vers nous en ligne; à 500 pas de nous, il prit le galop pour nous attaquer.

Le général Lefebvre, qui causait devant le front de nos escadrons avec Jerzmanowski et moi, voulut nous faire charger encore ce régiment.

Jerzmanowski connaissait Lefebvre-Desnouettes depuis longtemps; il lui dit que ce n'était pas la peine de charger les Russes, qu'ils avaient pris le galop de trop loin, se désuniraient par conséquent et n'arriveraient pas jusqu'à nous. En effet, nous vîmes bientôt leur ligne s'étendre exagérément; une centaine d'entre eux galopaient devant les autres, et la plus grande partie s'arrêta : il n'en arriva pas une dizaine à 100 pas de nous.

Le général Lefebvre-Desnouettes lança sur eux deux pelotons en fourrageurs, et bientôt nos cavaliers nous amenèrent six de ces hulans, probablement les plus mal montés. Nous reconnûmes alors que c'étaient des cosaques réguliers de l'Ukraine. L'un d'eux, avec un fort accent russe, nous dit en bon polonais, qu'ils étaient quatre régiments des mêmes troupes, commandés par le général Witt, et que ce général n'était pas présent à la bataille.

En voyant ces cosaques se disperser, après s'être formés si loin de nous, on en concluait que c'étaient de jeunes recrues, probablement

commandés par des officiers de même catégorie;
il faut que j'ajoute encore qu'ils se battaient
contre nous à contre-cœur. J'appris plus tard
que ces régiments avaient été formés l'année
précédente par la noblesse polonaise de l'Ukraine pour faire cause commune avec l'armée
française qui marchait sur Moscou; mais quand
la balance pencha en faveur des Russes, les
mêmes nobles polonais, pour se faire pardonner
par les Russes, offrirent à l'empereur Alexandre
les quatre régiments de ces troupes.

Bon gré, mal gré, les fils de l'Ukraine se dispersèrent devant nous, et nous n'eûmes plus
affaire plus tard, et rarement, qu'aux cosaques
du Don.

Le général Walther, après m'avoir adressé
ses félicitations pour les charges exécutées, nous
fit faire demi-tour par pelotons à gauche, et
marcher en montant la côte vers la position
qu'occupait l'arrière-garde russe pour empêcher
l'infanterie d'entrer dans Reichenbach. Cette
arrière-garde était commandée par le général
Miloradowitch. Il y avait là 40 canons, dont le
tir mitraillait directement la seule rue de la
ville, de telle sorte que l'infanterie française ne
pouvait bouger de derrière les maisons.

Jerzmanowski monta le premier en haut de la
côte avec notre aile gauche, et la forma aussitôt

en ligne; je déployai mes escadrons à droite. Quand Jerzmanowski parut avec ses deux escadrons, les Russes tournèrent une partie de leurs canons sur lui, et aussi sur mes hommes avant que j'eusse pu les former. Un régiment de hussards russes se présentait en même temps à quelques centaines de pas sur notre droite, ce qui m'obligea à faire un changement de front, et à marcher au-devant de lui avec mes deux escadrons. Mais, en faisant ce changement de front à droite, nous exposâmes notre flanc, de sorte que les obus russes enfilèrent nos rangs, et nous firent perdre en dix minutes plus d'hommes que ne nous en avaient coûté les charges précédentes. Les escadrons de Jerzmanowski, en arrivant sur la ligne à notre gauche, se trouvaient plus près des canons et perdirent plus de monde que nous, mais nous chargeâmes sans délai les hussards, qui, à 60 pas de nous environ, firent un à droite et se dispersèrent en arrière; ils s'arrêtèrent devant la ligne des cuirassiers russes, la traversèrent et allèrent se reformer derrière elle.

Les chasseurs de la garde arrivaient à leur tour en face des canons russes. Les dragons et les grenadiers de la garde restaient en ligne derrière la hauteur, mais, comme je l'appris plus tard, ils perdirent néanmoins plus de monde que nous. Ces faits s'expliquent par le fait que les Russes tirent le plus souvent à ricochet. Les boulets et les obus tombaient à terre devant nous, ricochaient au-dessus de nos têtes, et allaient retomber le plus souvent derrière le monticule.

Quand, avant de charger, nous avions formé nos quatre escadrons en ligne, nous ne les avions pas placés sur le sommet même, mais un peu plus bas au delà, car il se trouvait entre nous et les Russes une plaine unie. Je m'approchai de Jerzmanowski : j'avais à peine quitté ma place que trois boulets y vinrent exactement tomber, l'un après l'autre, et passèrent en ricochant au-dessus des escadrons.

Les chasseurs à cheval qui nous avaient remplacés pendant que nous chargions les hussards russes, perdirent aussi moins de monde que les dragons et les grenadiers de la garde.

Les chasseurs de la garde ne tardèrent pas à venir à notre aide, le général Walther ayant probablement aperçu la ligne des cuirassiers devant nous. En premier arrivèrent les mamelucks, qui formaient le premier escadron des chasseurs à cheval, ils passèrent à notre gauche et s'avancèrent aussitôt vers les cuirassiers russes. Le commandant de ceux-ci ne pouvait supposer qu'un seul escadron allait se jeter sur une brigade, car on voyait bien qu'il y avait deux lignes de cuirassiers. Les mamelucks s'avancèrent au pas; à 50 pas et même moins, ils déchargèrent sur l'ennemi leurs carabines; l'aile droite des cuirassiers s'enfuit en entraînant dans sa fuite tout le régiment. C'était le moment où nos escadrons arrivaient aussi près des cuirassiers, mais nous n'eûmes pas à les attaquer, car ils se retiraient en désordre en arrière et à droite vers leur seconde ligne.

Nous reçûmes ensuite l'ordre de revenir à notre première position, c'est-à-dire en face de celle qu'occupait Miloradowitch. A notre place vint le régiment de cuirassiers saxons, à collets jaunes, que je ne connaissais pas encore. Il devait être formé de nouvelles recrues, car leurs officiers ne purent les maintenir dans cette position, et nous dûmes aller les remplacer de nouveau.

Les canons de Miloradowitch redoublaient alors leur feu pour couvrir la retraite des Russes. A peine venions-nous de remplacer les Saxons, qu'une pluie de boulets et d'obus s'abattit autour de nous, mais bien peu tombèrent dans nos rangs. Un obus fit explosion entre le capitaine Jankowski et moi; un éclat frappa légèrement le capitaine à la cuisse; je fus aussi contusionné assez sérieusement au bras droit, mais je ne descendis pas de cheval aussitôt, j'attendis la fin de la bataille. Assez loin derrière nous était placée la cavalerie du général Latour-Maubourg, entre nous et l'infanterie française et saxonne qui débouchait de Reichenbach. Cette division perdit quelques hommes par le feu de l'artillerie, sans pourtant approcher de l'ennemi.

Le général Miloradowitch se retirait. Ses canons défilaient au trot au milieu de son infanterie. Derrière eux, l'infanterie française sortait déjà de Reichenbach. Ses tirailleurs français couvraient les hauteurs.

Nous perdîmes bientôt de vue l'infanterie russe ; quelques canons, escortés de cavalerie, tiraient encore sur nous de temps en temps, lorsque l'Empereur, accompagné par nous, se mit en marche vers Görlitz.

Un des derniers coups de canon blessa mortellement près de l'Empereur le maréchal Duroc, qui mourut dans la nuit même.

L'Empereur aurait pu entrer à Görlitz ce même jour, mais Duroc était presque mourant ; il ordonna de s'arrêter, fit dresser les tentes sur place, et passa presque toute la nuit auprès du maréchal agonisant.

Nous reçûmes l'ordre de camper près d'une forêt, voisine des tentes impériales. Toute la cavalerie de la garde était réunie autour du bivouac de l'Empereur.

Quand je voulus descendre de cheval et touchai à cet effet ma selle avec la main droite, je sentis une vive douleur dans le bras. Le lendemain je ne pus me raser, et je dus employer à cet effet une main étrangère, tandis que je me faisais entourer le bras de bandages.

Mais le soir j'étais consolé, car les généraux de la garde, Walther, Lefebvre-Desnouettes, Le Fort, étaient venus me voir au camp, et me féliciter des charges si heureusement exécutées par nous. Je fus vraiment enchanté quand ils m'adressèrent les paroles suivantes : « Si quelqu'un est plus brave que nous, si quelqu'un se bat mieux que nous, c'est vous ! » Il faut posséder un sentiment bien élevé de son propre courage, pour donner ainsi la première place à un autre.

Le combat de Reichenbach fut livré le 22 mai 1813; il est resté mémorable parce que la cavalerie française, malgré son énorme infériorité numérique, y eut seule un rôle actif.

Le lendemain nous traversâmes Görlitz, puis continuant notre route vers Buntzlau, nous allâmes camper près de Waldau. Le 25 nous nous rapprochâmes encore de Buntzlau; le

26 nous traversâmes Haynau, où la cavalerie prussienne avait assailli la division du général Maison, qui avait placé son infanterie dans une situation bien imprudente. Il avait fait camper toute sa division devant la petite ville de Haynau, et, après avoir laissé l'infanterie mettre ses fusils en faisceaux, permis aux hommes de se disperser dans la ville pour chercher des provisions et de la paille. Il n'était resté que 200 hommes en armes, en grand'gardes et sentinelles. La cavalerie prussienne lui tendit un piège, profitant de ce qu'elle était couverte par les bois qui se trouvent à gauche de la route de Haynau. Les Prussiens avaient pu voir de là que les Français ne s'étaient pas gardés. Ils tombèrent sur les grand'-gardes et les sentinelles, les sabrèrent et dispersèrent les armes, et s'enfuirent. Cette attaque n'aurait jamais réussi, si le général Maison, au lieu de camper devant la ville, s'était établi en avant, en faisant occuper les maisons extérieures par un bataillon, et avait placé, à défaut de cavalerie, les grand'gardes et les sentinelles à une faible distance autour de sa division. Nous arrivâmes quelques heures après cette attaque, et nous ne vîmes rien; la division était dans son camp : il manquait environ 150 hommes tués ou blessés, il y avait beaucoup de fusils brisés; les canons restaient intacts, car justement pendant

cette attaque, les soldats du train avaient mené leurs chevaux à l'abreuvoir.

Nous campâmes ce jour-là devant Haynau, où l'Empereur arriva le 28.

Il forma toute l'infanterie en deux colonnes de bataillons, c'est-à-dire sur la largeur d'un front de bataillon. La cavalerie et l'artillerie marchaient au centre avec lui, et c'est dans cet ordre que nous poursuivîmes pendant deux lieues notre marche sur Liegnitz. Le spectacle était vraiment admirable, de voir ces 100,000 hommes en marche sur une plaine si étendue qu'on pouvait voir parfaitement les deux colonnes.

Arrivé près de Liegnitz, l'Empereur donna l'ordre au maréchal Soult de se mettre à la tête de la cavalerie de la garde et de faire le tour de la ville par la droite pour capturer quelques troupes ennemies, si l'ennemi avait fait sa retraite par cette route. Nous voilà donc au trot à droite. Au sud de Liegnitz se trouve un long village qu'il nous fallut traverser. Ce village est traversé par un ruisseau, qu'il nous fallut passer sur un pont assez étroit. Cela allongea tellement notre colonne qu'après avoir traversé le village avec mes deux escadrons et pris le trot aussitôt après en être sorti, je m'éloignai un peu de notre colonne, et je remarquai quelques cavaliers ennemis, séparés des autres, en retraite devant nous. Quand nous arrivâmes à leur hauteur, j'aperçus 4 escadrons formés en ligne. Je formai aussitôt les miens et nous nous arrêtions à peine quand j'aperçus ces 4 escadrons s'avançant au trot, leurs trompettes sonnant la charge. J'avançai au pas pour les recevoir. Le commandant de nos adversaires était sûrement un officier peu expérimenté, car à peine avaient-ils fini de sonner la charge, que ses trompettes sonnèrent : Halte ! Il ordonna le signal de : Demi-tour en arrière, et ils commençaient à se retirer au trot quand nous tombâmes sur eux. Chose bien naturelle, ils se dispersèrent. Les cavaliers les plus mal montés tombèrent entre nos mains : nous aurions pu facilement en prendre davantage si leur infanterie n'avait pas été si près, en colonnes. Elle ne s'arrêta pourtant pas, au contraire elle se retirait avec une telle hâte qu'on n'avait jamais vu de l'infanterie prussienne se sauver aussi vite.

Ces troupes se retiraient de Liegnitz à Jaworz. Peut-être aurions-nous pu prendre cette division d'infanterie tout entière (à ce que nous dirent nos prisonniers), si le reste de notre régiment et les chasseurs à cheval avaient pu traverser le village.

Nous campâmes et passâmes la nuit à la place même où nous avions fait nos prisonniers, qui appartenaient à la garde prussienne. Il y avait parmi eux des hussards, des dragons, et quelques cosaques berlinois, porteurs de barbes encore plus longues que celles des cosaques du Don; en tout environ 150 hommes.

Le 30 mai, nous fîmes une reconnaissance vers Jaworz sous le commandement du général Flahaut, aide de camp de l'Empereur. Le maréchal Marmont se dirigea également avec son corps sur ce village, mais par une autre route à notre droite.

A une lieue de Liegnitz, nous aperçûmes des cosaques devant nous. Le général Flahaut monta sur un moulin à vent et reconnut quelques régiments de cosaques, et derrière eux une cavalerie nombreuse. Il avait, me dit-il, l'ordre de l'Empereur de communiquer avec le maréchal Marmont, mais voyant l'impossibilité de nous faire jour à travers cette cavalerie ennemie avec mes deux escadrons, je lui fis la proposition d'écrire au crayon ce qu'il avait à dire à Marmont de la part de l'Empereur, et je lui dis que j'enverrais deux de mes chevau-légers parlant l'allemand, qui se chargeraient d'arriver pendant la nuit auprès du maréchal Marmont en traversant les lignes ennemies.

Ceux-ci arrivèrent heureusement auprès du maréchal Marmont et furent de retour au bout de trois jours avec le reçu du maréchal ; ils nous rejoignirent à deux lieues de Breslau où l'avant-garde française avait fait son entrée sous le commandement du maréchal Ney.

L'Empereur resta avec nous à Neumarck. De là je reçus l'ordre d'accompagner le grand écuyer Caulaincourt au château de Leuthen, puis à Pleiswitz, où il négociait pour la paix avec le général Schouwalow.

Nous nous arrêtâmes dans la cour et mîmes pied à terre. Avec le général Schouwalow étaient arrivés quelques centaines de cosaques, qui descendirent aussi de leurs chevaux. Nous causâmes avec leurs officiers; ils nous racontèrent dans quelles maisons ils s'étaient arrêtés pendant leur marche en Pologne, et mentionnèrent quelques familles de ma connaissance. Je m'adressai au colonel des cosaques et lui demandai d'être assez aimable pour envoyer une lettre à mon père par la poste du quartier-général russe, lettre que je lui remettrais décachetée. Il me promit de le faire, en me disant d'écrire la lettre, de la cacheter, mais de ne pas mettre d'adresse, qu'il la mettrait lui-même de sa main, de sorte que personne n'ouvrirait la lettre.

J'entrai au château, je demandai au secrétaire de l'Empereur*** qui accompagnait Caulain-

---

*** Le baron Fain.

court de me donner du papier et j'écrivis ma lettre.

Je me trouvais seul dans la chambre avec le secrétaire de l'Empereur (Caulaincourt se trouvait dans la pièce voisine avec Schouwaloff et le général prussien Kleist). Le secrétaire me montra le projet du traité de paix entre Napoléon et Alexandre de Russie.

La première proposition de Napoléon était l'offre à Alexandre de tout le duché de Varsovie, avec le choix de prendre le titre de roi de Pologne ou d'incorporer le duché à l'empire russe.

Le secrétaire de l'Empereur me considérait tout à fait comme un Français, car il m'avait vu pendant quelques années près de l'Empereur; aussi ne put-il deviner l'épouvantable révolution qui se fit dans mon cœur à la vue de cette proposition.

Pour ne pas trahir le trouble de mes pensées, je sortis, et je restai tellement absorbé en moi-même que je ne revins à moi que quand le colonel de cosaques me demanda la lettre pour mon père. Je la lui remis avec une note portant l'adresse. Cette lettre est arrivée à bon port.

Les cosaques étaient toujours polis avec nous, comme s'ils n'oubliaient pas qu'ils avaient été autrefois alliés des Polonais.

Ce ne fut pas la paix qui fut signée, comme le

désirait l'Empereur, mais un armistice. Nous rentrâmes à Dresde. C'est là que j'écrivis ma demande de démission que j'adressai au maréchal Soult. Il en fut très étonné et chercha à me persuader de rester au service.

Je ne voulus pas compromettre le secrétaire Fain, en ébruitant les propositions faites par l'Empereur pour conclure la paix, car elles m'avaient été montrées sous le sceau du secret. Cependant j'en donnai communication au capitaine Jordan, auquel me liait une étroite amitié, et au général Chlopicki. Celui-ci, après avoir juré suivant son habitude, ajouta : « Qu'il préférerait casser des pierres que de servir un tel homme ! » Tous les deux donnèrent aussi leur démission.

Quand je reçus l'acceptation de la démission que j'avais envoyée au maréchal Soult, je me mis en route pour Paris. Je profitai de l'hospitalité de mes amis de jeunesse Caraman, et descendis dans leur maison à Paris. J'y tombai gravement malade à la suite des deux pénibles campagnes que je venais de faire, et restai alité pendant quelques mois. Bien peu de ceux qui ont pris part à la campagne de Russie ont été assez heureux pour éviter la fièvre putride, qui attaquait ses victimes quelquefois après un an et plus.

La paix fut signée à Paris. La province de

Posen (plus tard grand-duché), revint à la Prusse, mais les Russes l'occupaient encore.

Je quittai Paris pour l'Angleterre, avec la résolution d'y attendre que les Russes eussent quitté Posen, car j'appris que le gouverneur général russe forçait tous les Polonais à prêter serment à l'empereur Alexandre, et je préférai me soustraire à cette pénible formalité.

Je passai à Londres l'hiver de 1814 à 1815. J'y étais pendant la session du parlement anglais. On y débattait justement la loi sur les blés, qui était avantageuse et à ce moment si nécessaire pour les propriétaires de terres, mais les habitants des villes et surtout les propriétaires de manufactures s'y opposaient obstinément. Ils réussirent plusieurs fois à provoquer des manifestations violentes chez le peuple de Londres : plusieurs milliers d'habitants s'assemblèrent, brisant les vitres des maisons des députés qui votaient pour la loi, et celles des palais des ministres. Toute la ville de Londres donnait l'aspect d'une révolution. Une fois, en voulant voir de près les attroupements, je fus obligé de me cacher sur un escalier, serré contre la porte, pour n'être pas enlevé par la foule qui emplissait la rue en portant des drapeaux avec les inscriptions : « A bas la loi ! A bas les ministres ! » Ils portaient en trompho un sieur

Bardett, favori du peuple, qui votait contre la loi.

La cavalerie de la garde anglaise et le 10e hussards campaient dans les rues, envoyant escadron sur escadron sur les places où le peuple cassait les vitres et cherchait à pénétrer dans les maisons des députés. Toujours, devant chaque escadron marchait un constable, porteur d'une canne blanche, et quand le peuple se massait pour détruire la maison d'un député ou d'un ministre, il donnait lecture de la loi sur les insurrections, appelée Riot act. Il lisait cet acte une première, puis une deuxième fois, au milieu de cris si violents qu'on ne pouvait l'entendre ; mais quand il commençait la troisième lecture, il n'y avait presque plus personne dans la rue, tous s'étaient dispersés.

Ils savaient très bien qu'après cette troisième lecture la cavalerie tomberait sûrement sur eux. Le soir devant le Parlement, le peuple malmena à leur arrivée les députés favorables à la loi ; ils furent obligés de s'introduire par les portes de derrière. Cette liberté fit sur moi une impression extraordinaire. Le peuple laissait d'ailleurs passer tranquillement tout ce qui n'était pas député. J'avais fait connaissance avec quelques députés et dînais souvent avec eux vers sept heures, pendant les délibérations ; le restaurant pour les membres du parlement se trouvait dans le même bâtiment que la salle des séances.

Un jour on discuta sur la Pologne. Il est connu que l'Angleterre, la France et l'Autriche désiraient que le duché de Varsovie conservât son autonomie et ne voulaient pas permettre à la Russie de s'emparer de cette partie de la Pologne. Je reçus une invitation spéciale pour assister à la délibération sur la question de la Pologne. Dans la chambre des Communes se trouve une tribune réservée aux étrangers autorisés par le speaker à assister aux séances.

On ne parla pas de grand'chose ce jour-là; on exposa seulement l'état des affaires, c'est-à-dire l'état des négociations sur la paix à Vienne.

Je rendais visite dans la ville de Bath à la sœur de Caraman, la marquise de Sommery, quand m'arriva la nouvelle du débarquement de Napoléon à Fréjus.

Connaissant l'esprit de l'armée française, je ne doutais pas qu'elle se rallierait presque entière à Napoléon. Je rentrai à Paris, où j'avais laissé ma voiture, ma garde-robe et trois domestiques polonais, mais je quittai la ville le 20 mars au matin; Napoléon y fit sa rentrée comme Empereur le même jour, à huit heures du soir. Avant mon départ, j'y ai vu plusieurs officiers français, mes anciennes connaissances, arrivés à Paris la veille : ils me racontèrent comment toutes les troupes françaises étaient passées à l'Empereur.

J'appris à mon arrivée à Metz que le maréchal Oudinot venait d'y rentrer de Nancy. J'allai lui rendre visite, car il avait toujours été très aimable pour moi. Je le trouvai dans son lit. Il me raconta avec tristesse qu'il avait reçu l'ordre de conduire la vieille garde, dont le commandement lui avait été confié par le roi Louis XVIII avec Metz comme garnison, et de la mener à Troyes pour se joindre au maréchal Ney.

Il me dit aussi que le maréchal Ney avait supplié Louis XVIII de lui confier le commandement de l'armée française pour repousser Napoléon.

Pendant sa marche vers Troyes le maréchal Oudinot apprit que ses grenadiers se réjouissaient d'aller rejoindre leur Empereur. Quand il fut convaincu qu'ils ne se laisseraient pas conduire contre Napoléon, il ordonna une contremarche et voulut les ramener à Metz : mais la tête de colonne des grenadiers refusa d'obéir, les vieux grenadiers entourèrent le maréchal en le suppliant de les conduire près de l'Empereur. Oudinot leur rappela leur serment de fidélité à Louis XVIII.

Mais tous les efforts pour les persuader restèrent vains, les explications du maréchal sur le parjure n'eurent pas de succès; les grenadiers, voyant que le maréchal Oudinot se refusait à les conduire, se mirent en marche vers leur Empereur, tandis qu'Oudinot rentrait à Metz.

Quand Oudinot longea les colonnes en revenant, les grenadiers le supplièrent de nouveau de les accompagner, mais le maréchal résista, et répondit qu'il ne voulait pas violer son serment, que l'Empereur l'avait relevé de celui qu'il lui avait fait, et que maintenant il resterait fidèle au roi de France.

Après avoir dépassé les grenadiers, Oudinot rencontra le 1ᵉʳ régiment de hussards, dont son fils était le colonel. Il lui ordonna de réunir tous ses officiers sur un appel de trompettes, leur exposa leur situation, leur représenta que le serment est pour un homme d'honneur une chose sacrée, etc... Les officiers de hussards, dont plusieurs appartenaient à la noblesse française, se laissèrent persuader, et réussirent aussi à convaincre les hussards, qui retournèrent du côté de Metz. Mais bientôt il rencontra le 2ᵉ régiment, avec lesquels il n'eut pas le même succès; au contraire, les officiers de ce régiment engagèrent leurs camarades du 1ᵉʳ à faire cause commune avec eux et à aller rejoindre l'Empereur,

Le résultat de ces discussions fut une bataille, on se sabra, une douzaine d'officiers furent blessés de part et d'autre, et en fin de compte le 2⁰ régiment prit la route pour suivre les grenadiers, tandis que le 1ᵉʳ rentrait à Metz avec le maréchal Oudinot.

Je note cet incident, qui peut expliquer en partie l'insuccès des Français à Waterloo. Une armée dans laquelle les sentiments sont divisés a toujours un élément de faiblesse, quelle que soit sa bravoure.

Chose bizarre, c'est justement l'artillerie, l'arme de l'Empereur, qui lui fut le plus hostile pendant cette campagne.

Celui qui abandonne son poste pendant une bataille ne mérite jamais d'éloge, quel que soit le motif qu'il invoque.

Mon ami Caraman se conduisit tout autrement.

Avant l'abdication de Fontainebleau, en 1814, au moment où Napoléon était déjà abandonné de ceux qui lui devaient leur bonheur et leur fortune, Caraman se présenta de nouveau pour prendre du service. Quand il l'aperçut, l'Empereur, sachant que la famille de Caraman avait toujours professé des sentiments monarchiques, lui adressa ces mots : « Pourquoi n'êtes-vous pas allé vous recommander à votre nouveau maître?

— Sire, répondit Caraman, je ne m'éloignerai pas sans la permission et l'autorisation de Votre Majesté. Je veux montrer à Votre Majesté que nous valons la noblesse qu'Elle a faite. » Cette réponse plut à l'Empereur, qui donna à Caraman une recommandation pour Louis XVIII.

Au moment du retour de l'Empereur de l'île d'Elbe, Caraman commandait l'artillerie des gardes du corps, et partit le 10 avec cette artillerie, à la suite de Louis XVIII, pour Gand. Louis XVIII renvoya les canons à la frontière, mais Caraman resta avec le roi et revint avec lui à Paris.

L'Empereur, comme on le sait, ne resta en France que cent jours, depuis son débarquement de l'île d'Elbe jusqu'à son départ pour Sainte-Hélène.

Je m'arrêtai à Berlin en passant, sans y rendre visite à personne.

Lorsque les Russes eurent quitté Posen, je rentrai chez mes parents.

FIN

TABLE DES MATIÈRES

Avant-propos.................................... 1

CHAPITRE PREMIER
CAMPAGNE DE 1807

Entrée des Français à Posen. — Garde d'honneur à Posen. — Arrivée de l'Empereur. — Formation de l'armée polonaise. — A Gnesen. — Départ. — Combat et prise de Dirschau. — Chevalier de la Légion d'honneur. — Zblewo. — Les lanciers de Dziewanowski. — Investissement de Dantzig. — Inspection du maréchal Lefebvre. — Prisonnier. — Paix de Tilsitt. — Nommé officier d'ordonnance de l'Empereur. — L'École polytechnique. — Visite à Kosciuszko. — Départ pour Bayonne.............. 1

CHAPITRE II
CAMPAGNE D'ESPAGNE EN 1808

Bayonne. — La vie au quartier impérial. — Mission à Burgos. — L'insurrection de Madrid. — Les Cortès à Bayonne. — Passages de troupes. — Rentrée à Saint-Cloud. — Réceptions à Erfurt. — Départ de l'Empereur pour l'Espagne. — Batailles de Burgos et de Tudela. —

Embuscade à Mondragon. — Somo-Sierra. — Les chevau-légers polonais à la vieille garde. — L'affaire de Bena-vente. — Mission en Westphalie et à Varsovie. — Rentrée à Paris.. 65

CHAPITRE III

CAMPAGNE D'AUTRICHE EN 1809

Quartier général à Ingolstadt. — Reconnaissance à Pfaffenhofen. — Arrivée de Masséna. — Le prince Louis de Bavière. — Allocution de l'Empereur aux Bavarois. — Abensberg. — Le colonel autrichien prisonnier. — Marche sur Landshut. — Retraite de l'archiduc Louis. — Mission auprès du maréchal Davoust. — Eckmühl. — Marche sur Ratisbonne. — L'Empereur blessé. — Prise de la ville. — Ebersberg. — L'Empereur acclamé devant Vienne. — Entrée de l'armée à Vienne. — Passage du Danube. — Aspern et Essling. — Le maréchal Masséna à Aspern. — Retraite dans l'île de Lobau. — Mort de Lannes. — Bataille et prise de Raab. — Bataille de Wagram. — Formation du 4ᵉ régiment d'infanterie de la légion de la Vistule. — Znaïm. — Mission près du prince Poniatowski à Cracovie. — Rentrée à Paris. — Mission en Espagne. — La division polonaise à Occaña. — Mariage de l'Empereur et de Marie-Louise. — L'ambassade russe. — Chef d'escadrons au 1ᵉʳ régiment de chevau-légers lanciers polonais de la garde. — Le service à Chantilly. — Voyage de l'Empereur à Boulogne et en Hollande. — Départ pour Posen... 109

CHAPITRE IV

L'HIVER AVANT LA GUERRE DE 1812

Bals et soirées. — Les membres de l'ambassade russe. — Czernitzew. — La guerre avec la Russie. — En route pour Posen. — Réception du régiment chez mon père à Turwia. — Séjour à Wilna................................. 231

CHAPITRE V

CAMPAGNE DE 1812

Incident avec un détachement wurtembergeois à Kaczkow. — Mmes Dambska. — La cavalerie de la garde en marche. — Visite de la forteresse de Graudenz. — Passage de la Wilja. — Ostrowno. — Witebsk. — Les cosaques. — Smolensk. — L'infanterie polonaise dans la ville. — Bataille de la Moskowa. — Les paysans des environs de Moscou. — Incendie de Moscou. — Retraite. — A l'arrière-garde. — Le maréchal Ney. — Passage de la Bérésina. — Retour sur le Niémen. — Nos pertes. — Le général de Wrède à Wilna. — Le régiment de chevau-légers pendant la retraite. — Départ de Posen. — Reconstitution du régiment à Friedberg 237

CHAPITRE VI

CAMPAGNE DE SAXE EN 1813

Combat de Weissenfels. — Combat de Kaja. — Attaque de nuit de cavalerie. — Marche sur Dresde et Bautzen. — Réflexions sur l'emploi de l'infanterie et de la cavalerie à l'avant-garde. — Bataille de Bautzen. — Combat de Reichenbach. — Mort de Duroc. — Mission à Pleiswitz. — Le projet de traité de paix : abandon de la Pologne. — Ma démission. — Séjour à Londres. — Le débarquement de l'île d'Elbe. — Le maréchal Oudinot à Metz. — Rentrée à Posen.. 306

A LA MÊME LIBRAIRIE

Mémoires militaires de Joseph Grabowski, officier à l'état-major impérial de Napoléon Ier (1812-1813-1814), publiés par M. Waclaw Gasionowski; traduits du polonais par MM. Jan V. Chelminski et le commandant A. Malibran. Un volume in-16 avec un portrait . . . . 3 fr. 50

Mémoires du général d'Andigné, publiés avec introduction et notes, par M. Edmond Biré (1765-1857.) 2e édition. Deux vol. in-8° avec portraits en héliograv. Prix de chaque vol. . 7 fr. 50

Mémoires du colonel Combe sur les campagnes de Russie 1812, de Saxe 1813, de France 1814 et 1815. — *Nouvelle édition*. Un vol. in-18. 3 fr. 50

Souvenirs des guerres d'Allemagne pendant la Révolution et l'Empire, par le baron de Coxeau, ancien officier de l'armée de Condé, chef d'état-major de la Bavière au grand quartier général de Napoléon, chambellan bavarois. Un vol. in-8° avec un portrait en héliogravure. . . . . 7 fr. 50

Un Général hollandais sous le premier Empire. **Mémoires du général baron de Dedem de Gelder** (1774-1825). Un vol. in-8° avec un portrait en héliogravure . . . . . 7 fr. 50

Journal du général Fantin des Odoards. *Étapes d'un officier de la Grande Armée* (1800-1830). Un vol. in-8°. 7 fr. 50

Souvenirs du maréchal Macdonald, duc de Tarente, avec une introduction par Camille Rousset, de l'Académie française. Ouvrage orné de deux portraits d'après David et d'après Gérard. 7e édition. Un vol. in-8° . . . . 7 fr. 50

Mémoires du général baron de Marbot. 46e édition. Trois vol. in-8° avec portraits et héliogravure. Prix de chaque volume. . . . . 7 fr. 50

Récits de guerre et de foyer. **Le Maréchal Oudinot, duc de Reggio**, d'après les Souvenirs inédits de la maréchale, par Gaston Stiegler. Préface de M. le marquis Costa de Beauregard. 9e édition. Un vol. in-8° avec deux portraits. 7 fr. 50

Journal des campagnes du baron Percy, chirurgien en chef de la Grande Armée (1754-1825), publié d'après les manuscrits inédits avec une introduction par Émile Longin. 3e édit. Un vol. in-8°, avec un portrait et un fac-similé . . . 7 fr. 50

Souvenirs sur la Révolution, l'Empire et la Restauration, par le général comte de Rochechouart, aide de camp du duc de Richelieu, aide de camp de l'empereur Alexandre Ier, commandant la place de Paris sous Louis XVIII. Mémoires inédits publiés par son fils. Ouvrage orné de deux portraits. 2e édition. Un volume in-8°. . . . . 7 fr. 50

D'Iéna à Moscou. *Fragments de ma vie*, par le colonel de Suckow, de l'armée wurtembergeoise. Traduit de l'allemand par le commandant Veling. Un volume in-8° anglais . . 5 fr.

Mémoires du général baron Thiébault, publiés sous les auspices de sa fille, Mlle Claire Thiébault, d'après le manuscrit original, par Fernand Calmettes (1769-1820). 9e édition. Cinq vol. in-8° avec portraits. Prix de chaque volume . . . 7 fr. 50

PARIS. TYP. PLON-NOURRIT ET Cie, 8, RUE GARANCIÈRE. — 10976.

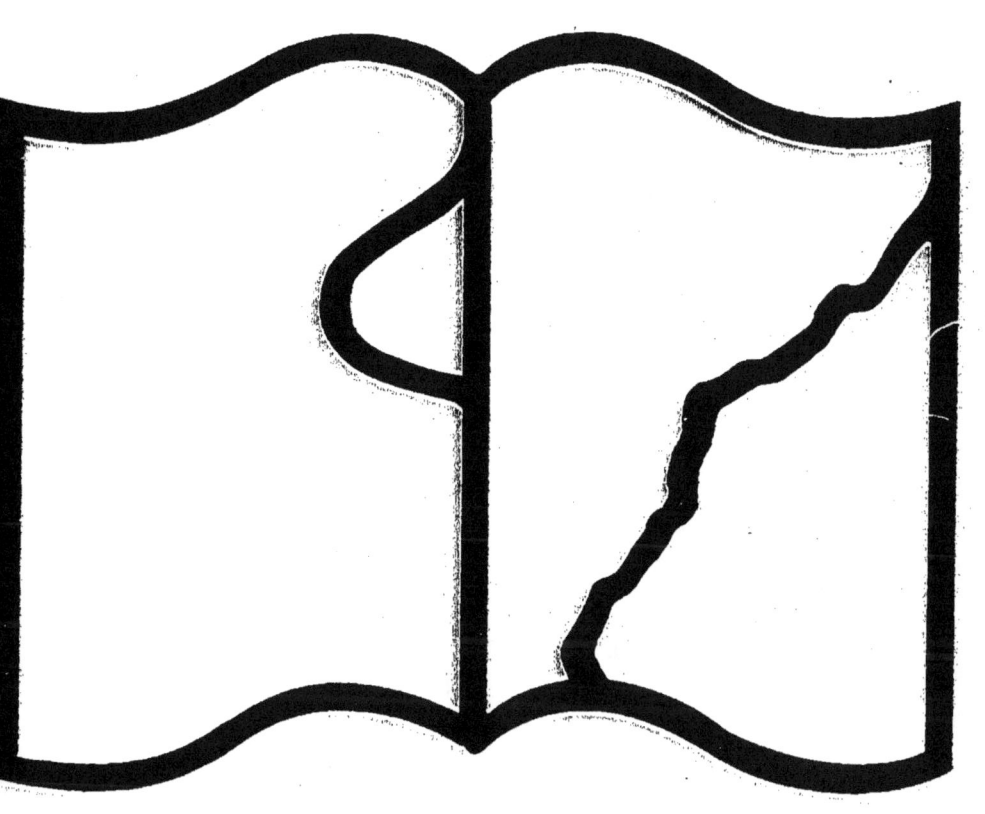

Texte détérioré — reliure défectueuse

NF Z 43-120-11

www.ingramcontent.com/pod-product-compliance
Lightning Source LLC
Chambersburg PA
CBHW050533170426
43201CB00011B/1411